Escritos Voando No Tempo

Copyright do texto © 2009 Teresa Ferrer Passos
Copyright das ilustrações © 2009 Dheyne de Souza
Copyright da edição © 2009 Escrituras Editora

Todos os direitos desta edição foram cedidos à
Escrituras Editora e Distribuidora de Livros Ltda.
Rua Maestro Callia, 123 – Vila Mariana – São Paulo, SP – 04012-100
Tel: (11) 5904-4499 – Fax: (11) 5904-4495
escrituras@escrituras.com.br
www.escrituras.com.br

Criadores da Coleção Ponte Velha: António Osório (Portugal) e Carlos Nejar (Brasil)

Organização e prólogo: Floriano Martins

Editor: Raimundo Gadelha

Coordenação editorial: Mariana Cardoso

Assistente editorial e revisor: Ravi Macario

Capa e projeto gráfico: Renan Glaser

Editoração eletrônica: Renan Glaser, Felipe Bonifácio e Ligia Daghes

Ilustrações da capa e do miolo: Dheyne de Souza

Impressão: Graphium

Dados Internacionais de Catalogação na Publicação (CIP)
(Câmara Brasileira do Livro, SP, Brasil)

Passos, Teresa Ferrer
 Escritos voando no tempo / Teresa Ferrer Passos;
[organização e prólogo Floriano Martins]. –
São Paulo: Escrituras Editora, 2009.

ISBN 978-85-7531-335-0

1. Ensaios portugueses I. Martins, Floriano. II. Título.

09-10190   CDD-869.4

Índices para catálogo sistemático:
1. Ensaios: Literatura portuguesa 869.4

Edição apoiada pela Direcção-Geral do Livro e das Bibliotecas/Portugal.

M|C Ministério da Cultura

Impresso no Brasil   Obra em conformidade com o Acordo
Printed in Brazil   Ortográfico da Língua Portuguesa

Teresa Ferrer Passos

Escritos Voando No Tempo

escrituras
São Paulo, 2009

SUMÁRIO

O tempo de Teresa Ferrer Passos. Diálogo com Floriano Martins	8
André Malraux e a condição humana	16
Prévert, poeta dos simples	20
Vitorino Nemésio e o sentimento do homem contemporâneo	23
Causas da Decadência dos Povos Peninsulares	26
Sobre Portugal – Introdução ao Problema Nacional	30
A sociedade contemporânea e a esperança	34
Machado Santos, a Carbonária e a Revolução	37
O Renascimento Português	40
A Inquisição em Portugal	43
Ainda é Tempo de Viver	46
Desmistificar a *Bíblia*	49
Conto e realidade	51
O trágico em *O Desfrute*	53
A crítica social em Florbela Espanca	56
A propósito de *Memorial do Cristo*	59
Fernando Pessoa e a República – No 1º centenário do nascimento de Fernando Pessoa	63
Notas sobre o destino do Imperador do Brasil, D. Pedro I	69
Rumos da língua portuguesa	78
Sampaio Bruno e *A Ideia de Deus*	83
Teixeira de Pascoaes – Uma poesia da alma portuguesa	94
Entrelinhas	96

O pulsar da filosofia em Fernando Pessoa	100
Clamores	106
Era Tormes e Amanhecia	108
Acerca da poesia	111
Na senda da língua portuguesa	113
Poesia de amor e sacralidade	116
Relance sobre as relações entre Miguel Torga e o Brasil	120
Teixeira de Pascoaes – Filósofo da palavra	123
Ana Plácido, uma escritora do século XIX	133
Palavra fecundante e intervenção	147
Em busca de uma nova civilização atlântica?	149
A. B. Mendes Cadaxa – Poeta brasileiro revive raízes do Alentejo	161
Homenagem a Federico García Lorca	163
Deus face à ciência	166
As entrelinhas de um pequeno *Álbum de Amor*	168
Duas palavras sobre a Restauração de 1640 e D. Antão de Almada	170
"A palavra, esse Verbo criador"	173
O "Aluvião de areia" de Junqueiro n' *A Velhice do Padre Eterno*	177
Vinte anos de poesia	181
Uma *Terra de Cinzas*	183
Poética da invisibilidade	188
Sophia, poeta do mar	191
O diário como arte e história	192
O romance e a emoção da memória	195

O tempo e o romance de ficção científica	199
A política e o mito em Fernando Pessoa	205
Os estranhos percursos do poeta	208
Para uma "nova idade no mundo"	210
No ciberespaço, que cibercultura?	215
Guerra Junqueiro, polêmico ontem e hoje	221
Despertar para a criança	224
A poesia, "fio de ariadne" para um romance novo em José Saramago?	226
O acordo ortográfico	231
Polêmicas em torno de Guerra Junqueiro e do seu anticlericalismo	237
Reflexões sobre *Sonho de uma Noite de Verão*	244
Os espelhos de *LXXXI (poema-teorema)*	248
Sobre a autora	251

O TEMPO DE TERESA FERRER PASSOS.

Diálogo com
Floriano Martins

FM Creio que poderíamos começar esta nossa conversa pelo tema da heteronímia, buscando entender afinidades e desencontros existentes entre Teresa Bernardino e Teresa Ferrer Passos. Até que ponto se verifica uma despersonalização coerente com recursos estilísticos, por exemplo, empregados por um e outro personagem, ou, ao contrário, o assunto atende apenas a um expediente acadêmico?

TFP A heteronímia é um sofisma humano. Nada a consolida, nada a eterniza. Tudo a deforma e faz ganhar pó. É uma azeda construção. Possui, em si, cadáveres amontoados na valeta da alma quebrada e triste. O não é o heterônimo do sim. O sim o heterônimo do não. Os meus nomes são voos rasteiros e atormentados de uma cinza fátua a digladiar-se com a minha consciência derrubada de sons denunciadores de vidas sem medo, cheias de uma audácia sem prêmio algum. Os meus nomes literários – Teresa Bernardino, Teresa Bernardino Passos, Teresa Ferrer Passos, Teresa Ferrer – construíram-se a partir do meu nome a tracejado, ora um, ora outro, reescrito, desfeito ou arrasado como ruínas de casa nunca erguida. Esses heterônimos têm o ponto comum da verdadeira identidade, uma só, a identidade que é, Teresa. Como tantas outras igual a si, só igual a si própria, tenha que apelido tiver a juntar-se-lhe. Na igualdade possui o diverso: umas vezes, nas obras várias um só nome, outras, na mesma obra dois nomes – é exemplo disso o romance O segredo de Ana Plácido assinado com o heterônimo Teresa Ferrer Passos na 1ª edição de 1995 e com o heterônimo Teresa Bernardino na 2ª edição de 2000 (edição revista). Um nome é uma falácia da realidade, não a realidade. Um nome envolve-se em ignorância de um eu que muitos (ou todos) podem destruir por falta de identificação ou reviver em si mesmo por sintonia. Os meus heterônimos nasceram de tempos a contradizerem-se no antes e no depois, na destruição à flor da pele crestada de Sol ou na reconstrução da vida incerta, vacilante e a olhar o ser já sem ser quem era e ainda a ser.

FM Teus estudos críticos não deixam de caracterizarem-se também por sua abordagem histórica, ao mesmo tempo em que afinados a uma fluidez estilística bastante atrativa. Recordo uma provocação de Jorge Luis Borges ao dizer que os historiadores contemporâneos haviam perdido a capacidade de prever o passado. No ambiente da crítica literária, de que maneira verificas alguma falta de sensibilidade em relação à tradição e como este ocasional comportamento traz prejuízo para a construção de um corpus crítico mais afinado com nosso tempo?

TFP A tradição está, na sociedade contemporânea, em decadência. Os valores tradicionais caíram quase em um vazio, estão à beira de sucumbir, de ser aniquilados. Ou sobreviverão em minorias resistentes? Se estas não se manifestarem, não serão preservados. Os maus escritores dão origem a maus leitores, do mesmo modo que os maus moralistas dão origem a maus antimoralistas. Poderia prosseguir com outros exemplos. A crítica literária recebe as obras que rejeitam a tradição, logo, estas são escritas não a tendo em conta. A crítica literária com a mesma ordem lógica, sendo coerente com a norma social vigente maioritária, apresenta-se também ignorando a tradição. A crítica literária e a literatura inserem-se em uma sociedade materialista e tecnológica que, assim, rompe com a tradição. Veja-se a implantação do reino do computador e de todos os seus tentáculos, tais como os meios "telemóveis" e "internéticos". À tradição da escrita e da comunicação social só resta apagar-se ante o gigante que se ergue e estonteia a sociedade atual. Tudo começa a confluir em um único sentido maioritariamente. O peso da novidade atrai e, desse modo, abate com facilidade o peso da melhor tradição.

FM Mas está evidente que continuamos a confundir meio e mensagem, pois a novidade tecnológica não define o âmbito estético, por mais que lhe permita maior perspectiva de experimentação e circulação. Não podemos esquecer que o surgimento da escrita, lá atrás, foi um grande avanço tecnológico a romper com alguma "tradição". Observando teu raciocínio inicial, indago então a respeito do comportamento das "minorias resistentes" em Portugal, em termos de preocupação com o balanço e renovação da crítica literária.

TFP A grande mudança, diríamos mesmo, a revolucionária mudança, ocorrida desde as últimas décadas do século XX, foi a velocidade a que essa mudança se verificou. O meio, como o Floriano diz, não se confunde com a mensagem, mas é, nesta época, o propulsionador dela. E porquê? A abertura da comunicação às grandes massas faz-se de uma maneira rapidíssima e é precisamente essa rapidez que nunca se viu antes. É este fator que leva as mensagens estéticas a receberem os impulsos da tecnossociedade/tecnocultura e a serem alteradas, quase ao mesmo tempo. A tradição é contestada e logo abafada pelo novo. A crítica literária é abrangida por toda esta ambiência que quase cria e destrói, em simultâneo; o ambiente está, cada vez mais, a traçar o futuro, ou seja, a imprimir esquemas que se traduzem em mensagens estéticas. Assim, surge o caos estético que se torna um reino de tal modo poderoso que cresce num sentido onipotente, avassalador da liberdade que, aparentemente, está a construir. A "minoria resistente" a este quadro globalizante da desagregação dos gêneros, da edificação da intertextualidade despersonalizante e da implicação do desvanecer da originalidade, é isolada. A globalização tecnoestética provoca o império das massas acríticas, o avançar do pontificado do aparente (mundos simulados, sem espontâneo). A "minoria resistente", só dificilmente alcança divulgação, prestígio ou credibilidade junto desta cultura ascendente e arrasadoramente sobranceira no seu materialismo totalitário. Parece-me integrar-se nessa "minoria resistente" o próprio pensamento do romancista Milan Kundera referido, recentemente, no editorial de Joseph Macé-Scaron (*Le Magazine Littéraire* (Maio/2009, p. 3):"Há ideias que são como atentados. (...) A mania de estabelecer listas [de autores] instala-se, neste tempo, duravelmente (...). Ela dinamita o gosto, faz explodir o juízo, reduz a migalhas toda a análise. Uma elite autoproclamada fabrica opiniões; ela não as propaga por estudos críticos, discussões sábias, mas por fórmulas bombásticas, jogos de palavras, embustes brilhantes". Em Portugal, posso referir, dentro desta "minoria resistente", os ensaístas José Augusto Mourão, João Barrento, António Cândido Franco ou José Fernando Tavares. Lembro, a propósito, algumas frases de José Augusto Mourão, que me parecem sintomáticas: "Não pensamos nem sentimos no vazio e, como na liberdade, é em face de um real, que se sente e se pensa, como é em face do que se nos opõe que se é livre"; "A experiência central da modernidade é a fragmentação, a ruína da unidade"; "A idolatria está aí: na sobrevalorização de Imagens que substituem as Coisas" (*O mundo e os seus modos de comunicação*, 2005, p. 33-34,187, 212).

FM Tenho para mim que a máxima de Lautréamont de que "a poesia deve ser feita por todos", mais do que o equívoco de leitura sociológica, digamos, quando se pretendeu que a poesia deveria ser feita *para* todos, firmou uma fatura preocupante no que diz respeito à defesa, por exemplo, que fazia Roland Barthes da morte do autor. A criatura não elimina o criador, antes o confirma. Assim como o receptor, por mais que se entenda sua condição de coautor na trama da comunicação, jamais erradicará o emissor. Em meio a tudo isso, quando Deus permanece gozando plena saúde, como situas tua visão do tema?

TFP O escritor, refiro-me ao ficcional (e também aqui me projeto na minha vertente de ficcionista), escreve "um pouco" para si e "um muito" para quem o possa vir a ler, agora ou no futuro (o tempo do desconhecido). Talvez Deus, como criador da mais minúscula partícula elementar, tivesse dado origem a um cosmos fantástico, fabuloso na sua dimensão, e, assim, inimaginável. Sabemos, hoje, que a maior parte do universo é desconhecida do ser humano. A dimensão de Deus tem, neste contexto, a própria dimensão da Criação (incluindo as suas criaturas), sejam estas apenas humanas ou com outras variantes de vida. Ora, a Deus não é importante que o ser humano o venere ou o admire como autor. E, por analogia, o autor ficcional não deverá ter maior ambição.

A única coisa que parece importante para Deus, tendo em conta a palavra de Jesus Cristo, é o grau de perfectibilidade ("Sede perfeitos como meu Pai é Perfeito") que foi atingido na obra criada – Deus, o escritor, e, de modo geral, todo o ser humano.

FM Releio teu artigo sobre Jacques Prévert e recordo Aldo Pellegrini ao dizer que este poeta "constitui um fenômeno especial dentro da poesia", e segue, vale citar: "Parece dominá-lo um espírito funambulesco em que por momentos Dada se mescla com Jarry. Porém, não há poesia que tenha mais direção e sentido que a sua". A partir daí, toca em sua condição de "poeta dos simples", como te referes logo no título de teu artigo. Tu mencionas a ironia em Prévert e Pellegrini acentua sua condição de notável poeta do humor dentro da corrente surrealista. Como se entrechocam em nossos dias realidade e humor? E como, no caráter da escrita (que deveria ser o mesmo do sangue), se comportam os poetas, em Portugal, diante do tema?

TFP Os poetas portugueses tendem, como o povo português ao longo da sua história, para o concreto, o realismo (ou neorrealismo no século XX). A literatura portuguesa contemporânea continua na linha realista ou naturalista. O realismo foi uma corrente literária fortíssima em relação ao surrealismo, sempre com poucos adeptos ou cultores no seu século de ouro, o século XX. E se o humor tem feito a sua aparição na literatura portuguesa (por exemplo, *A Relíquia*, de Eça de Queirós, um certo Junqueiro ou um inesperado Camilo Castelo Branco) as exceções confirmam a regra. A alma lusitana tende para o tédio/infortúnio/saudade, não para o humor. Como disse Unamuno, os portugueses são um "povo de suicidas".

FM Do surrealismo em Prévert passamos para o surrealismo em Portugal. Disse o Cruzeiro Seixas em uma recente entrevista que, em Portugal, "nós reinventamos Dada e até uma espécie de Surrealismo sem André Breton". Qual reconhecimento a crítica portuguesa tem hoje acerca da atuação (em que se inclui naturalmente a obra, porém não somente) dos nomes ligados diretamente ao ambiente surrealista?

TFP Essa afirmação mostra como, em Portugal, houve sempre mais uma fuga aos cânones do surrealismo do que uma verdadeira adesão ou atração por essa corrente literária. Todo o romance ou poesia que rompe com o realismo, em Portugal, tende a ser olhado com desdém pelos editores. É o caso também do romance de inspiração científica. A ficção científica não é bem aceita em Portugal. Tenho três romances nessa área não publicados por falta de editor (um deles publiquei-o a minhas expensas). Os laivos científicos ou filosofantes, os sentidos metafóricos, o humor próprio do surrealismo, parecem ser para os críticos e para a maioria dos escritores e dos editores portugueses uma preferência só tolerável nos autores já consagrados pelo prestígio estrangeiro como é o caso de um Fernando Pessoa (poeta/filósofo) ou de um António Lobo Antunes (romancista contemporâneo com características que roçam o gosto surrealista).

FM A língua, o idioma português, sempre esteve entre tuas preocupações críticas. Passamos agora mesmo por uma reformulação, um acordo ortográfico. Contudo, nossos países seguirão se desconhecendo entre si e as tantas maneiras com que enfrentamos o idioma em cada um deles, ainda que fossem uma só, jamais resolveriam um isolamento que não é de ordem linguística. Com tudo isso, o que me parece é que se amplia o território dos dominados, tornando a cultura um adorno descartável ou, a depender do caso, um objeto prejudicial à saúde da expressão oficial do poder. Estás de acordo?

TFP A literatura portuguesa tem tido um fraco expansionismo no Brasil ao longo dos séculos XIX (pós-independência do Brasil) e XX-XXI. Também o contrário tem sido uma constante. Se os portugueses conhecem mal a literatura brasileira, assim como os outros campos da cultura de terras de Santa Cruz, os brasileiros também não têm tido acesso ao melhor da poesia, do romance ou da pintura portuguesa dos séculos XIX e XX. Se continuar a não haver diálogo entre o Portugal de Camões e de Agustina Bessa Luís (para só falar no maior poeta português e numa grande romancista do século XX) e o Brasil do grande contista Machado de Assis e da admirável romancista Clarice Lispector, o universo da Língua Portuguesa (agora alargada à África e à Oceania pela CPLP), continuará empobrecido e sem o esplendor (cultural/econômico) da Francofonia e da Commonwealth. Esperemos que o Acordo Ortográfico seja um passo importante para atingir essa tão benéfica cumplicidade do "Mundo que o Português criou" (Gilberto Freyre, 1940).

FM Sim, um mundo criado pela língua, porém que se desconhece entre si, onde as afinidades culturais se desdobram por efeito mágico e não por programas de governo ou mesmo de associações de artistas e intelectuais empenhados no tema. Talvez estejamos dando demasiada função a este Acordo Ortográfico. Talvez um Encontro de Escritores de Língua Portuguesa pudesse render mais frutos, ou então a criação de programas de mútuo apoio de circulação de obras. Mas sequer as revistas, de cultura e literatura, que costumam representar uma vanguarda comunicativa entre países, nem mesmo deste veículo a língua portuguesa dispõe, de maneira a difundir sua cultura na extensão dos países que a conformam.

TFP A crítica de Floriano Martins é, sem dúvida, muito certeira. Ela reflete bem a necessidade urgente de criar uma plataforma de entendimento alargado da cultura de língua portuguesa, à semelhança do que já acontece com a Francofonia, a Hispanidade ou a Commonwealth. Enquanto essa comunhão de identidades não se tornar comunicação concreta, por meio da partilha e da difusão de culturas, "um mundo criado pela língua", como diz Floriano Martins, soçobrará em uma "apagada e vil tristeza", conforme a expressão de Camões em *Os lusíadas*.

[Maio de 2009]

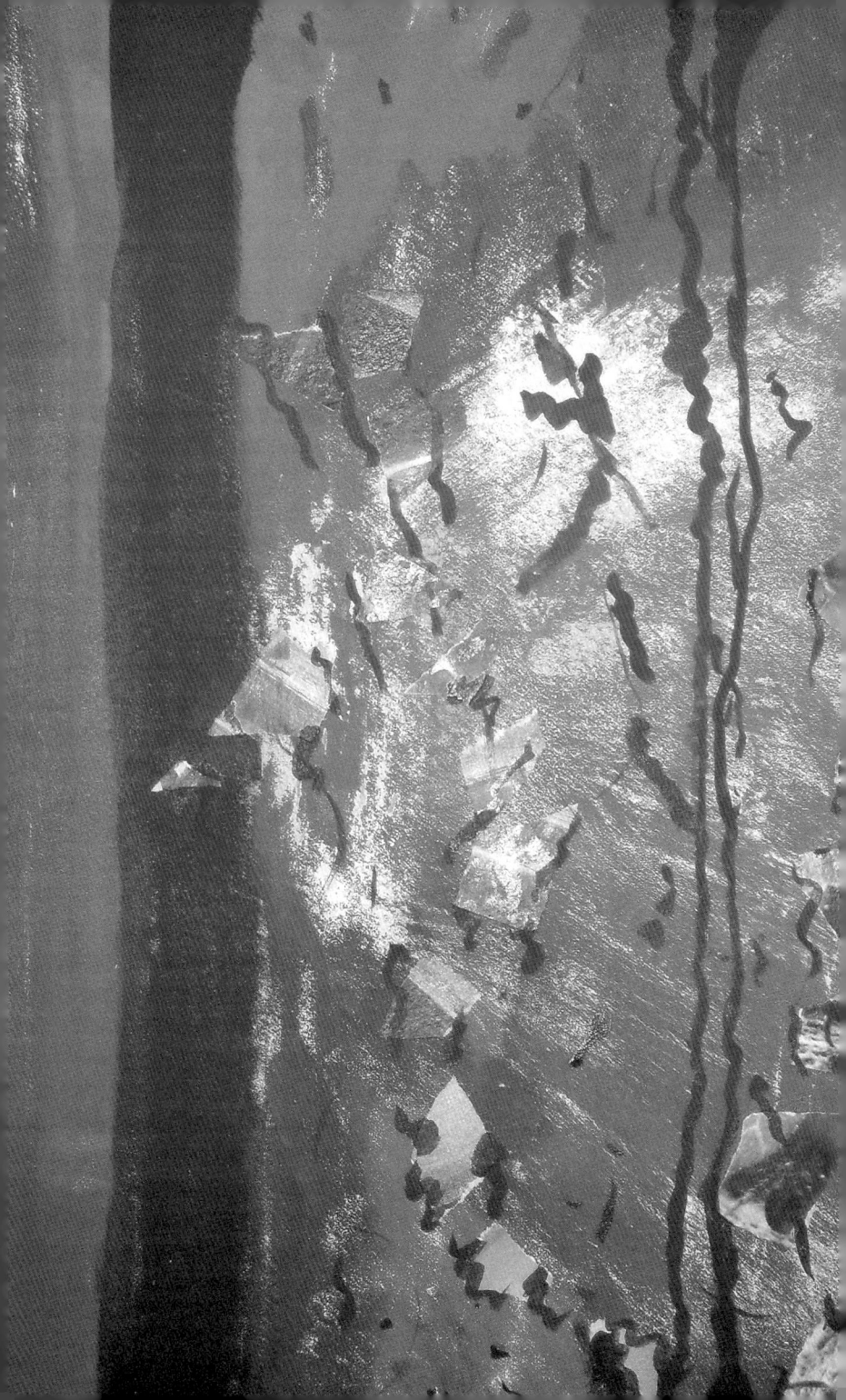

ANDRÉ MALRAUX E *A CONDIÇÃO HUMANA* [1]

Nascido em 3 de Novembro de1901, em Paris, Malraux estudou Arqueologia e Orientalismo. Apaixonado pelo Oriente, parte em 1923 para o Camboja e, em 1925, viaja à Indochina, publicando, entre 1927 e 1928, *Os Conquistadores*. Em 1933, ano em que Hitler sobe ao poder, publica *A Condição Humana*, romance em que revela a sua personalidade antinazista e no qual o totalitarismo é apresentado como a negação da felicidade, que só se poderia encontrar de forma revolucionária.

Em 1936, participa na Guerra Civil de Espanha. Chefiando a aviação internacional ao serviço dos republicanos, realiza sessenta e cinco missões aéreas, sendo por duas vezes ferido. Em 1937, publica *A Esperança*, único sentimento que considera ser válido para, através da força da fraternidade, vencer o vazio que a angústia humana determina dentro de cada ser.

Declarada a Segunda Guerra Mundial, Malraux alista-se voluntariamente como soldado, sendo ferido e feito prisioneiro em 1940. Conseguindo evadir-se, comanda, em 1944, mil e quinhentos *maquisards*. Novamente ferido e aprisionado, logra fugir, escapando por pouco à execução. Nesse mesmo ano, após a retirada dos alemães, comanda a Brigada Alsácia-Lorena, que liberta várias cidades, defende Estrasburgo e, no ano seguinte, avança até Estugarda e Nuremberga.

Em 1945, dá-se o seu primeiro encontro com De Gaule que o nomeará, nesse mesmo ano, ministro da Informação. Em De Gaule, vê um desses heróis excepcionais, onde ele centrava a evolução da humanidade e, assim, nasce uma nova fase na sua vida, definida agora sobretudo como luta contra o estalinismo. Em 1951, publica *As Vozes do Silêncio*, uma das suas obras mais significativas, pois aí revela que o homem se pode eternizar por meio da criação artística, única libertadora de uma morte implacável.

---

[1] *Jornal Novo*, 6/4/1977; Teresa Bernardino, *Ensaios Literários e Críticos*, Universitária Editora, Lisboa, 2001, pp. 37-42.

De 1958 até 1969, ocupa o cargo de ministro da Cultura, publicando, em 1967, *Antimemórias*, obra na qual o general De Gaule é, pelo menos aparentemente, uma personagem fundamental, e cujo projeto da revolução parece ter chegado ao fim. "Vivia-se na Europa o início de uma era de organização e ao mesmo tempo de desordem, de crise", ainda de tal modo latente, que não lhe era possível estruturar miticamente.

Saber de experiência feito, "ele é inseparável de tudo o que evoca, como é inseparável de cada um dos seus heróis", no dizer de G. Picon, um dos seus biógrafos. Na verdade, a sua obra é um claro reflexo de suas múltiplas e dolorosas experiências, que sempre buscou ao longo da sua existência insatisfeita.

André Malraux procurou arduamente uma justificação para a vida e essa só a encontrou na acção, que personifica na figura do herói, símbolo da libertação, porque é capaz de ir mais longe, de exceder os outros homens, de se individualizar pelo seu agir superior ou diferente, em relação ao comum das pessoas.

É assim que surge, no autor de *A Condição Humana*, o mito do "grande indivíduo", do chefe, imagem do comando, da determinação e do próprio destino. Só o herói tem possibilidade de dar sentido, de dar uma significação digna à existência humana. Ele é, acima de tudo, um combatente que entra em conflito com a sociedade em que vive inserido, exigindo uma ruptura ideológica. Não se trata de esquecer a angústia ou a tragédia existencial, porque estas o habitarão sempre, nem de uma libertação pela inconsciência, nem sequer de uma evasão da mentira, da serenidade.

O herói é um ser que recusa, pois sendo fundamentalmente dinâmico, liberdade e criação, se contrapõe ao mundo que o rodeia e que se caracteriza pelo vulgar, pelo igual, pelo previsto. A acção heroica torna possível uma "libertação do estado humano" no caminho para o Absoluto, para o Eterno.

Mas o herói de Malraux é um ser dominado pela angústia, porque mesmo quando a acção é vitoriosa, o universo do revolucionário continua habitado pela solidão, pelo sofrimento e pela morte.

Kyo, revolucionário de *A Condição Humana*, escolhe a acção e ao escolhê-la a sua vida adquire um sentido, que não é mais do que dar-lhe a posse da dignidade. Apesar do desejo de ir para além da sua própria natureza, Kyo é um angustiado porque tem consciência de que é somente ele próprio. Apenas o combate lhe oferece uma dimensão de dignidade, pois a acção aproxima-o, de certo modo, da transcendência, ainda que não lhe permita ser com plenitude, totalmente.

Ao pensar o homem, Malraux dá-lhe uma medida: o risco. Só o risco lhe concederia a dimensão da sua importância, da sua dignidade, da sua vitória sobre a morte, desafiando-a corajosamente. "Ir até ao fim da vida para encontrar a morte e verificar o que pode sobreviver", é uma constante em Malraux. Só enfrentando o perigo e superando o sofrimento é que se vence, que se sai vitorioso, mesmo que aparentemente se seja derrotado.

Como afirmou Vergílio Ferreira na sua obra sobre *Os Conquistadores*, "jogar a vida não é, no herói de Malraux, um ato inteiramente gratuito. À desvalorização da vida corresponde a grave importância que se dá à morte pelo que ela traz de irredutível".

Elucidativas são as palavras de Hemmelrich, outro herói de *A Condição Humana*, por meio das quais podemos ver um exemplo vivo do jogo que, para ele, era a vida e a morte: "Sabia que sofria, mas um halo de indiferença cercava-lhe a dor [...] Nenhuma dor o teria surpreendido então [...] A morte não o espantava, valia bem a vida. A única coisa que o preocupava era pensar que tinha havido atrás daquela porta tanto sofrimento quanto sangue havia. Contudo, desta vez, o destino, jogava mal: ao arrancar-lhe tudo quanto ainda possuía, libertava-o".

Sobre Gisors (a quem acabara de morrer o filho), Malraux meditará: "O filho era a submissão ao tempo, ao fluir das coisas; com certeza, no fundo Gisors era esperança como era angústia, esperança de nada, espera, e fora preciso que o seu amor tivesse sido esmagado para que tal descobrisse. E, no entanto! Tudo quanto o destruía encontrava nele um acolhimento ávido. "Há algo de belo em estar morto!" (fará dizer a Gisors).

Malraux projeta-se nos seus heróis que não são mais do que diversas encarnações de si próprio. É a vontade que o homem tem de ser mais homem num mundo de homens e o seu sonho de tornar-se deus sem perder a sua personalidade, é a ânsia de prolongar, de perpetuar a vida que leva o homem a desafiar a morte – novo estádio semelhante à própria vida, porque tudo é devir, é mudança, é alteração.

O sentimento trágico da vida, de que Unamuno é o excelente intérprete, está aqui vivo, mas ligando-se à ideia de um destino implacável contra o qual o homem luta, mas que é mais forte do que ele. A própria História não é, para Malraux, isenta da força do destino, mas antes a sua forma última e máxima: ela é a "última encarnação do Destino".

A História, ao desafiar o destino, não o supera, porque ela é essencialmente uma "morte" que se procura manter viva à custa da memória. Para o autor de *A Esperança*, é a consciência da própria tragédia que dá ao ser humano a possibilidade de libertação, pois "no Destino do homem, o homem começa e o Destino acaba". E essa libertação só seria possível pela acção divergente, pessoal e livre onde houvesse a quebra das amarras desta sociedade agrilhoada, onde a fraternidade entre os homens fosse a lei que superasse a tragédia da condição humana e conduzisse à *Cidade de Deus*, como diria Santo Agostinho.

Como escreve Manuel Antunes, em sua recente análise do pensamento do escritor, "o Destino é a personagem maior do pensamento de Malraux". Produto da sua angústia e da sua lucidez, o destino, em Malraux "assume não raro as encarnações mais espantosas, as metamorfoses mais estranhas, os aspectos mais antagônicos e as negações – ou as afirmações – mais audaciosas".

Malraux pressente que o homem não pode terminar no trágico, porque tem sempre capacidade para lutar por algo. Mesmo que saia derrotado, o ter empreendido a luta é já uma vitória, e nessa medida já está a fazer destino na História. Contudo, Malraux descobre entusiasticamente a realidade de um antidestino, e essa é a Arte que consegue transcender a História, superando-a, ao possuir a forma que está mais próxima da Eternidade.

Só a Arte, funcionando como imagem do Absoluto, pode ultrapassar as limitações da condição humana, assegurando-lhe os valores da permanência ideal do passado. A Arte, nas suas mais variadas expressões, transforma a parte mortal do homem em transcendência, libertando-o do tempo que o angustia, que o subordina, que o humilha e que o destrói.

Dominado pela necessidade de ir além da sua própria realidade humana, pensamos que o herói em Malraux, imagem da vontade criativa do homem, poderia ter sido uma dessas expressões de Arte, que tanto o seduziram. Ação, sofrimento, solidão, morte, aventura, são formas que definem o herói dos seus romances e que ele próprio foi, mesmo quando já septuagenário, pensou em alistar-se para lutar pela independência do Bangladesh.

Deixando o mundo dos vivos no dia 23 de novembro de 1976, Malraux foi, sem dúvida, um notável personalista que viveu intensamente os fascinantes e insondáveis mistérios da vida. Acreditava firmemente que o homem só se torna homem pela sua parte mais digna, mais nobre, mais espiritual e só ela pode fazê-lo escapar da dependência de uma morte implacável.

Por isso, uma das suas preocupações foi dar-lhes a conhecer a grandeza que eles ignoravam, mas que os habitava. A sobrevivência que estava para além da curta duração de uma vida, só poderia existir na medida em que houvesse a vitória do homem sobre o destino, e essa vitória estava expressa não no túmulo, mas nas expressões perpetuadas pela Arte.

PRÉVERT, POETA DOS SIMPLES [2]

Com a morte de Jacques Prévert, os perseguidos, os esfomeados, as vítimas da injustiça, perderam alguém que "viveu" sempre com eles e para eles, porque sentiu na própria carne e transmitiu admiravelmente as suas preocupações, as suas angústias, as suas frustrações num mundo em que a injustiça e o ódio imperavam como campeões da dramática aventura da vida humana. Usando uma linguagem simples e directa, a sua mensagem continua atual, pois colocou a sua imaginação ao serviço dos miseráveis, dos ignorantes, dos esquecidos.

Perante uma sociedade pervertida pelos preconceitos, pela etiqueta sofisticada e cínica, pela vida de luxo e abundância de quantos aí veem a sua única razão de existir, Prévert cria um

---

[2] *Jornal Novo*, 5/5/1977; Teresa Bernardino, *Ensaios Literários e Críticos*, Universitária Editora, Lisboa, 2001, pp. 43-46.

universo poético em que a crítica severa às instituições políticas, sociais e religiosas, revela-se por meio de uma sátira humorística, mas ao mesmo tempo desesperada.

Em *Tentativa de Descrição de um Jantar*, escrito em 1931, compara os "grandes" da sociedade àqueles que "com asas de gigantes são incapazes de voar", pois não conseguem ver para além do restrito mundo que os rodeia e os absorve totalmente. Estes não têm consciência de que

> o sol brilha para todos, mas não brilha nas prisões, não brilha para os que trabalham nas minas, para os que passam as férias nas fábricas, para os que não sabem o que é preciso dizer, para os que nunca viram o mar, para os que envelhecem mais depressa que os outros.

Contemporâneo de uma época extremamente conturbada, como a que se viveu durante as duas grandes guerras mundiais e a guerra fratricida do Vietname, reflectiu nos seus poemas, dispersos por revistas e folhas volantes, a revolta daquele que via na fraternidade universal o fim supremo da existência humana. Foi com palavras simples, mas plenas de significação, que referiu as destruidoras ações de Hitler e Mussolini, que nada poupavam para atingir os seus fins, escrevendo em *Canção no Sangue*:

> Para onde vai todo o sangue espalhado, o sangue dos mártires [...] o sangue das guerras [...] o sangue da miséria [...] e o sangue dos homens torturados nas prisões [...] Para onde vai todo o sangue espalhado, o sangue dos humilhados [...] dos suicidas [...] dos fuzilados.

Mas os seus poemas são também uma denúncia dramática de situações sociais degradadas, em que o sofrimento habita os desprezados porque nada possuem, os esfomeados, os que trabalham até ao excesso, os prisioneiros que não podem ver o Sol, os que vivem em tugúrios, os que nas minas ou nas fábricas há muito deixaram de saber o que é o céu azul, o bosque, o mar, o canto dos pássaros, o bom tempo, as flores. Na verdade, eram essas "pequenas" coisas simples, mas sublimes que tornavam a vida digna de ser vivida, que a enriqueciam e que eram a justificação mais bela e mais forte da vida humana: "Os pássaros dão o exemplo / exemplo as penas, as asas, o voo dos pássaros / exemplo o ninho, as viagens e os cantos dos pássaros / exemplo a beleza dos pássaros / exemplo o coração dos pássaros".

Prévert é o poeta que espera confiadamente o dia em que o Amor substituirá o ódio, a liberdade aniquilará a opressão, a Justiça destruirá a injustiça: "Uma terra fértil, uma lua boa, uma criança, um mar hospitaleiro, um Sol sorrindo, um fio de água [...] jamais verão, nunca inverno, simplesmente bom tempo, para sempre".

Claramente influenciado pela corrente surrealista, desde 1926, não se limita a descrever cenas da vida quotidiana política e social ou os objetos com que todos os dias depara; os seus poemas revelam uma aparência desordenada, inesperada mesmo e sem sujeição a regras tradicionais, onde as ideias surgem como a água corrente, como um fluir natural imanado do subconsciente, do mundo interior e misterioso da "psique", que se manifesta em qualquer lugar e em qualquer tempo. Outro aspecto em que se nota surrealismo é no tom irônico, embora simultaneamente violento e amargo, com que se insurge contra aqueles que limitam as possibilidades de afirmação plena do ser humano por um sem número de iniquidades, prepotências e egoísmos.

O caráter popular dos seus poemas, de que a mais célebre coletânea, *Paroles* [palavras] foi publicada em 1946, quase sem ele saber, determinou que alguns fossem aproveitados para letras de diversas canções que correram o mundo. Mas o dinamismo de Prévert foi mais longe: entre 1932 e 1936, dirigiu um grupo de teatro que representava nas fábricas, nos grandes armazéns, nas ruas. Por meio dele, comunicou com entusiasmo o seu pensamento inconformista e contestatário, levando palavras de esperança na vitória final dos mais fracos e dos mais explorados. Mais tarde, esse sonhador da felicidade humana tentaria o cinema, igualmente uma arte para o povo, que cultivaria com enorme sucesso.

Poeta do inconsciente extremamente lúcido, homem simples que amava as coisas simples e frágeis, apóstolo da liberdade e da justiça para todo o homem sem exceção, Prévert não morrerá. Não morrem aqueles que sentindo as misérias da sua época, as denunciam sem hesitações e com a grandeza própria dos homens nos quais a dignidade ainda vive.

VITORINO NEMÉSIO E O SENTIMENTO DO HOMEM CONTEMPORÂNEO [3]

Dispersando a sua pena por múltiplos domínios do saber, Vitorino Nemésio reuniu em *Era do Átomo, Crise do Homem*, algumas das suas meditações sobre as mais controversas realidades do nosso tempo, procurando insistentemente os fatores determinantes na crise que atinge o homem contemporâneo. Com a sua sensibilidade finíssima, qualifica-a como despersonalizante e destruidora dos valores que deviam tornar o homem um símbolo de verdadeira liberdade e identidade existenciais.

Começando as suas reflexões pela definição dessa crise, entrevê como "a passagem de algo a algo, como o momento de risco e, logo, de conversão de um estado em outro", ainda que, de modo genérico, seja uma constante, mais ou menos percepcionada, da história da humanidade.

Como afirma o autor, essa crise está na sequência dos novos princípios científicos da incerteza e da relatividade, formulados por Heisenberg e Einstein. E, de fato, a incerteza que "afetando o essencial da angústia contemporânea" torna o homem atual como um Ícaro, que levado pela ambição, mas de conhecimento inconsistente e superficial, acaba vítima de sua aventura.

Não podendo prever o grau de eficácia dos seus inventos, pois tudo é incerto, começa a "recuar sem saber que fazer da posse dos novos segredos, assustado com a extensão e profundidade da caverna roubada ao dragão morto".

Mas, como declara, em seguida, Nemésio pensa que o único instrumento que o homem tem ao seu dispor é, no plano teórico, a Ciência e no ponto de vista prático, a Técnica que, em muitos aspectos, a tem sobrepujado.

Entende a Técnica como uma "urgência, no duplo sentido de intervenção e pressa", como "uma corrida ao impossível, pelas necessidades criadas, saídas umas das outras, pela aceleração dos estímulos".

---

[3] *Jornal Novo*, 5/7/1978; Teresa Bernardino, *Ensaios Literários e Críticos*, Universitária Editora, Lisboa, 2001, pp. 63-67.

Imaginando-se um aprendiz de feiticeiro, o homem transforma a máquina no meio ideal para se libertar das suas maiores limitações. Tal como Ícaro, que fabricou asas de cera para atingir o sol, o homem de hoje conquista a sua emancipação construindo um mundo sedutor, mas artificial e inseguro que o poderá conduzir futuramente à maior das servidões.

Sendo "o mal do homem moderno a produtividade irrefreável", afirma também que a mecanização crescente agudiza a problemática do homem atual, pois ele próprio pode ficar irremediavelmente "sepultado pela explosão dos seus múltiplos e ousados inventos".

Neste contexto, evidencia os aspectos negativos da civilização da máquina que, detentora de indefinidos progressos, tem deixado o homem perplexo perante um mundo "que se abre sem indicativos dos seus resultados finais".

O caráter vertiginoso das invenções incapacita o homem de as avaliar, de lhes medir a durabilidade ou precariedade, de observar atentamente os seus benefícios ou inconvenientes.

Aproveitando a imagem do homem fáustico, que vendeu a alma em troca dos bens materiais, Nemésio polariza a procura do bem-estar material na "transferência da liberdade e disponibilidade humana para o objecto máquina".

Perdendo a individualidade que o identificava, o homem dilui-se em um vasto conjunto automatizado, anônimo e inexpressivo dos valores mais altos que cada ser pode encerrar. Nesta perspectiva, V. Nemésio aponta a importância dos filósofos pessimistas da história que vislumbraram a ameaça tecnicista como o fim dos tempos, se fossem aplicadas as técnicas da radiação e desintegração nucleares para fins bélicos.

Os trabalhos desenvolvidos em 1934, a descoberta da desintegração do urânio por Otto Halin, em 1938 e, logo depois, o fabrico da armas nucleares, como a bomba atômica, que destruiria as populações de Hiroshima e Nagasaqui, foram os detonadores de uma nova realidade que viabilizava a destruição rápida de todos os seres vivos. Destacando as teses de Schopenhauer, C. L. Strauss e Nietzsche, equaciona o problema distinguindo os planos existencial, humanista e religioso, atribuindo ao homem uma dupla realidade que não deverá ser olvidada: a sua identidade com o grupo social e o seu sentimento concomitante de liberdade pessoal.

Como, mais adiante, acentua, essa ambivalência, tão sintomática das reais necessidades humanas é delineada exemplarmente na Declaração de Guettingue, assinada em 1957, que constitui, nas suas palavras, "um dos mais notáveis documentos de responsabilidade humanística", pois "o homem atual especializou-se em manipular a matéria que ameaça destruir incluso o corpo humano e o meio terreno que o humaniza tornando-se a bomba atómica a ameaça real e o símbolo real do fim dos tempos".

A esperança de salvação da humanidade é formulada por Einstein, de modo peremptório, ao defender que somente a renovação da mentalidade teria poder para utilizar a energia nuclear exclusivamente para fins benéficos.

Contudo, tardando o aparecimento das condições que a viabilizassem, o homem contemporâneo mergulha no sentimento de angústia perante um mundo indiferente e vazio de significação, lançando-se, não raro, na violência, que um inconformismo ecoante vai produzindo.

Uma das mais dramáticas expressões da massificação e do tecnicismo que, dia a dia, enredam o homem, verificou-se durante a primeira e a segunda guerras mundiais, pelo alargamento do conceito de inimigo, que passa a englobar não só as forças militares, mas toda a população das nações em litígio.

Esse tipo de guerra assassina vai consolidar-se, a partir de 1945, com a chamada corrida aos armamentos, que se torna o objetivo máximo das grandes potências.

A posse de armas nucleares constitui desde então, o apanágio dos países economicamente mais poderosos, desenvolvendo-se neles prioritariamente a indústria das armas radioativas. Assim, surgem hoje, na sequência da bomba atómica que Vitorino Nemésio assinala com o expoente de aviso do fim dos tempos, a bomba de neutrões (americana) e os mísseis SS (URSS), cuja perigosidade deriva, sobretudo, de a sua ação destruidora incidir sobre os seres vivos e não sobre os objetos materiais.

O estabelecimento de um clima de desanuviamento que impedisse a aplicação de tão contundentes armas, originou várias campanhas de mentalização da opinião pública, tendentes a desresponsabilizar os países que as possuem das consequências de uma possível conflagração nuclear mundial.

Contudo, esses meios são demasiado frágeis, pois países como a URSS que têm utilizado toda a sua força militar para se imporem nas diferentes áreas do globo (África, Próximo Oriente, entre outros) dificilmente manterão acordos pré-estabelecidos, desde que a conjuntura mundial não seja propícia aos seus intuitos imperialistas.

Como nos sugere Nemésio, no final do seu excelente livro sobre a Era do átomo, "resta ao homem ir registrando as implicações da Ciência com a Técnica, preço de prodígios de intenção em benefício da humanidade, mas também fonte dos seus males e da sua angústia incurável".

CAUSAS DA DECADÊNCIA DOS POVOS PENINSULARES [4]

A recente impressão de *Causas da Decadência dos Povos Peninsulares*, conferência proferida por Antero de Quental no casino Lisbonense em 1871, poderá constituir, no momento histórico que atravessamos, um desafio à consciência do homem que só procura hoje o seu bem-estar, indiferente à miséria moral e física daqueles que estão tão próximos que nem neles repara. Momento controverso e confuso da realidade portuguesa nas suas várias dimensões – política, econômica, social e cultural – torna-se inadiável a reformulação de todas as carências, das suas deformações, dos seus recuos e também das suas virtudes.

Ora, esta nova tiragem com cariz popular, pois se dissocia da obra em que foi publicada – *Prosas* – , constitui uma reposição do folheto publicado pouco depois da proibição das conferências que se lhe deviam seguir. O objetivo destas, como denota Antero, era

---

[4] *Diário de Notícias*, 23/10/1979; Teresa Bernardino, *O Sentimento Patriótico em Portugal*, Ed. Autor, Lisboa, 1983, pp. 45-47; Teresa Bernardino, *Ensaios Literários e Críticos*, Universitária Editora, Lisboa, 2001, pp. 83-87.

despertar todos os portugueses para os seus mais agudos problemas, onde avulta a necessidade de reatualização da sua cultura para, de modo eficaz, se construir um mundo no qual a justiça social, a equidade e a liberdade, garantissem a plena realização humana.

De fato, Antero desejava "provocar uma transformação social, moral e política que conseguisse ligar Portugal ao resto da Europa" isto é, modernizá-lo cultural e cientificamente de modo a poder posteriormente revolucionar a organização política, social e econômica que se encontrava em atrasado estado de desenvolvimento, porque os poderes públicos tinham isolado o país dos rumos que a Europa do século XVII seguira, após a revolução científica originada pela expansão marítima portuguesa. O Portugal descobridor de Quinhentos não encontrara condições para prosseguir a via que esboçara, decaindo lentamente desde meados do século XVI para não voltar a reencontrar a sua identidade secular.

Para o grande escritor urgia regenerar a Pátria. Contudo, isso implicava não só analisar as causas da decadência, como apontar os responsáveis pelos erros, ultrapassando-os com novas ferramentas e com outras linhas ideológicas que se não afastassem das correntes coevas e que, ao mesmo tempo, não destruíssem os alicerces da nossa individualidade de nação que se dimensionara com as europeias durante o período medieval.

Sendo o seu ideal de sociedade fundado na fraternidade moral, na tolerância e no respeito, define em uma pequena frase a filosofia que devia presidir ao ciclo das conferências: "Não impor opiniões, mas simplesmente expô-las". Comparando o Portugal medieval, em que o espírito de independência, originalidade, descentralização, autonomia religiosa e tolerância se revelavam em toda a sua magnitude, com o período que se seguiu, acentua que de "um mundo brilhante" passamos "quase sem transição para um mundo escuro, inerte, pobre, ininteligente e meio desconhecido".

A decadência tornava-se, assim, a única expressão com a qual a realidade portuguesa se identificava e, como escreve, "aparece em tudo: na política, na influência, nos trabalhos da inteligência, na economia social e na indústria, e, como consequência de tudo isto nos costumes". A centralização do Poder, o fanatismo inquisitorial-religioso, o encerramento das Cortes, a supremacia da aristocracia sobre a burguesia determinariam a decadência da economia, da cultura e dos costumes.

"A uma geração de filósofos, de sábios e de artistas criadores sucede a tribo vulgar dos eruditos sem crítica, dos acadêmicos, dos imitadores. Saímos de uma sociedade de homens vivos, movendo-se ao ar livre; entramos num recinto acanhado e quase sepulcral, com uma atmosfera turva pelo pó dos livros velhos e habitado por espectros de doutores" (p. 24-25). E tudo se começa a reduzir à mais mesquinha e miserável vida. A ambição do lucro, a corrupção dos costumes, a ostentação da falsa riqueza, o desprezo pelo trabalho, são constantes desta "época de verdadeira morte moral".

Sendo essa a causa fundamental da nossa letargia mental, seria ela a colocar Portugal no último lugar do conjunto europeu. Mas se, no tempo de Antero, Portugal enfermava das consequências de uma ruinosa governação, hoje ainda não nos libertamos desse passado, apesar da revolução política iniciada a 25 de Abril de 1974 o ter inabilmente tentado. Como então, o que motivou essa falha foi a ausência de uma revolução moral e cultural que já Antero entrevia como o sustentáculo de qualquer avanço social efetivo.

Na verdade, temos vários partidos políticos na Assembleia da República, mas estes não representam adequadamente todos os estratos sociais da nação; temos uma economia que se diz de transição para o socialismo, mas não a vemos assente no trabalho perseverante; temos cada dia mais jornais, mas isso não corresponde ao aumento do público leitor, pois o analfabetismo não está a ser debelado; temos uma escola aberta e progressista, mas nela não se estimula o gosto pela música, pela arte ou pela ciência; temos uma revolução política mas não temos ideólogos que, com saber e lucidez, delineiem os caminhos a explorar ou as soluções mais eficazes para que o presente seja percorrido sem hesitações e o futuro não se afigure como uma interrogação eternizada.

Mas revertamos a Antero. Se o seu escrito continua atual, está em alguns aspectos limitado pelos circunstancialismos da sua época. É o que se verifica quando responsabiliza a Igreja por toda a degradação da vida nacional, expressa no dogmatismo intransigente, nas perseguições e condenações, em que a denúncia fácil e aviltante desempenhava papel de capital importância. Ora, se a Igreja tinha graves culpas, não podiam ser desprezados outros fatores que contribuíram também largamente para a situação a que se chegara. Além disso, ao considerar a Reforma a razão mais funda dos progressos morais que colocaram os outros povos à frente da civilização, utiliza um argumento unilateral e mesmo tendendo a um certo maniqueísmo, como se evidencia, claramente, ao escrever: "As nações mais inteligentes, mais moralizadas, mais pacíficas e mais industriosas são exatamente aquelas que seguiram a revolução religiosa do século XVI: Alemanha, Holanda, Inglaterra... As mais decadentes são exatamente as mais católicas! Com a Reforma estaríamos hoje talvez à altura dessas nações".

Outro princípio que o orienta nesta meditação sobre as causas da decadência peninsular, e que nos parece polêmico, é o fato de constantemente associar Portugal à Espanha, como se o seu destino fosse um único, como se a sua história ou até a mentalidade dos dois povos se confundissem.

Ao terminar a sua conferência insiste, ainda, uma vez, nos inconvenientes que uma nociva educação pode provocar no espírito do povo, cuja incerteza e desânimo daí decorrentes só um árduo combate pode esbater. Mas, se considera "uma fatalidade a nossa história", diz também que esta fugiria ao destino com um

> *esforço supremo que quebrasse resolutamente com o passado, não o imitando, mas opondo-lhe a consciência livre, a contemplação direta do divino pelo humano, a crença no progresso, o alargamento e renovação da vida municipal, a iniciativa do trabalho livre, a indústria do povo, pelo povo e para o povo.*

Outrora, como hoje, a leitura deste e de outros autores – Alexandre Herculano, António Sérgio ou Raul Proença – contribuirá para a valorização duma sociedade que se pretende mais justa, mais livre e mais digna, mas ela não pode restringir-se, como acontece, somente a uma população estudante ou autodidata. Ela tem de atingir igualmente, para ser popular, os que trabalham na fábrica, nos campos ou nas aldeias. Deste modo, ou o estado cria infraestruturas culturais que levem o livro a todo o país, gerando progressivamente o gosto pela leitura, ou as "elites" intelectuais, por mais brilhantes, jamais poderão ser realmente representativas do povo a que pertencem.

SOBRE PORTUGAL — INTRODUÇÃO AO PROBLEMA NACIONAL [5]

> *Ninguém sabe que coisa quer,*
> *Ninguém conhece que alma tem,*
> *Nem o que é mal, nem o que é bem.*
> *(Que ânsia distante perto chora?).*
> *Tudo é incerto e derradeiro,*
> *Tudo é disperso, nada é inteiro.*
> *Ó Portugal, hoje és nevoeiro...*
> *É a Hora!*
>
> Fernando Pessoa

A publicação de numerosos escritos de Fernando Pessoa sobre temas políticos[6] constitui um importante contributo para o enriquecimento da cultura nacional, para a sua reformulação em termos mais seguros e para a revitalização de uma nacionalidade que, perdurando há mais de oito séculos, continua à procura de um rumo, uma razão de ser, uma justificação para prosseguir, apesar dos circunstancialismos dos tempos. Se a nossa época revela que uma crise prolongada pôs em dúvida a nossa prossecução como nação livre e independente, se a política que temos vivido não conseguiu ainda encontrar uma ideologia uniforme, firme e audaz, no sentido da eficácia e da durabilidade, se os portugueses continuam na divisão, à procura de uma unidade, que dê coesão e fundamento estável às formulações sociopolíticas e econômicas, isso deve-se, sobretudo, à ausência de linhas

---
[5] *Diário de Notícias*, 8 /1/1980; Teresa Bernardino, *O Sentimento Patriótico em Portugal*, Ed. Autor, Lisboa, 1983, pp. 49-51; Teresa Bernardino, *Ensaios Literários e Críticos*, Universitária Editora, Lisboa, 2001, pp. 89-93.
[6] *Sobre Portugal. Introdução ao Problema Nacional*, Ática, Lisboa, 1979.

de rumo verdadeiramente nacionais e, simultaneamente, fiéis à civilização europeia e à dimensão atlântica que nos identifica. Como afirma Fernando Pessoa "foi pelo Atlântico que fomos à procura da glória criando a Civilização Maior. É pelo Atlântico que devemos ir em demanda da civilização Máxima".

De fato, se estes escritos fragmentários de Pessoa revelam, não raro, a ausência de monografias de base sobre o problema nacional e a ausência de uma linha ideológica suficientemente explícita, constituem, no entanto, um notável apoio documental para qualquer meditação sobre Portugal. Ao entrever as grandes linhas de construção mental de Portugal, propõe que a sua existência e continuidade secular se alicerce nas raízes ancestrais de natureza espiritual ou cultural que se começaram a evidenciar com a poesia dos Cancioneiros e com os romances de cavalaria. Depois de tecer diversas considerações sobre o carácter do povo português, salientando os seus aspectos negativos, vai abordar o fenómeno da decadência em que Portugal continuava mergulhado na segunda década do século XX. Ao tentar analisá-lo, equaciona nele o próprio problema nacional – desde Alcácer Quibir, Portugal jamais se levantara da prostração em que imergiram os seus mais altos valores. Isolado dos outros povos, sobrevivia ainda, mas já não vivia – a servil imitação das ideologias ou das revoluções estrangeiras tinha-se tornado vulgar. Como remédio para essa frustrante decadência, propôs a industrialização sistemática. Ontem, como hoje, uma revolução industrial urge em Portugal, sob pena de, tardando demais, já não ser viável a recuperação que o coloque ao nível de qualquer país europeu médio.

Outro fator de peso na decadência fora, segundo o poeta, a lenta desnacionalização do país, que faz recuar à revolução de 1820. Nesta perspectiva, nota, igualmente, que a incultura, a deficiente propaganda de Portugal no estrangeiro e a ausência de consciência superior de nacionalidade foram as principais causas da desvalorização internacional de Portugal.

Mas, neste contexto, vê uma saída para a realidade portuguesa – o mito do Quinto Império. Seria, para Fernando Pessoa, apenas necessário reavivá-lo e renová-lo. A crença popular no regresso do tão desejado D. Sebastião seria uma realidade, apesar de todas as desventuras e da desesperança que, tantas vezes, recaíram sobre o povo. A hora da grandeza prometida, mas ainda não cumprida, soaria finalmente. É então que considera, entre os imperialismos possíveis, aquele em que o país melhor se realizaria – o imperialismo cultural que os descobrimentos tinham assumido pela sua feição científica. Retomando o seu carácter criador, a nação portuguesa daria forma à civilização espiritual que as profecias do Bandarra previam.

Acentuando a importância do inequívoco portuguesismo do mito sebastianista, entrevê-o como o sustentáculo ideal da realização suprema por Portugal do imprevisível, mas certo, Quinto Império. O seu instrumento máximo seria a própria língua portuguesa, ao encerrar em si todos os valores culturais que nos definiam. Na verdade, podemos hoje comparar esta asserção com o Portugal sem colônias, mas ainda senhor do mundo pelos milhões de portugueses que espalhados por todas as partes do globo difundem os seus costumes e os seus valores culturais. Igualmente os países de expressão portuguesa recém-descolonizados poderão garantir a permanência da língua no continente africano, do mesmo modo que o Brasil, independente desde 1822, não só a conservou como a enriqueceu.

Revertendo ao sonhado D. Sebastião – salvador do destino de Portugal – destacamos o fato de o autor da "Introdução" associar a data de 1888, que Pessoa indica como o ano da "vinda" de D. Sebastião, com a data do nascimento do próprio poeta. Assim, ele seria esse D. Sebastião – super-Camões, como o define o autor de *O Guardador de Rebanhos* – que abriria esses tão ansiosamente esperados Tempos Novos de Portugal. Se essa hipótese aventada por Joel Serrão, é plausível pelo caráter tantas vezes enigmático dos escritos daquele, parece-nos pouco provável que F. Pessoa se classificasse como um super-Camões (real). Apesar de afirmar em certo passo que o gênio nunca é compreendido pelos seus contemporâneos, isso não justifica que se quisesse identificar com o desejado D. Sebastião. Além disso, sentimos que falta aos seus escritos a largueza da sistematização teórica clarificadora e aprofundada para que ele pudesse representar esse doutrinador e homem de ação que orientaria o futuro Portugal do Quinto Império. Embora aborde as questões, fica pela sua enunciação, não chegando a atingir o cerne do problema nacional – falta-lhe o fundamento em estudos anteriores para construir uma consistente teoria da nação portuguesa.

Na sua desesperada procura de um sentido para Portugal, como é afirmado na "Introdução", Fernando Pessoa reflete não só o seu próprio tempo como também o controverso passado e o desconhecido futuro que, mesmo assim, projectava para os portugueses. Também atualmente se afigura urgente a redefinição de Portugal por Portugal, para que o seu autêntico sentido e significado sejam delineados com base em fatores que, na essência, lhe deem a dimensão que merece. Acusando os governantes da República de não se apoiarem "nas realidades psíquicas que são o fundamento da vida da nação", mas de "viverem mentalmente do estrangeiro" (p. 123), pensa que "às influências estrangeiras" se deve responder pela "capacidade de criação de novos elementos civilizacionais" (p. 117). Contudo, esta tendência nacionalista de F. Pessoa só pode ser considerada num sentido restrito, pois as realidades peninsular, europeia e além-atlântica não podem ser secundarizadas, na medida em que o alheamento das ideias e das acções dos outros povos conduz fatalmente à estagnação das nações, cujos problemas são, cada vez com mais acutilância, problemas de caráter universal.

A SOCIEDADE CONTEMPORÂNEA E A ESPERANÇA [7]

> *Aqui, na cidade, o homem morre de coração fechado, o seu horizonte é demasiado estreito. Na cidade aprendeu a viver, não aprendeu a vida. Morre porque a sua vida já não tem sentido, fechado em limites demasiado estreitos.*
>
> *Epopeia de Gilgamesh, 2000 a.c.*
> (cit. por R. Garaudy, *Para um Diálogo de Civilizações*, p. 19)

É com essa passagem da epopeia de Gilgamesh, tão distante pelo tempo, mas próxima pelo conteúdo, que iniciamos esta breve reflexão em que se unem constatação e interrogação, pessimismo e otimismo, serenidade e inquietação.

Em um tempo conturbado pela crescente perplexidade dos povos, incapazes de se libertarem das nuvens de dúvida que sobre eles pesam, em que a vida humana se apresenta condicionada pelo esquecimento dos elementares princípios da fraternidade e da justiça sociais, criou-se uma ambiência favorável à expansão nas camadas populares do princípio da incerteza aplicado por Heisenberg apenas ao mundo da ciência.

Neste ensejo, vamos enunciar alguns aspectos da diversificada problemática que a realidade circundante nos sugere e que ergue aos nossos olhos múltiplos conflitos de dimensão planetária: ameaça de guerra nuclear; alargamento e exploração do Espaço; ausência de novas formas de comunicação; progressos da Ciência sem alicerçamento ético; ressurgimento de mitos (a poluição tornou-se símbolo de uma humanidade sem futuro); sentimento do desespero (uso da droga, abuso do prazer e do luxo, recurso ao suicídio).

No que concerne ao flagelo resultante da posse, por algumas potências, de armas nucleares, afigura-se-nos que estas se enquadram numa tripla justificação: alertar a humanidade para os perigos

---

[7] *Diário de Notícias*, 31/3/1980; Teresa Bernardino, *Ensaios Literários e Críticos*, Universitária Editora, Lisboa, 2001, pp. 101-105.

eminentemente humanos que um avanço desmedido da Ciência pode acarretar; servir de instrumento de propaganda para prestigiar as potências que, de modo mais eficaz, delas podem dispor; persuadir o inimigo dos inconvenientes generalizados da sua utilização. A hipótese do desencadeamento de uma guerra deste tipo poderá ter como resposta positiva uma aliança ideológica das nações com o objetivo de tornar de tal modo impopular tal "cometimento", que potência alguma tenha coragem de a pôr em prática.

Outro aspecto característico do nosso tempo diz respeito às repercussões mentais da conquista do Espaço. Uma mentalidade nova, que se estende a todo o globo, está em embrião. Na verdade, o alargamento do mundo a novos mundos tornou mais vasto o conceito de Humanidade, prenunciando a necessidade de criar uma solidariedade a nível planetário. As grandes nações que dominavam até agora o mundo porque possuíam um forte dispositivo atómico, começam, hoje, a temer as que, não dispondo de tais recursos, os substituam ou vão substituindo por pragmáticas linhas de rumo ideológico que aquelas não discerniram porque tudo podiam vencer.

Outro problema é a ausência de novas formas de comunicação. Diz-se que as palavras estão gastas, que já não respondem às solicitações da sociedade atual. Contudo, que outra forma mais importante de entendimento e conciliação? São elas que podem solucionar as situações mais difíceis, desde que sejamos capazes de as recriar, de as reconverter, aproveitando as suas inesgotáveis virtualidades.

Outro momento de crise é vivido pela Ciência, cujos progressos alcançados nas últimas décadas não foram acompanhados por uma fundamentação ética que evitasse colocar a humanidade na dependência dos seus possíveis desvios. E essa situação é patenteada em um simples mas sintomático exemplo: os cientistas procuram, hoje, resolver o problema do "envelhecimento" da inteligência humana, conservando genes pertencentes a indivíduos considerados com elevado coeficiente de inteligência (como por exemplo premiados com o Nobel) e que se destinam a ser inoculados em mulheres igualmente com "alto nível de inteligência". Mas que raça nova se propõe fabricar a Ciência? Será que esse indivíduo herdará, efetivamente, a inteligência dos seus progenitores? Pretender-se-á que um homem exclusivamente cerebral crie uma civilização superior, uma humanidade mais feliz? Será que o futuro se propõe anular os conceitos de afetividade, de sensibilidade, de vontade? Este é, de fato, um modo estranho de a ciência se afirmar ao serviço da humanidade.

Ainda um fato incontestável deste tempo é a propensão para mistificar os problemas que nos afligem, tais como a poluição, a droga, a fome, a abundância... Atravessando-se uma época de sobrevalorização das possibilidades da Razão, desacredita-se, paradoxalmente, a inteligência e a capacidade criadora que o homem sempre revelou nas situações aparentemente mais incontroláveis. Há uma tendência clara para a aceitação dos fatos – esta passividade é patenteada pela inexistência de propostas eficazes e de rápida aplicação. Assim se justifica o renascimento das ideias do fim do mundo "próximo" mesmo depois de Teilhard de Chardin ter acentuado, nos meados deste século:

> Comparada com as camadas zoológicas que a precedem e cuja vida média é pelo menos de uns oitenta milhões de anos, a humanidade é tão jovem que se pode dizer recém-nascida. Entre a Terra final e a nossa Terra moderna estende-se uma duração imensa.[8]

Um não menos importante aspecto do mundo contemporâneo é o sentimento do desespero resultante do acumulo de propostas de vida pouco consentâneas e pouco adequadas às necessidades verdadeiramente humanas. O gosto pelo luxo e pela ostentação, como via de afirmação pessoal, a desordem interior que leva à busca do prazer e não da alegria, o recurso ao estupefaciente para adiar sem resolver as carências afetivas de que tantos sofrem, criam um clima de insatisfação a que a sociedade de consumo em que estamos inseridos não responde corretamente. Contudo, a desesperança é ainda um grito de esperança no futuro, porque só a indiferença, ou seja, a ausência de ação (positiva ou negativa) revelaria que o futuro humano se apresentava como um absurdo. O desespero é ainda uma forma de estar vivo para a vida e não de a negar, porque ele é transitório e porque a esperança está nele contida,

---

[8] T. Chardin, *O Fenómeno Humano*, p. 305.

é prenunciador de uma reconversão cujos horizontes longínquos não a inviabilizam. Não tem sido, tantas vezes, sobre os escombros das cidades que se elevaram as mais fulgurantes e prósperas metrópoles?

Perante este panorama que a realidade nos oferece, vários pensadores têm tentado encontrar um caminho novo cujas linhas programáticas fossem capazes de alterar o contexto geral, não se restringindo aos países ou aos continentes, mas alargando-se a todo o globo. Em um mundo dominado pelas grandes propostas que prosperam – capitalismo e socialismo – há que encontrar um rumo que supere as insuficiências de uma e de outra e cuja base teórica comporte um caráter tão pragmático como naquelas. Mas estamos ainda a viver num século de precursores, pois as teorias que se vão expondo são demasiado vagas, frágeis e omissas quanto à ação a empreender para conseguir a adesão dos povos que as terão de assumir. Há projetos que enunciam a esperança num provir em que o diálogo e a solidariedade serão fundamentais, mas sem indicar as formas que esse diálogo e essa solidariedade terão de revestir para solucionarem a crise que atravessa a sociedade neste final de século XX.

MACHADO SANTOS, A CARBONÁRIA E A REVOLUÇÃO [9]

Machado Santos, a Carbonária e a Revolução é o primeiro opúsculo publicado na Colecção Textos Universitários. Contrariamente ao que o designativo da coleção suscita, a leitura deste opúsculo desfaz a inicial impressão que nos levou a pensar num conjunto de publicações para um público com características culturais de nível universitário. Parece-nos, antes, uma coleção destinada não só a enriquecer o leitor que já possui uma base cultural, mas igualmente o cidadão

---

[9] *Diário de Notícias*, 15/7/1980; Teresa Bernardino, *Ensaios Literários e Críticos*, Universitária Editora, Lisboa, 2001, pp. 115-117.

comum cuja atuação só poderá ter uma larga perspectiva de futuro se estiver esclarecido pelo conhecimento do passado histórico.

Em uma sociedade que, dia a dia, exige mais da capacidade optativa dos seus componentes, desmistificar figuras e instituições que prepararam ou sustentaram a 1ª República, é inadiável. Além disso, levar às camadas populares as vicissitudes, as contradições e os pilares da história da nação é uma exigência. Assim, urge incrementar publicações deste tipo a preços módicos, como acontece com esta colecção. No entanto, como consegui-lo sem um esquema eficiente de distribuição a nível nacional? Com efeito, impunha-se que o Estado garantisse a iniciativas deste gênero, o cumprimento do seu objetivo maior. Consciencializar os portugueses, preparando-os para os difíceis e controversos caminhos do porvir, é tarefa ingente mas indispensável, se não quisermos viver em um país que se singulariza, cada vez mais, como pátria adiada...

Inicia-se esta publicação por um pequeno estudo biográfico sobre Machado Santos, da autoria de João Medina, seguindo-se-lhe dois interessantes depoimentos, um do hoje quase desconhecido Joaquim Madureira, prosador notável do jornal *O Intransigente*, e outro de Augusto Vivero e A. de la Villa, extraído do volume intitulado *Como cáe un Trono. La Revolución en Portugal*.

Como João Medina acentua nas suas notas introdutórias, Machado Santos, o "republicano recalcitrante", além de andar (hoje) arredio dos manuais escolares e dos volumes de erudição historiográfica, não tem sido corretamente avaliado, não no que respeita à sua atividade de revolucionário, como também pelas suas críticas expressas em *O Intransigente* e que iam desde o partido de Afonso Costa ao de Bernardino Machado. Evidenciando a sua profunda inserção na Carbonária portuguesa, sociedade secreta fundamental na eclosão do 5 de Outubro, João Medina destaca a ação de Machado Santos na tomada do Regimento de Infantaria 16, "um dos quartéis onde os revoltosos não contavam com oficiais republicanos", e na ocupação da Rotunda, em que resiste com as poucas forças que não o abandonaram – civis armados, sargentos, cadetes e soldados.

Ao concluir estas linhas sobre o "agitador irrequieto", João Medina realça a sua constante insatisfação perante uma política em que se tomavam medidas não adequadas à realidade social

existente e em que sutis oportunismos desprestigiavam os partidos mais populares. Por isso, participa no movimento contra a ditadura de Pimenta de Castro, em 1915, ou contra o Governo de António José de Almeida, em 1918, cujos resultados o conduziriam a enveredar por outra via – a formação de uma Frente Nacional Republicana –, que ultrapassasse os debilitantes conflitos partidários.

Quanto ao depoimento de Joaquim Madureira incluído neste opúsculo, destaca-se o apreço pelas suas qualidades, dentre as quais a de grande patriota. Como escreve, "era aquele o momento de lançar a revolução e de fazer a República (...) tentando vingar o sangue dos camaradas (...) que haviam procurado resgatar uma pátria e redimir um povo".

No que concerne ao excerto da autoria de A. Vivero e A. de la Villa, é, sem dúvida, significativo o seu conteúdo, não apenas porque os autores, não sendo portugueses, observam os fatos com menor carga emotiva, como ainda porque nos dão valiosos informes sobre a Carbonária, organização que, "já poderosíssima nos dias de João Franco, adquire agora admirável brilho, derramando-se por todo o País em contagiosa epidemia de patriotismo".

O RENASCIMENTO PORTUGUÊS [10]

No espaço do "nós" que se criou, por cima da vastidão temporal, por cima das oposições na concepção do mundo e da vida, por cima das diferenças da sensibilidade, é possível perguntar e responder, é possível a compreensão.

Manuel Antunes, *Ao Encontro da Palavra*

Longos anos afastado da pátria, Joaquim Barradas de Carvalho sentiu profundamente – ao perspectivar de mais longe – a problemática realidade portuguesa. Para a compreender recorreu ao passado, mas nem todo o passado lhe respondeu. Descobrir a especificidade, explicar

---

[10] *Diário de Notícias*, 13/1/1981; Teresa Bernardino, *Ensaios Literários e Críticos*, Universitária Editora, Lisboa, 2001, pp. 143-146.

a significação e consolidar o sentido da existência de Portugal, foi o objetivo primordial de J. Barradas de Carvalho. Fiel à sua ideia, dedica-se durante longos anos ao estudo da época que considerou o ponto mais alto da identidade nacional: o Renascimento.

Publicando em 1974, *Rumo de Portugal: a Europa ou o Atlântico?* Refuta aí as vantagens da integração europeia e exalta o genuíno caráter atlântico do País, preconizando a formação de uma larga comunidade luso-afro-brasileira, para salvar a herança quinhentista que, no século XVI, superiormente definiu Portugal. É nesta perspectiva ideológica que se enquadra *O Renascimento Português*, obra que o seu autor já não veria publicada, pois a morte o atingiria brutalmente.

Pondo como prévio objetivo do seu estudo a definição dos "caracteres originais do Renascimento português", começa por distinguir, com a clareza própria dos seus escritos, entre o seu significado e o da expressão humanismo, aventando a possível existência de vários Renascimentos e de vários Humanismos. Depois de se referir ao valor atribuído pelo historiador Georges Lefèbvre aos Descobrimentos portugueses, conclui que "os Descobrimentos são o fato essencial do Renascimento". Procurando captar o pensamento português quatrocentista na sua singularidade, utiliza o método quantitativo (frequência dos vocábulos) em uma perspectiva simultaneamente sociológica e historicista. Assim, vai salientar a importância do uso das palavras e dos conceitos tais como *descobrir* e *descobrimento*. Em seguida, aborda a literatura portuguesa de viagens, científica e técnica dos séculos XV e XVI, relevando nela a importância da origem sociocultural dos autores e seus reflexos nesse tipo de literatura. Referenciando a frequência com que os clássicos são citados pelos autores portugueses, compara a constância de uns com a escassez de outros – por exemplo, Ptolomeu é citado trinta e seis vezes, Aristóteles, uma, Pompónio Mela, seis (Roteiro de Goa a Diu (1538-39) de D. João de Castro). Ora, isto é, sem dúvida, sintomático da cultura humanista que os envolvia, da sua aproximação ou do seu afastamento relativamente ao saber dos Antigos, do seu enquadramento na mentalidade da época, ou da sua antecipação em relação aos tempos futuros.

Outro fator que se evidencia, é a introdução dos números árabes em Portugal e as suas consequências para o avanço dos conhecimentos náutico-científicos. As percentagens da sua utilização não deixam de ser elucidativas. Como constata, "a erudição, os textos latinos dos Antigos, [não ligam bem] com os números árabes". Quando aquela desaparece, os números romanos não voltam a surgir.

Depois de destacar a ligação entre ciência e técnica, técnica e ciência no Renascimento português, depois de ver em todos estes fatos sinais de um substrato coletivo, atribui a esse período da nossa história um carácter específico: se há continuidade, se há permanência dos conceitos vulgarizados, há também rupturas. É no conceito de experiência, é na matematização do real (adoção dos números árabes) que J. Barradas de Carvalho entrevê a ruptura, ou seja, a diferença em relação ao conjunto estrutural quatrocentista. É esta diferença que dá à época da expansão marítima portuguesa uma contextura própria, uma dimensão única e verdadeira grandeza à nação. Distinguindo sucessivamente experiência, ciência e conhecimento do mundo, conclui o seu estudo realçando a posição ambígua (enigmática) de D. João de Castro ao ultrapassar a limitada experiência empírica pela razão, pelo entendimento, "quando se ocupa dos antípodas" e, simultaneamente, "não duvidar da imobilidade da Terra" e reproduzir "muitas páginas do *Tratado da Esfera* de Sacrobosco e do *Tratado do Céu* de Aristóteles".

Apesar dos resultados exatos a que conduz necessariamente a metodologia quantitativa utilizada, não nos pareceu, pelos resultados obtidos, que ela possa responder a todos os problemas que a especificidade de um Renascimento português exige. De fato, haverá que penetrar em outros domínios convergentes, como por exemplo, as crenças religiosas e a sua influência nos escritos da época, a ação das instituições políticas, da Inquisição e do Índice censório no desenvolvimento cultural português, o papel da universidade no avanço ou na estagnação do saber da época.

Contudo, pelo rigor com que definiu nas suas linhas mestras o Renascimento português, pela precisão e audácia com que traçou novas orientações para a história portuguesa, pela humildade e pela isenção que assumiu perante os mais controversos problemas nacionais, cremos que continuar pistas lançadas por J. Barradas de Carvalho será a maior homenagem a prestar ao Homem e ao Historiador, que, com as suas publicações, soube honrar Portugal.

A INQUISIÇÃO EM PORTUGAL [11]

Seja-nos lícito chamar a juízo o passado.

Alexandre Herculano (1852).

"O raciocínio do medo foi, como era de esperar, ao extremo". Com estas palavras, Alexandre Herculano definia, em 1852, no prólogo à sua História da origem e estabelecimento da Inquisição em Portugal, a mentalidade que permitiu àquela instituição estabelecer-se e manter-se desde meados do século XVI até à sua extinção no ano de 1821. Mas o fim legal da Inquisição, naquela data, não podia marcar a destruição das motivações psicológicas que a tornaram eficiente, atuante e viva durante tão longo tempo.

Nos defensores do absolutismo miguelista, nos indecisos quanto ao êxito das ideias liberais, nos duvidosos acerca das reformas socioeconômicas urgentes, nos pressagiadores da anarquia decorrente da liberdade de exprimir o que outrora era profundamente censurado pelo prévio exame dos livros, folhetos, revistas, ou jornais, se perpetuava, sub-reptício mas iniludível, o imobilismo do dogma, da autoridade, do poder onipotente e avassalador das consciências.

A posição que Portugal assumira desde o reinado de D. José com o Iluminista Marquês de Pombal, desencadeara pela primeira vez desde a época descobridora um acentuado interesse dos estrangeiros pelo nosso modo de vida, a nossa economia, as nossas instituições. A presença efetiva dos franceses depois de 1807 e, logo a seguir, a vinda dos ingleses com o imediato objetivo de expulsar aqueles e com a remota perspectiva de adquirir vantagens econômico-estratégicas do nosso país, juntou-se o movimento patriótico-liberal da revolução de 1820.

Um redobrado interesse dos historiadores estrangeiros pelo conhecimento e difusão da História de Portugal, vai-se manifestando nos anos subsequentes. Exemplo desse novo modo de entrever a nação portuguesa foi a publicação em Hamburgo, em

---

[11] *Diário de Notícias*, 14/4/1981.

1836, de uma *História de Portugal desde o Começo da Monarquia em 1095 até à Época Actual*, da autoria do alemão Schaeffer. Traduzida para português por José Lourenço de Mendonça e publicada no nosso país desde 1842, foi vertida para francês por Bodin, com edições em 1844 e 1858. Ora, surgiu precisamente nesta obra uma parte intitulada *História dos Principais Actos da Inquisição em Portugal*. É esta parte que, recentemente, a Imprensa Nacional – Casa da Moeda reeditou com o evidente objetivo de esclarecer o público menos intelectualizado sobre as atuações execráveis, mas consentidas ao longo de séculos, por todo o povo em que o medo ainda sobrevive, ecoando sempre que a ocasião o propicia.

Povo revoltado na submissão, não logrou avançar ideologicamente pela ignorância em que foi atolado e de que ainda não se libertou. Vozes têm-se erguido, mas elas não se têm elevado até ao "mundo" daqueles que governam. Entre elas, situam-se as de José Lourenço de Mendonça, do seu colaborador António Joaquim Moreira, o primeiro simples funcionário dos Caminhos-de-ferro do Norte, o segundo da secretaria da Academia Real das Ciências.

Ambos procuraram aumentar a *História de Portugal* de Schaeffer, o primeiro reorganizando-a a partir do Tomo V, com o título de *História de Portugal do Reinado de D. João II à Actualidade*; o outro, utilizando numerosa documentação recolhida na Biblioteca Nacional ou em outros arquivos. Segundo informação dada por João Palma-Ferreira e extraída da nota introdutória ao volume ora publicado, "o importante do seu conteúdo eram os trabalhos de António Joaquim Moreira, que vão da página 201 à 362" e que corresponde ao Tomo IX.

No mesmo texto se pode ler que a *História do Primeiros Actos...* "foi editada ou circulou independentemente do referido Tomo da *História de Portugal*. A sua importância no contexto da época, o teria determinado. Contudo, estaria a década de 1840 plenamente preparada para a receber sem contestação? As forças políticas que atingia sem camuflagens, não estariam interessadas, em entravar a sua difusão? Sobre a questão esclarece-nos de novo a Nota Introdutória: "*A História de Portugal* de José Lourenço de Mendonça não consta nas bibliotecas da Academia das Ciências de Lisboa, da Academia da História e da Sociedade de Geografia de Lisboa.

Existe, de fato, na Biblioteca Nacional de Lisboa, mas faltando todo o capítulo IV e, consequentemente, a *História dos Principais Actos da Inquisição em Portugal*, que foi suprimida ou arrancada do volume respectivo". Assim, o texto agora publicado resulta de um exemplar salvo com a versão integral existente na Biblioteca Municipal do Porto. Na verdade, foi e continua a ser um texto fundamental como denúncia pública de atos que, consciencializados, viabilizavam a não repetição do erro por tantos cometido, mas por tão poucos avaliado na devida dimensão.

Ao terminar estas breves linhas, não queremos deixar de salientar o contraste que os seus autores fazem entre a atitude portuguesa de aceitação e a da Europa trans-Pirenaica de renúncia a adotar aquela instituição. No seguimento do seu trabalho, referem-se detalhadamente às casas-delegações que implantaram por todo o Reino, aos seus vários regimentos, às culpas e às sentenças atribuídas, aos autos de fé celebrados. No que se refere a esse último assunto, pode mesmo inscrever-se entre os atuais trabalhos de índole científica, ao apresentar um longo quadro estatístico em que se põem em paralelo o número de autos efetuados, a época, o lugar, os inquisidores-gerais, os pregadores, o número de pessoas penitenciadas etc.

Tendo como normas de trabalho o rigor e a verdade, reafirmam nas últimas palavras da sua análise: "Não entendemos que houvesse em Portugal necessidade absoluta do estabelecimento da Inquisição, visto haverem leis próprias à punição de toda a sorte de crime". Não obstante esta e outras tentativas, entre as quais destacamos a de Alexandre Herculano ao escrever a *História da Origem e Estabelecimento da Inquisição em Portugal*, em 1852, o século XX não apareceu com essa tendência persecutória derivada da nossa sociedade. As polícias com a atribuição de combater o crime político apenas continuaram uma instituição extinta, oficialmente, em 1821. A continuidade censória nas consciências, nos nossos dias, também o demonstra.

AINDA É TEMPO DE VIVER [12]

> *"Desde Descartes que pensamos contra a natureza, certos de que a nossa missão é dominá-la, subjugá-la, conquistá-la".*
>
> E. Morin, *O Paradigma Perdido*

Há séculos que se procura explicar o Homem, a sua função no conjunto da sociedade, o seu destino promissor ou catastrófico. Mas presente e futuro nunca foram sentidos com tanta homogeneidade como na 2.ª metade do século XX. As relações existentes entre humanidade e vida, não eram frequentemente objeto de prolongadas discussões filosóficas, pois outras questões, como por exemplo, as relações entre Deus e o Homem, eram consideradas bem mais importantes. De fato, o Homem ao longo da sua evolução nunca viveu um pânico tão generalizado ante os tempos incertos e inseguros que se aproximam. A esperança numa felicidade distante, mas possível, nunca o abandonara. Contudo, a 2.ª Grande Guerra Mundial, destruindo milhões de vidas deu-lhe maior consciência da sua fragilidade, da sua real dimensão no contexto universal.

A condição humana vai ser, por isso, repensada com toda a angústia dos circunstancialismos que a limitam. Um Malraux, um Teilhard de Chardin e, mais tarde, um Marcuse, revelam como a divergência de formação ideológica, não evita a identidade da via para alcançar um mundo mais justo: a fraternidade, para o primeiro, a união realizada pelo amor, para o segundo e a solidariedade, para o último.

É nesta procura de uma saída para a crise que atinge a humanidade contemporânea que se insere o pensamento de R. Garaudy. Depois da publicação por Edgar Morin de *O Paradigma Perdido*, em 1973, importante contributo para o conhecimento da natureza humana na sua multiplicidade e na sua complexidade, Roger Garaudy lança, em 1976, *O Projecto Esperança*, em 1979, *Apelo aos Vivos* e,

---

[12] *Diário de Notícias*, 4/8/1981; Teresa Bernardino, *Ensaios Literários e Críticos*, Universitária Editora, Lisboa, 2001, pp. 165-168.

no ano seguinte, *Ainda é Tempo de Viver*[13], de que saiu recentemente esta tradução portuguesa. Nestas três obras vemos uma preocupação máxima: a necessidade do Homem, coletivamente, salvaguardar o seu futuro. E por quê? Porque várias ameaças pairam sobre a Humanidade – a guerra, o nuclear, a servidão, o crescimento cego... E é este último, sem dúvida, que Garaudy mais responsabiliza, pois ele é não só o "deus escondido das nossas sociedades", como até a "religião mais poderosa do mundo ocidental".

A esse crescimento opõe o autor um outro em que a vida de cada homem e de todos os homens, possua um sentido fundado numa fé que "exclua simultaneamente o individualismo e o totalitarismo". Sintetizando, Garaudy afirma: "A fé é a alma de toda a política sem dogmatismo, sem sectarismo e sem domínio: quando cada um atua com a consciência de ser pessoalmente responsável pelo destino de todos os outros". Pressuposto indispensável à realização do seu projeto, mas enunciado de forma excessivamente vaga e mesmo simplista. Apenas se evidencia aqui o valor da solidariedade planetária entre os homens para a construção de uma sociedade nova. Em seguida, o autor enuncia as medidas que a tornariam possível: viver sem nuclear, reformular a economia em termos de criação de moeda, cobrança de impostos e definição de prioridades. Quanto a este último ponto, põe algumas questões: saber quais os efeitos da manipulação genética, libertar o homem da submissão a um sistema que escapa ao seu controlo, incrementar a autonomia das comunidades locais e regionais, obviar à poluição do ambiente natural e humano.

Outro problema que é salientado, nesse texto, diz respeito à guerra. Para evitá-la propõe a sua substituição por técnicas de boicote, greve, sabotagem, não cooperação etc., o que embora tenha repercussões menores – porque só avaliáveis em longa duração –, não constitui alternativa válida e eficaz relativamente àquela. Dedicam-se, ainda, algumas páginas à educação que, como escreve, "não corresponde à transformação que está em vias de se operar no mundo". Entrevendo o século XXI como "o século da sabedoria ou o século de coisa nenhuma" coloca aí a base da educação que deverá ser antes de tudo "projecto de uma vida nova", onde a "alternância do trabalho

---

[13] Publicações D. Quixote, Lisboa, 1981.

manual e do trabalho intelectual, da cultura estética da sensibilidade e do rigor do pensamento, do comando e da execução, da virtuosidade rotineira e da investigação criadora, da contemplação e da ação" delineiam uma nova maneira de realizar a comunidade humana.

Uma "nova democracia" é a sua proposta no que concerne à política. Mas o seu pleno êxito implicaria uma descentralização a todos os níveis. Dessa forma, as regiões dariam "a sua contribuição original quer se tratasse da diversificação da política energética, da criação de empresas de tipo novo ou de experiências sociais que correspondessem ao gênio local".

Ao terminar, R. Garaudy retoma uma das mais polêmicas realidades do mundo atual: a relação desigual entre Ocidente e Terceiro Mundo. Questão já largamente desenvolvida em *Para um Diálogo de Civilizações* (1977), mas em que insiste para lembrar como o seu subdesenvolvimento foi o corolário do crescimento dos países ricos. Para "reconverter em solidariedade planetária" os quatro séculos de colonização "que geraram o subdesenvolvimento" realça quatro condições: transformar o nosso modelo de crescimento; pôr em causa o nosso modelo de cultura (diálogo com as civilizações não ocidentais); substituir o fabrico de armas pela produção de material agrícola, científico e industrial e anular as dívidas anteriores dos países do Terceiro Mundo.

O autor de *O Projecto Esperança*, medita ainda sobre o "novo crescimento" e faz mais um *Apelo aos Vivos*, para que "cada um tenha consciência de ser pessoalmente responsável pelo futuro de todos". Expondo em linhas demasiado breves o seu programa de sociedade reclama que "cada um possa ganhar consciência de que o outro não é o limite mas a condição da sua liberdade". Visão para a mudança, plano para a efetuar. Contudo, interrogamo-nos sobre os meios ao alcance para levar a cabo tal empresa. O autor refere a fé. Mas quem a tem? E haverá condições para a criar sem uma alteração radical nas mentalidades? Quem tem peso político para que todos os apelos não sejam em vão? Quando se apela aos vivos ou se diz que ainda é tempo de viver, não se estarão a testemunhar os derradeiros momentos da esperança sobrelevada pela onda avassaladora do trágico impasse que o Homem pressente?

DESMISTIFICAR A *BÍBLIA* [14]

O conjunto de testemunhos transmitidos ao longo dos séculos sob a designação de *Bíblia* já não constitui, hoje, guia espiritual dos povos, das instituições, dos governos, da própria ciência, como outrora aconteceu até à deformação, até ao limite. No mundo contemporâneo, a sociedade é condicionada pelo imediato e pelo visível, por conceitos de essência e de existência sem complementaridade, por uma ânsia de acumulação de capitais expressa inclusivamente na ciência e tecnologia, progressivamente indiferentes aos valores que mais dignificam o Homem. Assim, o espaço sagrado-religioso vai tendo uma significação menos viva, ou seja, um sentido menos atual e atuante no destino da humanidade.

Concebido como um livro já ultrapassado no tempo e no espaço, a *Bíblia* é, dia a dia, menos conhecida, menos discutida e, por isso mesmo, menos criticada. A sua leitura não se generaliza, antes se restringe. A sua lúcida discussão e confronto com as novas realidades e grupos é posta de parte. Apenas as universidades católicas, os grupos ligados às igrejas a leem, a comentam. As grandes massas desconhecem-na porque o texto já não se insere na sua mentalidade.

Para alcançar esse objetivo tem-se, por vezes, atraiçoado o espírito do Evangelho ao ser-lhe dada uma feição de natureza materialista, sem se acreditar que a uma maioria fraca é sempre preferível uma minoria forte. De fato, ou a mensagem continua atual nas suas grandes linhas de pensamento, porque não depende de tempos nem lugares e apenas se adapta a sua linguagem à mudança das épocas, ou a mensagem é invalidada porque não consegue sobreviver sem apoios que negam a própria essência espiritual.

É neste contexto traçado em breves e insuficientes linhas que consideramos de relevante interesse a recente publicação de *Atlas Bíblico Geográfico-Histórico*[15] sob a orientação de J. Machado Lopes. Como se salienta na Introdução, urge divulgar quem fez a *Bíblia*,

---

[14] *Diário de Notícias*, 13/10/1981.
[15] *Ob. Cit.*, Difusora Bíblica, Lisboa, 1981.

quem a tornou possível, sem o que os Livros Sagrados perderão toda a audiência nesta sociedade tão divorciada das coisas divinas.

Dizendo-se no Concílio Vaticano II que "Deus falou por meio de homens e à maneira humana", importa

> conhecer bem o homem através de quem Deus nos fala – o seu modo de viver, a sua cultura, o seu contexto geográfico - histórico – como condição para sabermos o que o autor sagrado quis realmente significar e o que aprouve a Deus manifestar com as palavras dele.

No essencial, este trabalho compõe-se de uma série de elucidativos mapas comportando imagens que vão desde o Crescente Fértil, o Egito no século XVIII a.c., às campanhas de Josué e dos Juízes, ao Império de Alexandre Magno, à Palestina no tempo de Jesus Cristo, às viagens apostólicas de S. Paulo, à expansão do Cristianismo no Império Romano, entre outras (p. 13-51).

Em seguida, tenta-se enquadrar o "povo de Deus" na história abordando-se a sua evolução desde a origem ao exílio e ao período romano. Ao Novo Testamento é dedicada uma importante cronologia comparada (história geral – história Bíblica). Gráficos, gravuras, quadros sinópticos e pormenorizadas cronologias relativas aos livros bíblicos e à história do Egito, Palestina, Síria, Pérsia etc. (p. 106-117) completam estas páginas.

Tendo em vista alargar a leitura deste velho documento a um maior número de pessoas, utilizam-se os novos métodos do ensino da história. Por outro lado, este *Atlas Bíblico* tem o mérito de aliar a dimensão da realidade histórica ao espaço sagrado em que esta se processa, num momento em que a tecnologia e a sociedade por ela delineada começam a mostrar sinais de cansaço pelos avanços, que parecem mais recuos, da complexa natureza humana.

A bomba de neutrões, que as duas maiores potências mundiais já aprovaram, explícita ou tacitamente, é a prova insofismável de que o ser humano não deve alhear-se demasiadamente da ética e da religião (dentro de uma posição sempre crítica) porque foram elas que deram à humana criatura um lugar de primazia no universo existencial.

E esse lugar não pode, como na Idade Média, ser-lhe negado, como parece querer o cientismo político do final do século XX.

CONTO E REALIDADE [16]

*Cada linguagem é uma tradição,
cada palavra um símbolo partilhado.*

Jorge Luís Borges

Numa época em que Jorge Luís Borges é já reconhecido como um dos expoentes máximos da literatura mundial, A. Alçada Baptista traduz para português e prefacia com interessantes dados biográficos, a coletânea de contos que o autor intitulou *Relatório de Brodie* – este conto o último da série integrada nesta publicação – e que teve a sua primeira edição em 1970. Não tendo o conjunto dos textos uma interligação imediata (apreensível) nas personagens ou nos temas, constitui um repositório de episódios fortuitos, incertos, "desviados" pelo sentido e pelo significado. Aquela humanidade humilhada, explorada, vítima do poder e da coação é retratada por Borges com vivacidade, com fluidez, com eloquência. Mas se as palavras são límpidas, os pensamentos que elas fazem transparecer são envoltos em uma definição indefinida, num mistério inultrapassado, numa fórmula brevemente longa.

No caráter dialogante que cada conto assume, vislumbra-se uma das características do autor de *Ficciones*: o seu gosto de entrar em comunicação com outro, de apresentar ideias e interrogar-se sobre elas, de conviver sem limites de opinião ou de crença. No entanto, o que mais se desprende desta série de "histórias" é a constante preocupação com a noção de tempo. Nos mais inesperados momentos irrompe uma ideia sobre o que pode ser o antes e o depois. Desde a datação cronológica de cada texto, Borges propõe várias dimensões para o vetor tempo. Eis alguns exemplos: o tempo lento (que ele identifica com o "tempo das crianças"); o tempo rápido, que se ultrapassa ("o medo do demasiado tarde"); o tempo-distância ("o tempo tinha-nos distanciado"); o tempo-esquecimento (que assimila ao "amanhã"); o tempo-sem-tempo ("cada instante desses dez anos

---

[16] *Diário de Notícias*, 2/2/1982; Teresa Bernardino, *Ensaios Literários e Críticos*, Universitária Editora, Lisboa, 2001, pp. 183-186.

pode ter sido um puro presente sem antes nem depois"); o tempo-futuro ("o estranho é que os homens possam olhar indefinidamente para trás mas não para diante").

Conhecedor, na raiz, da complexidade da vida humana, exprime, em uma sabedoria que deixou de ter passado, presente ou futuro, o contingente, o banal, o secundário, como se fossem o eterno, o invulgar, o principal. Por isso, é o pequeno-grande mundo dos marginais que mais o seduz, que mais o impressiona – a marginalidade assume em Borges um sentido essencial. É nela que o mundo civilizado se espelha, se reflete, se projeta. É nela que se inscrevem os erros da "normalidade". É nela que se podem encontrar as chagas dos que dominam, dos que têm o poder instituído numa falsidade intrínseca. O exemplo surge na História de Rosendo Juárez: Juárez, depois de uma provocação, assassina Garmendia. Preso, o desgosto atormenta-o. Mas uma proposta da polícia abre-lhe um futuro: se cumprisse bem as ordens, "podia chegar a guarda-costas". No mesmo conto coloca-se outra questão: a da morte ilegal e a da executada segundo a lei – "Ele foi a morrer e mataram-no dentro da lei" (p. 61).

A coisificação da mulher é outro aspecto que ressalta neste texto de Jorge Luís Borges. Veja-se em *A Intrusa*: "Cristian levantou-se, despediu-se de Eduardo, não de Juliana, que era uma coisa". E mais adiante: "Cristian cobrou a quantia e dividiu-a depois com o outro".

A descrição de rivalidades que, com frequência, degeneram em lutas mortais, é mais uma linha definidora do autor. Motivos fúteis levam as personagens a cometer atos cujo valor não são capazes de medir porque o próprio ato ultrapassa a sua razão de ser. A responsabilidade dilui-se no universo da ignorância, da inconsciência. De fato, já não são os homens que lutam mas as armas que lutam através deles. Eles tornam-se os instrumentos ao perderem a condição de atores. Todo o problema da liberdade humana expresso com as mais simples palavras. Também no conto *A Velha Senhora* é formulada a problemática da liberdade aliada ao mistério do temporal. O permanente, o imutável, o intransponível atravessam-na. Feita de memória e esquecimento, dormita ou dorme? Sonha ou vive? A sua liberdade resume-se em já não pensar, pensando, em já não ser, sendo. "Em suma: é feliz", diz Borges. A homenagem àquela senhora "arquivo eloquente de cem anos de história argentina" foi comentada em todos os jornais, mas a sua liberdade estava além do que a rodeava – "na penumbra a velha senhora continuava imóvel, com os olhos fechados..." (p. 92).

A relação entre o novo e a tradição é abordada eloquentemente no pequeno conto *O Duelo*. Questão tão antiga como atual a ela responde o escritor de modo breve, mas incisivo: "Não existe oposição entre a ordem e a aventura", pois "a tradição está construída numa trama secular de aventuras" (p. 99).

O episódico, o pretexto para a afirmação universal. A palavra, o instrumento para expressar o misterioso do que a profere, não dela mesma. Em certo passo de *O Duelo*, Borges interroga: "Pode o artista prescindir do autóctone, pode emitir ou escamotear a fauna e a flora, pode ser insensível à problemática de caráter social?" Nessa pergunta está contida uma das explicações da sua obra magistral. Na Argentina peronista ou pós-peronista, marginalidade e comunidade digladiam-se, afrontam-se, mas também se penetram mutuamente. Nesse horizonte (peneirado pela cultura europeia) de pátria ensombrada pela morte e pela miséria, pelo destino e pelo sonho, se inscreve soberanamente Jorge Luís Borges para quem "Os sete pecados mortais são um só: a crueldade".

O TRÁGICO EM *O DESFRUTE* [17]

Com *Floradas na Serra* iniciava-se, em 1939, a aventura de Dinah Silveira de Queiroz no mundo da literatura brasileira, ou melhor, no mundo da literatura de língua portuguesa. Quer na forma mais extensiva do romance, quer na mais curta do conto, Dinah Silveira de Queiroz foi sucessivamente dando expressão ao seu modo próprio de olhar o universo humano, de o captar nos seus pormenores ou de o enriquecer pela fantasia. É esta que adquire sentido pleno na literatura de ficção cultivada pela autora ainda quando o Brasil só a conhecia de importação. *A Sereia Verde* (1941) e *Eles Herdaram a Terra* (1957) foram dois momentos altos da sua passagem pelo

---

[17] *Diário de Notícias*, 8/6/1982; Teresa Bernardino, *Ensaios Literários e Críticos*, Universitária Editora, Lisboa, 2001, pp. 191-194.

imaginário maravilhoso. Já longe desse contexto surgiu, em 1981, um novo romance desta escritora de Terras de Santa Cruz. Trata-se de *O Desfrute*. Retomando um tema da tragédia grega clássica – a que Freud atribuiu importância nunca suspeitada através do seu célebre complexo de Édipo – Dinah S. de Queiroz não esqueceu o exemplo dado por Eça de Queirós em *A Tragédia da Rua das Flores*, obra tantos anos inédita. Identidade na ideia, mas diversidade na forma e mesmo no modo de enquadrar a ideia.

Na expressão de D. S. Q. nasce, em momentos esparsos da narração, o recurso ao acontecimento histórico, o que lhe confere uma nota de mais intensa verossimilhança – a vitória da AD nas eleições, a morte de Sá-Carneiro, o sequestro do Juiz italiano etc. Por outro lado, *O Desfrute* define tipos ou caracteres em tensão psicológica: Marcos, Tomás e Guida. A tríade – pai, filho e mãe – representam mundos humanos contraditórios só unidos pelo parentesco. As suas sensibilidades, mesmo quando parecem completar-se, estão falseando a verdade. Veja-se quando Marcos se encontra com o filho para irem viver, finalmente, juntos com a mãe. Marcos fica decepcionado com a personalidade de Tomás (que não consegue justificar logicamente) e Tomás sofre ao defrontar-se com o pai que há muitos anos é casado com a mãe "só na aparência".

Ora Tomás perfilhava a ideia da unidade entre amor e sexo. Após a morte súbita do pai, depois de se terem reencontrado, parecia que para sempre, a Tomás restava a consolação de que ainda tinha a sua mãe. Mal a conhecia, por tantos anos de afastamento, mas fora sempre imaginada com o carinho que a ausência excitava na sua lembrança. O afeto do pai, interrompido pela morte, tinha-o impressionado vivamente. A mesma boa impressão esperava ter ao reencontrar a mãe. A recepção de Guida é, no entanto, estranha. Tomás não se defronta com a pessoa desejada, sonhada. Guida é uma mulher bela com uma personalidade fria e distante que não revela qualquer sentimento de dor pela morte do marido e não aceita o tratamento de mãe. Na verdade, Guida não assumira a ideia de ter um filho – a sua beleza, a sua juventude perderiam a força se Tomás fosse seu filho. Diz-lhe que não é sua mãe, que foi "um embuste" o seu nascimento. Tomás repudia a hipótese e quer uma prova. Guida dá-lhe a prova máxima – o incesto. É envolvido neste quadro natural e quotidiano que Dinah S. Queiroz coloca o principal motivo da ação. O crime de Guida e de Tomás está situado num contexto dramático, não de tragédia.

Este o aspecto mais inovador do romance. Na sociedade actual a tragédia banalizou-se. A tragédia entra todos os dias em cada um de nós pelos jornais, pela rádio, pela televisão e ninguém já quase se apercebe dela. É essa realidade que Dinah Silveira de Queiroz transmite com mestria em *O Desfrute*. A tragédia no mundo contemporâneo tende a isolar cada vez mais o indivíduo – este vive-a em um universo fechado sem comunicação possível com os outros.

O sentimento da culpa atinge também no romance de D.S.Q. uma dimensão nova: as razões de Guida são diversas das de Tomás, mas ambas quase que os absolvem. O ato de Guida é justificado pela sua recusa do envelhecimento, porque era oriunda de um meio pobre e casou sem amor, porque a ambição, não o vício fora o móbil do incesto e, finalmente, pela coragem de preferir a morte – se não fizesse a operação poucos meses de vida lhe restavam – a viver lado a lado com a sua culpa – Tomás tomara posse efetiva de parte da herdade onde ela sempre mandara. Debatendo-se entre o mundo da exterioridade e o da consciência, o que triunfa em Guida é a absolvição alcançada pelo aniquilamento do que ela mais prezava – o seu corpo. Por sua vez, Tomás é igualmente absolvido. Desde as primeiras páginas do romance, prepara-se a desculpabilização do jovem: a sua formação moral era exemplar até ao momento em que entra em contato com Guida. Assim, Tomás é vítima do destino para o qual ele próprio caminhara – conhecer a mãe. A carência da afetividade materna leva-o, ao vê-la, a desejá-la fisicamente. A atração é nítida e a confiança aumenta – essa foi a primeira mulher a quem Marcos se entregou, quando ocasiões não lhe tinham faltado. A libertação do amor recalcado adquiriu a sua expressão total. Mas a dúvida assalta-o e assusta-o. Tomás deixa a casa de Guida e procura a certeza – a testemunha do seu nascimento dá-lhe a noção do erro em que caíra. A confissão do ato e a ajuda do padre permite-lhe vencer o sentimento angustiante da culpa. Por fim, ao tomar conta da propriedade paralela à de Guida e ao casar com Jussara, Tomás readquire o equilíbrio ético-emocional que momentaneamente perdera.

Deste modo, o tema do incesto perdeu no romance de D.S.Q. o caráter trágico de que a literatura tem feito eco. Tal como os recursos à droga, à prostituição, à homossexualidade, o incesto torna-se em *O Desfrute* uma deformação determinada pelos mecanismos da própria sociedade. A culpa não é apenas de Tomás ou de Guida, porque o indivíduo não pode alienar-se do meio social, familiar ou do grupo, dependendo em grande parte deles a afirmação da sua identidade humana. Todos os dias os valores individuais são desafiados por vias que não poupam os melhor preparados e os mais cautelosos.

Sintetizando, Dinah S. Queiroz oferece-nos, neste seu último romance, três dimensões fundamentais do mundo contemporâneo: a ambição e o desejo de mandar sobrepõem-se aos valores éticos – a Guida todos os meios são legítimos para conservar o domínio da herdade; a obsessão da vida profissional faz esquecer os deveres dos pais para com os filhos – Marcos como diplomata não tinha tempo para educar o filho; a ânsia de viver dá à consciência moral um fraco valor – Marcos depressa refaz a sua vida não recusando sequer ir viver ao lado de Guida.

A CRÍTICA SOCIAL EM FLORBELA ESPANCA [18]

Eu sou a que no mundo anda perdida,
Eu sou a que na vida não tem norte,
Sou a irmã do Sonho, e desta sorte
Sou a crucificada... a dolorida...

Florbela Espanca, *("Eu", Sonetos)*

A reedição do livro de contos *O Dominó Preto*, de Florbela Espanca, constitui, numa época em que a autora tem sido objeto

---

[18] *Diário de Notícias*, 26/10/82; Cit. por Conception Delgado Corral, *Florbela Espanca Asa no Ar Erva no Chão*, Chaves, ed. Tartaruga, 2004 (tese de doutoramento public. em 1994, na Galiza).

de entusiásticas análises psicológicas, mais um elemento a juntar à sua personalidade plurifacetada. Figura envolvida em enigmática teia de diversas personagens, não tem sido desvendado o seu mistério, o seu secretismo, a sua multiplicidade intrínseca.

Na procura incessante de si própria, Florbela viveu o drama da insatisfação incontida, da busca do absoluto no humano, da insuficiência e pequenez do que encontrava. A decepção da mulher que Florbela personifica, define-a ela ao escrever no *Diário do Último Ano*: "Só se pode ser feliz simplificando, simplificando sempre, arrancando, diminuindo, esmagando, reduzindo". É esta simplificação a que as pessoas recorrem para serem felizes que a autora de *O Dominó Preto* denuncia nesta série de contos.

Com uma linguagem acessível e direta, sem sofismas, sem barroquismo, Florbela critica como se não criticasse, testemunha como se estivesse a dar testemunho. É nessa perspectiva que se pode compreender o interesse deste escrito de mensagem que continua atual.

Desde o primeiro conto, Florbela descreve um tipo de mulher – a mulher tal como ela a via na sociedade em que estava inserida. Era a mulher tradicional – banal, vazia de espírito, objeto sensual – que atraía, que seduzia somente pela beleza ou pela elegância. Expressões como "a orgia de uma tarde de compras", "inconsciência das mães", "nem todas as mulheres servem para esposas" evidenciam a mordacidade de Florbela em relação à mulher que vivia a seu lado todos os dias. Mas o homem não é menos visado na pena da poetisa.

Ela define-o com a firmeza da experiência: a dureza, a sensualidade, o despotismo, o automatismo mesmo perante o sexo oposto. E ao falar do homem, Florbela não perde nunca de vista a mulher. Eles não ultrapassam a ideia de que todas as mulheres são iguais, exceto na beleza: "mulher como as outras, [...] mas linda". As frases que eles pronunciam, di-lo Florbela, são as "do costume", são frases "habituais" porque para eles a mulher é uma "futilidade".

Mas a poetisa da campina alentejana vai mais longe ao pôr a questão de saber quem ama, quem tem capacidade para amar verdadeiramente. Para ela "não são os senhores da sociedade, os que frequentam os cafés e cujos olhares se desviam para as belezas que passam". Quem ama, acentua em *O Dominó Preto*, é o "rústico". Ele viveu enquanto lutou por amor porque "queria-a como sabem querer os rústicos das suas montanhas". Por isso, o desencontro amoroso só se pôde encontrar com a sua própria destruição: a morte. Aqui está a Florbela Espanca projetada naquele que amou que não sabia amar.

Não menos presente está a autora no conto *À Margem do Soneto* – as várias personagens que estão nela são aí expressas, ao escrever: "Ó pavoroso mal de ser sozinha / Ó pavoroso e atroz mal de trazer / Tantas almas a rir dentro da minha". O soneto é o pretexto para o conto. Nele se alude ao marido, que descobrindo a complexidade intrínseca da mulher acaba por enlouquecer. Só sendo capaz de a ver como um objeto exterior correspondendo a outro objeto interior, não concebe, não acredita na sua diversidade, na sua riqueza subjacente. É então que Florbela Espanca põe em causa o seu soneto e pergunta ao interlocutor se ele não o faria também enlouquecer. A resposta negativa explica-a a própria Florbela ao considerar que só uma alma de poeta podia reagir, dizendo: "As almas das poetisas são todas feitas de luz, como as dos astros; não ofuscam, iluminam".

Em *Amor de Outrora* a autora volta a insistir na problemática da mulher presa a preconceitos e "às cadeias austeras do dever". A personagem entra em conflito com o "mundo, os seus preconceitos idiotas, as suas leis inumanas e ilógicas". Contudo, a atitude passiva, acomodada, conformista acaba por prevalecer. É uma reação social comum e é essa que Florbela Espanca reproduz. Com efeito, o vulgar era (e é) a pessoa esmagada pelo peso de uma sociedade convencional, que não desafia nem deixa desafiar pelo temor da carga censória.

Em *Crime do Pinhal Cego* ressurge o tema do casamento sem amor, porque a diferença – um era pobre, o outro rico – não permite uniões por amor. A partir de então, o indivíduo passa a viver num mundo de hipocrisia, de falsidade, enganando e sendo enganado, fingindo, iludindo os que dele estão próximos. As almas transformam-se, como reflete Florbela Espanca, em "fundos lodosos cheios do formigar constante de milhares de coisas ignoradas".

Em *O Regresso do Filho* a autora aborda o problema da pobreza do meio, da agressividade do lugar que não dá ao indivíduo a possibilidade de se realizar plenamente na sua própria terra. As consequências humanas do afastamento, da ausência, do desconhecido são sintetizadas na figura do pai, que não aceitando a morte do filho distante acaba por enlouquecer. A falsidade da notícia será contrariada pelo seu regresso, mas é já demasiado tarde para resolver o mal provocado.

Com maior ou menor evidência, em todos os contos se encontram temas não muito diversos dos que hoje se continuam a viver. A mentalidade feminina, confrontada com a perspectiva que dela tem o homem, adquire nestes contos especial destaque. O seu contexto ideológico impõe-se ao estilo, pois o universo humano permanece ligado ao preconceito sem encontrar mais do que frágeis e inadequados opositores.

A PROPÓSITO DE *MEMORIAL DO CRISTO* [19]

Nestes tempos em que o real perturba sem cessar, o homem confrontado com o espectro da guerra, do ódio, do sofrimento, emerge a figura do Cristo na literatura contemporânea. É nestes anos de dúvida no futuro da humanidade, que a história da vida de Cristo se coloca com mais premência. Numa sociedade do material e já em busca de novas consagrações da matéria, Dinah Silveira de Queiroz intentou em *Memorial do Cristo* renovar a imagem evangélica da figura mais controversa da história do Homem.

Fê-lo com ousadia, com determinação, com amor. Assim, nasceu este *Memorial...*, editado neste ano de 1983, em Portugal, depois de uma primeira edição no Brasil, em 1977. Acaso ou não, aconteceu no Portugal evangelizador, no Brasil, evangelizado de Quinhentos.

Esse Cristo "do ontem, do hoje, do amanhã" retrata-se a si próprio com a simplicidade de "uma planta amanhecendo na intimidade de sua mãe". Contemplando-se e contemplando, é Cristo

---

[19] *O Dia*, 26/6/1983.

que Dinah Silveira de Queiroz faz falar de si, dos seus amigos e inimigos. Fundamentada em fontes históricas recém-descobertas, em textos bíblicos, em literatura sobre essa revolucionária intervenção do Espírito no humano, que foi Jesus de Nazaré, Dinah Silveira de Queiroz transpõe os caminhos já percorridos por outros autores, desde Tomás de Kempis a Renan e Daniel Rops. O ambiente psicológico do povo da Palestina, as suas práticas, os seus fanatismos, a sua religiosidade absorvente, as suas marginalidades ideológicas conheceu-os bem o Cristo, agora narrador, simultaneamente personagem decisiva nos acontecimentos e à volta dos quais se delineia, a quem é dada uma dimensão essencialmente humana, sem nunca se anular o divino.

Movendo-se acima e dentro do seu próprio "eu", nele se projeta o tempo medido e o tempo eterno. Este o grande dilema de Cristo. Ele está num e no outro. Mas vivendo no primeiro, não esquece que o segundo lhe é imanente: "Fui aquecido pelo calor do instante em que o espírito vivificou meus começos em Maria". É a problemática temporal em que se articulam frequentemente as suas palavras, uma das chaves fundamentais deste livro da memória de Jesus. Outro aspecto fulcral do texto resulta do seu olhar observador e sempre curioso. Os seus atos, as suas reflexões esboçam-se sempre no quadro geográfico e humano que o cerca. Os outros, nas palavras de Jesus, ecoam constantemente como se fosse eles mais importantes do que ele próprio. Desde a personalidade de Maria e José, passando pelo comportamento dos sacerdotes de Jerusalém e do povo miserável que o procurava para dele receber algum benefício, até à personalidade de familiares, de João Baptista, dos seus discípulos, das mulheres, há neste *Memorial do Cristo* uma descrição de tipos psicológicos diversos, até mesmo contraditórios.

Outro fator, talvez o mais impressionante, é a atenção dada por Cristo a pai José. As tão frequentes referências à sua pessoa – ele é o homem da dignidade, da resignação, da esperança, mas é igualmente o homem do trabalho, da honra, da meditação – tornam enternecedora esta personagem cujo destino era morrer antes de se realizar a missão específica daquele que ele sabia ser o enviado do Senhor.

Um exemplo do amor com que Jesus fala de pai José é a referência à sua preocupação com o berço: "Era a peça mais rica que ele havia criado". Com desgosto, pai José só pedia perdão a Deus "por não ter tido seu juízo maior sabedoria" e "ter-me deixado nascer assim, naquele lugar tão ermo e pobre".

Também ao longo da narrativa as mulheres têm um lugar de destaque: Maria sempre exaltada pela sua natureza – a esperança na promessa do Anjo, a partilha dos silêncios de Jesus, a vencedora do mal, a auxiliadora, a solitária depois da morte de José. Mulheres como Madalena, Maria e Marta, irmãs de Lázaro, a samaritana de Jacob e a própria mulher de Pôncio Pilatos são motivo para muitas reflexões de Jesus.

Se os apóstolos estão sempre presentes nas linhas do *Memorial do Cristo*, a polêmica personalidade de João Baptista assume uma dimensão bem evidente. Este obstinado precursor de Cristo com "palavra de fogo" abrira o "caminho para a mensagem de amor" que, como escreve Jesus, "eu vos traria por inteiro". Paralelamente, e sempre que oportuno, surgem na expressão do narrador figuras do Antigo Testamento – Isaías, Moisés, Daniel – reafirmando, deste modo, que ele não vinha para destruir a lei, mas para a renovar e reinterpretar. Alusões à política, aos grupos sectários e às suas expressões ao lado de descrições da natureza, dos ambientes humanos – públicos e privados – são objeto privilegiado das recordações de Cristo.

Neste invulgar texto sobressaem dois aspectos no modo como Jesus se descreve a si próprio. Não se alongando em reflexões sobre o seu ser, quando o faz, nunca deixa de acentuar aquilo em que é igual aos outros homens: "era um menino como tantos outros de Nazaré"; "eu conheceria, depois, o dono do lugar em que nos encontramos"; "uma dor me alcançou os punhos e me trespassou o corpo"; "carecia de minha mãe" etc.

Contudo, ainda que um pouco timidamente, não deixa de focar a sua ligação ao Pai: "Nas noite sombrias ou lívidas, eu me entregava ao Pai numa comunhão tão grande como ainda não havia experimentado"; "o bafejo de meu Pai tanto me aqueceu que retirei o manto"; "eu vivia em dois planos: naquele que se desenhava diante de mim, ao apelo de meu Pai, e na simplicidade recolhida de minha casa".

Dinah Silveira de Queiroz dá, de fato, à personalidade de Cristo uma pluridimensão: ele é o homem que se comove ("coração comovido"), é o amante da natureza ("na planura fértil dos pastores o vento morno traz o hálito do deserto"), é o observador do mundo humano que o rodeia ("gentes vindas do Egito, da Fenícia, da Síria, da Macedônia... inundavam Jerusalém com seus costumes particulares, suas falas, murmúrios e trajos diferentes"); mas ele é igualmente, o poeta-filósofo: "pelas quebradas e pelo vale, contudo, a voz ainda entoava, custava a findar e se confundia com o vento, até tornar-se memória, brisa, e murmúrio da noite"; "eu era outro e era o mesmo".

Cristo é o homem da palavra e da solidão, que é pensamento e oração, que é diálogo e ação: "naquele monte isolado, escolhi um desvio onde descansei e orei profundamente". Cristo é ainda o ser cheio de misericórdia em que o milagre resulta quase sempre de uma súplica, de uma necessidade, de uma confissão ou de um arrependimento – o milagre surge nas palavras de Cristo como algo tão natural como o convívio com a multidão.

Esse Cristo que Dinah Silveira de Queiroz nos oferece é ainda aquele que nas quatrocentas e setenta e sete páginas do *Memorial do Cristo* dedica escassas vinte e sete páginas ao processo que o levou à morte e que é o ponto de partida para a Ressurreição. Ao descrever a sua prisão, julgamento e morte na cruz, Jesus vive mais o drama do acusador do que o dele próprio: "E dentro do meu corpo choravam minhas entranhas, mais por Judas que por mim". Nesses momentos, Cristo é essencialmente mais um homem que sofre: "Dentro de mim angústias mortais, também padecidas por outros homens, abriam chagas em minha alma". E, mais adiante: "Em minha agonia, o suor vinha de meu corpo como se fosse terra e sangue".

À medida que caminha para a sua condenação, Jesus não esquece o sofrimento de Judas. "E quase sufoquei, quando diante de Pilatos senti presa a garganta, por Judas Iscariotes". Acrescentando logo a seguir: "Tudo se me fez ainda mais duro". Lembra a intervenção de Cláudia, mulher de Pilatos, a seu favor, salienta as tentativas de Pilatos para o libertar, sofre por sua mãe, recorda as piedosas mulheres que o acompanharam, a ajuda no transporte da cruz concedida por Simão de Cirene e o arrependimento do ladrão a quem promete o seu reino.

É este Cristo que Dinah retrata com sabedoria, com inspiração, com notável técnica literária. E a ficção se tornou realidade e a realidade foi ficção. No último capítulo – "Agora sou Esperança" – ressurge o Cristo da promessa, o Cristo ressuscitado, o Cristo de Maria de Magdala, de novo entre os homens, diferente e igual. Sabendo como os discípulos se interrogavam sobre a razão do seu aparecimento em primeiro lugar à mulher pecadora e redimida, Jesus termina o seu *Memorial* uma vez mais sublinhando a importância do amor, "porque no jogo infinito do amor eterno, existe a mesma natureza de qualquer amor humano, que perdoa, e tanto mais ama quanto mais perdoa".

Eis o Cristo que Dinah Silveira de Queiroz recriou com o talento da palavra feita poema em prosa, com a beleza do conceito e da forma que jamais poderão morrer, por mais que tentem os aduladores do fácil, do obscuro, do inferior. A literatura não se uniformizará pelo medíocre – da forma e do conceito – enquanto se escreverem páginas tão ricas como aquelas que Dinah Silveira de Queiroz deixou no seu e já nosso *Memorial do Cristo*.

FERNANDO PESSOA E A REPÚBLICA — NO 1º CENTENÁRIO DO NASCIMENTO DE FERNANDO PESSOA [20]

Dispersando o seu pensamento por folhas de papel por imprimir, Fernando Pessoa deu forma à sua tão excelente construção poética, mas, igualmente, a acutilantes e inesperadas páginas de prosa densa e de forte fervor político. Fazendo uma pausa no que toca à primeira expressão, exaltada ou ignorada conforme o tempo e as razões, tracemos alguns dos pontos de vista presentes nos seus escritos prosaicos sobre a problemática do regime republicano.

---

[20] *Diário de Notícias*, 26/6/1988; Teresa Bernardino, *Ensaios Literários e Críticos*, Universitária Editora, Lisboa, 2001, pp. 201-206.

As suas ideias acerca do conturbado período que sucedeu à implantação da República diversificam-se ao longo dos anos. Isto significa que o pensamento de Pessoa sobre o novo regime foi um pensamento em mutação ou cíclico: inicialmente, alimentou-o a esperança, mas esta não durou muito; passou, em seguida, à situação de decepcionado, para mais uma vez nele ressurgir a esperança que viria, depois, a morrer.

Cada momento determina a Fernando Pessoa uma reacção ardente, um juízo mais agressivo ou mais benevolente, uma asserção que está na continuidade ou que contesta a crença anteriormente expressa. É uma amálgama onde o contraste e a concordância interpenetram o poeta dos heterônimos, que é vários e um só. Na dispersão dos seus escritos, acentuada pelo carácter fragmentário que possuem, existe a unidade do pensamento insubmisso e não comprometido com a labiríntica teia da política nacional.

Envolvendo-se nas malhas tecidas pelos acontecimentos, procura freneticamente as motivações que os impuseram; analisa comparativamente os tempos da Monarquia com a época pós-revolucionária; busca os erros em que ambos os regimes caíram; tenta descobrir para a nação a salvação libertadora dos vícios que a República não remediou, ao substituir o rei pelo presidente, mas mantendo a mentalidade dos tempos anteriores.

Numa primeira fase, F. Pessoa coloca a República como o regime da esperança, destacando, com veemência, os condicionalismos que a tornaram possível: a identificação da Monarquia com o catolicismo; a sua forma não portuguesa; a ausência de partidos separados por ideologias diferentes, mas de grupos formados por politiqueiros sem inteligência. Estes aspectos da Monarquia não abrangiam o novo regime, o que lhe ia garantir a construção de um Portugal outro, com uma identidade renascida, pronto para constituir uma vanguarda no mundo, como acontecera na época dos Descobrimentos quatrocentistas.

Os fatos, contudo, tornaram breve o otimismo de Pessoa. O primeiro governo provisório da República revelou uma prática pouco consentânea com o clima de renovação e regeneração nacional que Fernando Pessoa tanto ambicionava para a Pátria incaracterística, de que a Monarquia constitucional era o paradigma. Ao observar as deficiências da nova ordem política, o poeta de *Mensagem* interroga-se sobre a solução-República. Estaria a República adaptada aos interesses nacionais? Responderia às inadiáveis questões que atormentavam o país? Quanto ao primeiro problema, Fernando Pessoa conclui que o partido republicano não era suficientemente português. Quanto ao segundo, era impossível responder com eficácia, pois a República enfermava de três males congênitos: "demasiado socializante, demasiado não nacional e demasiado política"[21]. O primeiro governo provisório era o exemplo vivo da incapacidade "para disciplinar o país, para tornar firme a situação internacional e para seguir uma política patriótica, suprapessoal".[22]

A oportunidade para levar a cabo essa obra surgira, mas a República não a realizou devido, como justifica o poeta, "à desorientação radicalista, à incompetência intelectual e à desunião interna"[23]. Males que vinham do passado recente e que eram a razão de ser maior para o seu desejo de mudar o regime. A esperança da redenção da Pátria começou a esmorecer logo com a constituição do primeiro governo. Foi este que definiu as grandes linhas em que se atolou a República, ao longo de dezasseis anos de história e das quais não logrou sair senão temporariamente, quando emergiu no nebuloso horizonte português a figura carismática de Sidónio Pais, a dar expressão a uma Nova República.

Com o seu prestígio, com a sua autoridade, com o seu caráter generoso, Sidónio Pais aparecia como a decisiva panaceia para assegurar a vitória sobre as "forças dissolventes da nossa sociedade", que apenas substituíram o rei pelo presidente e os partidos por outros partidos semelhantes. Ora, considera F. Pessoa, não era essa a grande missão da República, não era esse o objetivo do derrube da Monarquia. Segundo pensa, ou a mudança se verificava nas estruturas mentais da nação ou então a mudança não valia a pena.

O movimento sidonista, apoiado pelas forças contrárias à demagogia crescente, criou uma nova esperança para a Pátria avassalada pelas ambiciosas facções políticas. Se a Monarquia "havia

---

[21] Fernando Pessoa, *Da República (1910-1935)*, Ed. Ática, 1979, p. 130.
[22] *Ibidem*, p. 139.
[23] *Ibidem*, p. 140.

abusado das ditaduras, os republicanos passaram a legislar em ditadura, fazendo em ditadura as suas leis mais importantes"; se a Monarquia "havia desperdiçado os dinheiros públicos, a república que veio multiplicou por qualquer coisa os escândalos financeiros da monarquia"; se a Monarquia "havia desperdiçado os dinheiros públicos a república que veio multiplicou por qualquer coisa os escândalos financeiros da monarquia"; se a Monarquia "criara um estado revolucionário, a república veio e criou dois ou três estados revolucionários"; se a Monarquia "não conseguira resolver o problema da ordem, a república instituiu a desordem múltipla".[24] E o poeta, adepto da República, termina o seu raciocínio evidenciando o seu mal-estar com o regime, no qual pusera a esperança de regenerar Portugal: "Não melhoramos em administração financeira, não melhoramos em administração geral, não temos mais paz, não temos sequer mais liberdade. Na monarquia era possível insultar por escrito impresso o Rei; na república não era possível, porque era perigoso, insultar até verbalmente o Sr. Afonso Costa".[25]

Neste depoimento pessimista podemos encontrar as razões que terão conduzido Fernando Pessoa a apoiar tenazmente o Presidente-Rei, como ele o designa com profunda veneração. É que, para o poeta e pensador inconformado com a realidade nacional que a República não transformara, o sidonismo, contrariamente a ela, inseria-se na tradição política portuguesa, ou seja, na monarquia absolutista ou representativa em que "se equilibravam o despotismo central com a descentralização municipalista".

A Nova República instaurada pela ação do partido Unionista e a disponibilidade de Sidónio Pais, não prosseguia o constitucionalismo monárquico, como acontecera com a República estabelecida em 5 de Outubro de 1910. Nos escritos que elaborou a propósito da República de Sidónio, Fernando Pessoa aproveita para tecer várias críticas ao Constitucionalismo: o seu caráter não popular, o seu anticatolicismo, a sua essência internacionalista. Como não servia, por estar fora do tempo, uma monarquia absoluta que

---

[24] *Ibidem*, p. 149-150.
[25] *Ibidem*, p. 150.

extinguira a sua feição municipalista, também fora largamente prejudicial ao país a Monarquia Constitucional, na qual as classes médias, como classes, não governavam, mas as classes médias políticas, isto é, as que defendiam interesses individuais.

A revolução Constitucional, escreve Pessoa, efetuou-se "em favor da burguesia europeia e não da portuguesa, [...] o liberalismo foi um anticatolicismo e foi também um antinacionalismo". Por isso, a República, por enfermar de defeitos idênticos, não foi mais do que o epílogo da Monarquia Constitucional.

O assassinato de Sidónio Pais representou para Fernando Pessoa, de novo, o ruir da esperança: o redentor que salvaria Portugal da incompetência, das ambições desenfreadas, da falta de sentido nacional, da desordem partidária, dos excessos incontrolados dos governantes vendidos a interesses alheios, da ausência de desenvolvimento económico e social, morrera às mãos dos que pretendiam continuar a viver na instabilidade e na caducidade cultural, por lhes convir não uma mudança da mentalidade provinciana numa mentalidade universalista, enraizada na nação, mas a simples mudança das pessoas que exerciam o mando. Era uma mudança puramente artificial, desprestigiante das recém-criadas instituições republicanas e reduzida à sobreposição dos benefícios individuais aos do Bem Geral.

Identificado inicialmente com o espírito da República, Fernando Pessoa, bem cedo, se apercebeu dos equívocos que lhe davam forma. Depois de lhe atribuir erros mais graves do que à Monarquia, não vacila em apoiar um homem secundado por muitos monárquicos patriotas. A aventura, no entanto, não foi longe. A esperança fugia novamente para um Pessoa cada vez mais desalentado com o triste panorama político português e que, em 1920, ainda recordava no poema *À Memória do Presidente-Rei Sidónio Pais*, o "Herói que a morte sagrou Rei". A morte é, para o poeta, inaceitável ao não vislumbrar quem o siga com a mesma audácia. Afinal, é insubstituível. Logo, não morreu, não pode morrer. Essa a ideia difusa no belo poema que referimos: "No oculto para o nosso olhar, / No visível à nossa alma, / Inda sorri com o antigo ar / De força calma [...] // Não sai da nossa alma a fé / De que, alhures que o mundo e o

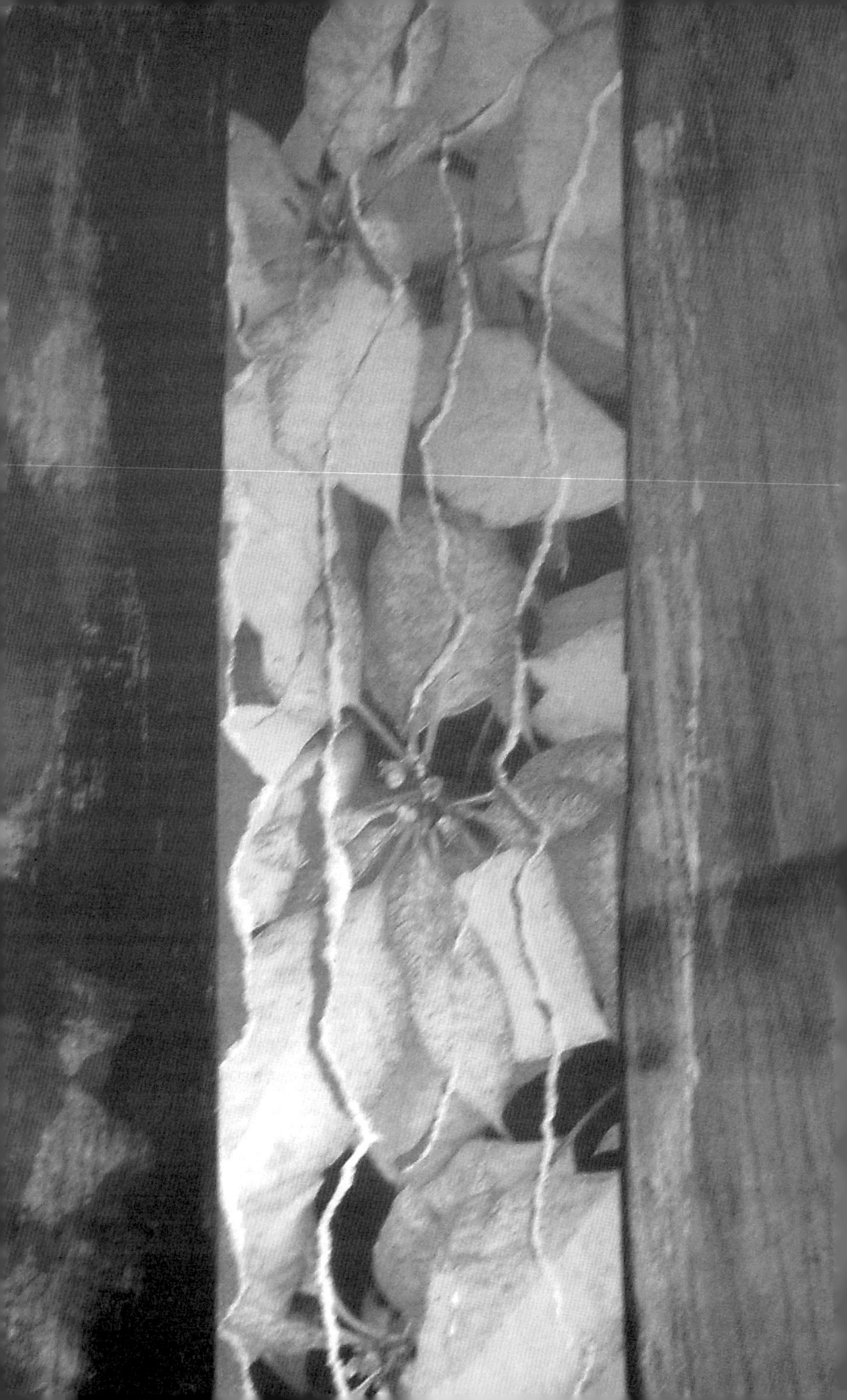

fado, / Ele inda pensa em nós e é / O bem-amado // [...] Flor alta do paul da grei, / Antemanhã da Redenção, / Nele uma hora encarnou el-rei / Dom Sebastião // [...] E no ar de bruma que estremece / (Clarim longínquo matinal!) / O DESEJADO enfim regresse / A Portugal!"[26].

NOTAS SOBRE O DESTINO DO IMPERADOR DO BRASIL, D. PEDRO I [27]

Após longos anos de negociações diplomáticas goradas e de intervenções armadas em solo nacional com pesados custos econômicos, os primeiros anos de Governo do príncipe regente D. João, futuro D. João VI, sobreviveram sob os dois fogos cruzados das grandes potências europeias da época: a França e a Inglaterra.

Ora procurando dar satisfação às imposições da primeira, ora acedendo às imposições da segunda, a orientação da política externa portuguesa revelava uma insegurança e uma indeterminação jamais experimentada pelo povo português.

A iminência da invasão do território nacional pelas forças napoleônicas, como consequência da política pró-britânica seguida por Portugal, provocou uma situação de pânico altamente lesiva da soberania portuguesa: a saída apressada da família real para a colônia do Brasil, acompanhada de um funcionalismo e de uma burguesia receosos de perderem os seus importantes cargos e negócios.

A influência inglesa foi marcante nesta decisão. Com efeito, o monarca mandou publicar um decreto no dia 26 de Novembro de 1807, pelo qual noticiava que a Corte abandonava o território nacional enquanto durasse a presença das tropas francesas, que, particularizava, deviam ser bem recebidas e "assistidas de todo o necessário". Essa atitude da Coroa portuguesa surgia pela primeira vez nos fastos da heroica história de Portugal.

---

[26] *Ibidem*, p. 231 e seg.
[27] *Diário de Notícias*, 22/1/1989; Internet, www.harmoniadomundo.net, 5/11/2008.

Conforme fora previsto, e quase sem resistência, Junot, com o auxílio de tropas espanholas, penetrava e estabelecia-se em Portugal. O pensamento expresso por Camões em *Os Lusíadas* ressoava acusador: "O fraco rei tornava fraca a forte gente".

1) O PRÍNCIPE D. PEDRO (13/10/1798 - 23/9/1834) NO BRASIL

No fim do ano de 1807 assim seguia para o Brasil o príncipe D. Pedro, com apenas nove anos. Neste contexto, a D. Pedro irá ser ministrada uma educação em que não está ausente a forte mentalidade brasileira; acompanhando-a, o príncipe tomava contato com as populações, os seus gostos e costumes, a sua sensibilidade política, a sua tessitura social. E não lhe eram desconhecidos os movimentos autonomistas nos países vizinhos que tanta atenção despertavam na colônia.

Com a transferência da Corte para o Rio de Janeiro, a sua preparação literária foi cuidada. Também era privilegiada a caça, a equitação e o manejo das armas. A propósito, escreve Luis Norton: "Como fosse o infante D. Miguel o predilecto materno e não fosse el-rei pai mui cuidadoso, crescia".[28]

Apesar de não possuir uma grande preparação no domínio das Letras, notava-se nele um gosto apurado pela matemática, pelas /wlínguas (latim, inglês, francês e alemão) e pela música, que cultivou com brilho. Devem-se-lhe a composição de dois hinos, uma sinfonia e uma ópera, que viria a ser representada no teatro italiano de Paris. Em 1817, com dezanove anos, foi conferido ao príncipe D. Pedro o título de Príncipe Real do Reino Unido de Portugal, Brasil e Algarves.[29] Esse fato vinha na linha da política desenvolvida por D. João VI desde a sua chegada ao Brasil, no fim do ano de 1807.

Com efeito, a abertura dos portos brasileiros, em 1808, ao comércio internacional, com especial benefício para a Grã-Bretanha, se lesou gravemente Portugal, trouxe inegáveis vantagens à colônia e marcou a sua libertação econômica. Os ensinos científico, literário e artístico foram profundamente incrementados,

---

[28] Luis Norton, *A Corte de Portugal no Brasil*, Lisboa, E.N.P., 2ª edição, p. 193.
[29] Idem, *Ibidem*, p. 193.

criou-se uma Imprensa Régia e publicou-se, algum tempo depois, a *Gazeta* do Rio de Janeiro.

Quando, em 1811, os ocupantes franceses da metrópole portuguesa foram definitivamente expulsos, a Coroa permaneceu no Brasil. O regresso não se colocava como uma necessidade nacional. Era algo de já distante dos intuitos da família real, com exceção da rainha D. Carlota Joaquina que preferia regressar a Lisboa. Mas para D. João VI e os seus conselheiros, o problema da ausência da Pátria europeia era cada vez mais secundário.

O mesmo não se pensava aquém das fronteiras nacionais da Península Ibérica: a todos preocupava a permanência da família real na América do Sul, pois sem que o regresso se verificasse, o governo do inglês Beresford não deixaria de se fazer sentir em Portugal. Por outras razões, aos ingleses começava a interessar o retorno da Corte portuguesa.

Em 1814, várias tentativas foram feitas, mas sem êxito. Neste ambiente de expectativa, Gomes Freire de Andrade e mais alguns partidários desencadearam um movimento que previa a substituição do rei pelo Duque de Cadaval. A derrota da conspiração, que custou a vida ao seu principal inspirador, gorou o intento dos patriotas portugueses, mas a ameaça não se mostrou persuasiva ao continuar a Corte na cidade do Rio de Janeiro.

2) Ascensão da colónia a Reino

Neste mesmo ano de 1817, em que Gomes Freire de Andrade efetuou o seu ato revolucionário, havia uma manifestação pró-republicana em Pernambuco, o que criava um novo perigo para a monarquia portuguesa, agora em terras do Brasil. As pressões da Metrópole para o regresso do soberano criavam as condições para os brasileiros perderem a autonomia já conquistada. É nessa possibilidade que surgem as primeiras contestações ao poder real.

A ascensão da colónia a Reino, em 1815, por iniciativa de D. João VI, era um privilégio que ninguém queria ver desperdiçado. Conforme sublinha Luís Norton, "o Brasil tinha sido elevado por D. João à dignidade, proeminência e denominação de Reino e não se resignava a ser esbulhado dessa dignidade, para regressar à categoria de colônia".[30]

A subordinação de Portugal à governação do Inglês, anterior aliado, para expulsar o Francês, o desprezo do rei absoluto pela Pátria europeia, os prejuízos da guerra com Napoleão (políticos, econômicos e morais), a propaganda liberal acusando o monarca de descurar as grandes questões nacionais, entre outras motivações, criaram os condicionalismos indispensáveis à vitória do movimento militar do Porto em 24 de Agosto de 1820.

Após a sua eclosão, constituiu-se uma Junta do Governo Supremo do Reino com o objetivo de convocar Cortes para elaborar uma Constituição que, entre outros aspectos, retirava ao soberano dois poderes, até então, sob a sua alçada: o legislativo e o judicial.

A incapacidade revelada por D. João VI em defender a Pátria, perante o espectro da guerra, a sua recusa de regressar quando atingida a paz, à custa do sacrifício e do orgulho de ser português, tinham provocado um clima de descontentamento e um sentimento de insubmissão que se manifestou, de imediato, com a exigência feita pelas Cortes Constituintes no sentido de o rei e a sua família regressarem sem demora ao Reino. Foi o marquês de Palmela, um dos mais atuantes políticos no contexto revolucionário, quem foi enviado ao Brasil para comunicar ao rei a instauração da nova ordem.

Em Fevereiro de 1821, a instabilidade do Reino projetava-se, no entanto, ao Brasil, com a revolta das capitanias do Norte. Na Bahia, várias manifestações tiveram o apoio popular e burguês. A revolta militar do Rio de Janeiro, no dia 26, teve como principal motor o desejo de ver reconhecida pelo rei a Constituição que as Cortes aprovassem. Depois de ter enviado seu filho, o príncipe D. Pedro, para ouvir os revoltosos, D. João VI mandou-o anunciar-lhes que, de fato, aprovava o sistema constitucional. Mas, reforçando a sua decisão, foi dirigir-lhes ele próprio a palavra: "Oh, meu Deus!, porque não me disseram há mais tempo que o povo seria tão feliz com essa Constituição! Se o soubesse, não o teria feito esperar tanto!"[31].

---

[30] Idem, *Ibidem*, p. 112.
[31] Rocha Pombo, *História do Brasil*, S. Paulo, Edições Melhoramentos, p. 304.

3) O LIBERALISMO

Era, assim, encerrado o regime Absolutista e nascia o período Liberal, ainda que alguns golpes e interrupções lhe adiassem a vitória efetiva para o ano de 1834. Alcançado no Portugal continental, o Brasil alimentava-o de forma pertinaz e rápida ao exigir a sua aprovação régia. Mas os radicais brasileiros não se satisfaziam com essa evolução da monarquia portuguesa. É que o seu objetivo verdadeiro tinha em vista a implantação da República. Assim, a instabilidade política estendia-se ao imparável território da América do Sul.

A gravidade da situação implicou o uso da força. E foi o príncipe D. Pedro que utilizou as tropas que lhe eram fiéis para abater os focos de insubmissão à nova ordem vigente. A sufocação dos amotinados garantiu a continuidade da realeza, em 22 de Abril de 1821. Quatro dias depois, D. João VI embarcava para Lisboa. D. Pedro ficava encarregado de o representar naquele importante potentado português da América do Sul.

Passados alguns meses, o príncipe escrevia a seu pai acentuando-lhe o erro de ter feito do Brasil a sede da monarquia, pois se até à sua presença no território tudo era fácil, agora vinham determinações das Cortes de Lisboa que prejudicavam a população brasileira já habituada a não viver submetida. Com efeito, as Cortes com uma importante representação burguesa procuravam, insistentemente, fazer regressar o Brasil à situação de colônia, fato inadmissível para o povo de terras de Santa Cruz.

A emancipação atingida no tempo de D. João VI era irreversível. Em carta a seu pai, o príncipe D. Pedro consciencializava-o da situação concreta a que conduzira o abandono da Metrópole em 1807: "Senhor, esta província foi treze anos considerada, e de fato serviu, sede da monarquia... para cujo fim se estabeleceram todas aquelas repartições necessárias a esse fim; ... (agora) de parte nenhuma nada vem".[32]

Contra a vontade das Cortes, D. João VI considerou que D. Pedro devia continuar no Brasil, pois tinha-o nomeado para

---

[32] Luís Norton, *Ob. Cit.*, p. 199.

a governação daquele território com o título de Regente e seu Lugar-Tenente. Por outro lado, a população brasileira temia o regresso de D. Pedro à Europa: para evitar isso, endereçou-lhe um manifesto popular, exigindo a sua permanência. Os membros do Senado reforçaram esta posição pedindo ao príncipe D. Pedro para não os abandonar, visto a anarquia estar eminente entre radicais republicanos e moderados monárquicos se tal se verificasse.

4) Protetor e Defensor Perpétuo

Em 1822 rebentou uma revolta contra o domínio português, que D. Pedro conseguiu dominar, e, no mês de Abril, o jornal *Revérbero* propôs ao Regente que fosse "o fundador do novo Império".[33] Pouco depois, a Maçonaria com o apoio do Senado e do Conselho de Procuradores-Gerais das Províncias ofereceu a D. Pedro o título de Protector e Defensor Perpétuo do Brasil, que ele aceitou a 13 de Maio, dia do seu aniversário.

A agitação nas províncias era incrementada pelo confronto entre os partidários da autonomia (personificada por D. Pedro) e aqueles que desejavam obedecer às determinações das Cortes Constituintes da metrópole. O Brasil estava dividido entre as duas facções, sendo a mais popular contrária à Assembleia Legislativa de Lisboa, que só humilhava a tão venerada emancipação. Eram recebidas como ordens afrontosas a continuação de D. Pedro como "Regente até à publicação da Constituição, mas sujeito ao rei e às Cortes" e a instauração de um processo ao governador de S. Paulo por ter pedido a permanência do príncipe no Brasil.

As instruções das Cortes de Lisboa foram interpretadas como uma interferência abusiva no poder do regente por vários conselheiros, que o consideraram mesmo "prisioneiro das Cortes", instituição que mostrava tentar "escravizar o Brasil"[34].

Era o dia 7 de Setembro de 1822 e D. Pedro encontrava-se nas proximidades do pequeno rio Ipiranga quando alguns emissários lhe deram conhecimento destas últimas decisões oriundas

---

[33] Hélio Viana, *História do Brasil*, S. Paulo, Edições Melhoramentos, 1970, p. 57.
[34] Idem, *Ibidem*, p. 59.

de Lisboa. Resolvido a não continuar sob a tutela da revolucionária Assembleia liberal portuguesa, D. Pedro proclamou a ansiada "Independência ou morte", que o iria ascender a primeiro Imperador do Brasil. Aclamado e Coroado Imperador na Capela Imperial do Rio de Janeiro, no dia 12 de Outubro de 1822 (o príncipe dera o mais lato sentido à decisão tomada a 9 de Janeiro de 1821, pela qual desobedecia às Cortes, ao ficar em terras do Brasil).

Em carta justificativa desse ato, afirmava que se saísse do Brasil, logo este se tornaria independente, enquanto se ele aí permanecesse, o território não se separaria de Portugal. A sua convicção maior era a de que a força das armas não podia impedir a independência, mas sim "o comércio e o brio da reciprocidade", porque ambos "são as duas molas reais sobre que deve trabalhar a monarquia luso-brasílica".[35]

A ideia de conservar a ligação entre as duas Cortes é incontestável em numerosas cartas dirigidas pelo Imperador D. Pedro I a D. João VI, mas as fortes pressões internas por parte de instâncias políticas e sociais, a prepotência das Cortes constitucionais, que procuravam retirar ao território a autonomia alcançada ao longo da permanência de D. João VI na colónia, as honras e os títulos que os brasileiros lhe outorgaram, como o cognome de Defensor Perpétuo do Brasil, foram os principais fatores da mudança. Esta está patente nas cartas posteriores ao mês de Maio de 1821. Era, de fato, inegável o seu exultante entusiasmo ao escrever que tratava os brasileiros não só como filhos "como V. M. me recomendou, mas também como amigos".

Noutra passagem nota a necessidade de não inverter a evolução que os tempos e as conjunturas provocaram: "Sem igualdade de direito em tudo e por tudo, não há união". Nessa disposição de espírito, propunha-se defender os direitos dos brasileiros, se necessário com o seu sangue "que não corre senão pela honra, pela Nação e por V. M."[36]. Para fundamentar a insubmissão perante

---

[35] *Ibidem*, p. 63.
[36] *Ibidem*, p. 64.

as Cortes, escreverá ainda sobre a sua adesão à causa da "colônia": "Não sou rebelde, como hão de dizer a Vossa Majestade os inimigos V. M., são as circunstâncias"[37].

O grito do Ipiranga culminara um longo processo não iniciado em 1820, como muitos afirmam, mas remontando à chegada de D. João VI e toda a Corte portuguesa ao Atlântico Sul. A revolução de Agosto de 1820, se trouxe a vantagem de fazer regressar o rei à Metrópole, teve na sua essência e como objetivo maior, recuperar os mercados brasileiros, tão preciosos à burguesia portuguesa (importação-exportação). Este móbil tornou as Cortes constituintes gravosamente hostis à comunidade brasileira, que já não podia aceitar a perda da larga autonomia política ou a fuga dos valores econômicos que estavam a fazer prosperar aquele extenso e rico domínio português.

A exigência do regresso do príncipe-regente, escolhido pelo rei de Portugal, numa difícil conjuntura interna do Brasil, em parte aderente às revoluções autonomistas e republicanas da América do Sul, foi o detonador de uma situação insustentável, quer para Portugal, quer para o Brasil.

Sem poder lutar contra as circunstâncias, como escrevia o Imperador D. Pedro I a seu pai, conseguiu, no entanto, não provocar o ódio ou até levantamentos de armas contra a Pátria lusa, que no ano de 1500 começou a desbravar e a engrandecer a futura grande nação da América Latina.

Longos anos de permanência naquela terra promissora, deram a D. Pedro I a noção exata do seu glorioso porvir que ele quis ajudar a edificar.

5) A Renúncia ao Trono Imperial do Brasil

As contestações de que começou a ser vítima na terra que fizera independente e o problema da sucessão dinástica, em Portugal, obrigaram-mo a inverter o papel que julgara ter de desempenhar no contexto luso-brasileiro. Após a morte de D. João VI, em 1826, renunciou ao trono de Portugal – sucedeu a seu pai com o cognome de D. Pedro IV de Portugal, o qual só usou por 7

---

[37] *Ibidem*, p. 66.

dias – a favor de sua filha, D. Maria da Glória, que deveria casar com seu tio, D. Miguel. Este seria o regente do Reino de Portugal durante a menoridade de D. Maria da Glória.

Para além deste compromisso, D. Miguel devia ainda jurar a Carta Constitucional de 1828 (mais moderada em relação ao poder atribuído às Cortes pela Constituição de 1822). Tendo acedido a tal Juramento e ao casamento com a sobrinha, assim como à regência temporária, D. Miguel, ao receber fortes apoios populares, rejeitou manter os compromissos assumidos e começou a governar como rei Absolutista. Vendo os direitos da filha em vias de serem lesados, D. Pedro I abdicou do título de Imperador do Brasil a 7 de Abril de 1831. Como simples Duque de Bragança iniciava agora uma vigorosa ação contra seu irmão.

Estabelecendo uma regência em Angra do Heroísmo (Açores), aí se forma o centro da resistência ao regime usurpador. Com vasto apoio na Europa, D. Pedro, tem o apoio de figuras como o marquês de Palmela, o marquês de Saldanha, Vila Flor e o futuro marquês de Sá da Bandeira. Depois do cerco do Porto e do desembarque no Algarve, o marquês de Saldanha com as tropas fiéis a D. Pedro conquista Lisboa que se encontrava desprovida de tropas.

D. Miguel, com muitos apoios populares, mas fraca capacidade militar, saiu com as suas forças do Porto para recuperar Lisboa, mas D. Pedro, vindo-lhe ao encontro, desbarata as suas forças em Almoster e em Asseiceira.

No mês de maio de 1834, terminava a devastadora guerra civil, com o exílio de D. Miguel (Convenção de Évora-Monte), a quem D. Pedro concedeu uma avultada pensão. Conciliador e moderado, D. Pedro anistia os partidários de seu irmão e recusa pronunciar-lhe castigo mais duro. Muitos defendiam para D. Miguel a pena de morte (crime de traição à pátria). Insatisfeitos com a sua conduta, acusam D. Pedro – o paladino da Legitimidade – de autoritarismo e de pouca ousadia política.

Mas os direitos legítimos de sua filha, D. Maria da Glória, ficaram, finalmente, assegurados. Ela seria aclamada rainha de Portugal, precisamente nesse dia. O dia 24 de Setembro de 1834 que marca a derrota definitiva do Absolutismo monárquico é também o dia que marca o afastamento definitivo da geração de D. Miguel da sucessão ao Trono de Portugal (conforme a Convenção de Évora-Monte assinada por D. Miguel, ao reconhecer a derrota).

Entretanto, D. Pedro, acometido de doença incurável, e desamparado pelos liberais, que tanto lhe deviam, vivia a dor de uma desilusão que só a sua juventude ainda fogosa (36 anos de idade), deixava sentir de modo menos doloroso. Morria pouco depois da Convenção de Évora-Monte, no dia 24 de Setembro de 1834.

E com ele, morria a esperança do reencontro da identidade pátria, agora submersa nas disputas partidárias e envolta em lutas pela ascensão ao Poder, com vista mais à glória do que ao serviço da nação, já tão duramente dilacerada pelos corruptos e homens sem merecimento.

D. Pedro I, o primeiro Imperador do Brasil, jaz, desde a celebração do 150º Aniversário da Independência do Brasil – no ano de 1972 – no Monumento do Ipiranga, em São Paulo.

RUMOS DA LÍNGUA PORTUGUESA [38]

Voss'amor em guisa tal que tormenta que eu senta outra non m'é, bem nen mal, mais la vossa m'é mortal.

J. Lobeira, *Amadis de Gaula*

Aproxima-se o ano de 1990, e com ele o centenário da fundação da primeira universidade portuguesa. A Universidade ou Estudo Geral surgia, na cidade de Lisboa, em 1290. Reinava D. Dinis, o rei português que, antes do movimento descobridor, mais pugnou pelo desenvolvimento da cultura e, simultaneamente, da língua que lhe deu expressão. Era a língua portuguesa a preferida pelos

---

[38] *Diário de Notícias*, 16/6/1989; Teresa Bernardino, *Ensaios Literários e Críticos*, Universitária Editora, Lisboa, 2001, pp. 207-211.

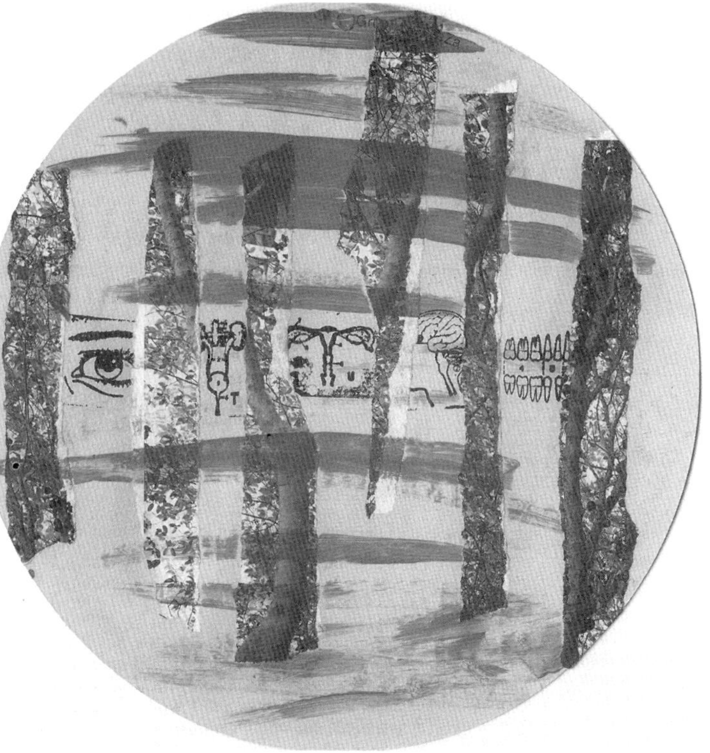

poetas líricos da Península Ibérica. Com esse instrumento, o sábio Afonso X de Castela compôs os seus belos versos de poeta-trovador. E seu neto, o rei D. Dinis, escreveu, com os seus vocábulos o mais vasto conjunto medieval de cantares de amigo. A poesia era a expressão escrita mais frequente, pois a prosa dava predominância ao latim – a língua universal do mundo medieval.

Por isso, o rei-poeta procurou dar à expressão linguística da nação a fluência que só o exercício da prosa pode conferir. O objetivo maior de D. Dinis era, contudo, a dignificação da prosa em português, numa época em que o latim era a língua usada na maior parte dos documentos oficiais do reino. E se bem o pensou, melhor o fez. A língua portuguesa oficializou-se: nos primeiros anos com timidez; depois, a prática da nova expressão foi-se impondo e a documentação política, econômica e social apareceu na língua vernácula. Maleabilidade, finura e variedade vocabular só os tempos e as mudanças lhe podiam imprimir. A decisão régia seria decisiva para que Portugal se impusesse como nação, não apenas com identidade política, mas igualmente com identidade cultural.

Recentemente, a Sociedade Histórica da Independência de Portugal lembrou o notável acontecimento, apesar dos seus escassos meios: num pequeno espaço da sua sede, em Lisboa, reuniu legislação, poemas, gramáticas, estampas etc. Todos evocavam o VII Centenário da oficialização da língua portuguesa. Oficialização que D. Dinis procurou alargar com medidas que a justificassem plenamente: traduções do árabe (*Crônica do Mouro Razis*), do castelhano (código de leis das *Sete Partidas* de Afonso X), do catalão, do italiano, do francês. Neste ensejo, como não recordar a composição da primeira novela portuguesa de cavalaria, o *Amadis de Gaula*, que o insuspeito Cervantes classificou como o melhor de todos os livros que, nesse gênero, se escreveram? Como não referir os primeiros *Livros de Linhagens*, o *Nobiliário* e a *Crónica Geral de Espanha de 1344*, da responsabilidade de D. Pedro, conde de Barcelos, filho do próprio D. Dinis?

As raízes do direito, da literatura e da historiografia de Portugal estão aqui bem patentes. Nesses domínios, viríamos a alcançar o prestígio internacional que testemunham um poema como

Os Lusíadas, de Camões, um conjunto de leis como as *Ordenações Manuelinas*, um romance como o *Amor de Perdição*, de Camilo Castelo Branco.

Mas, os avanços culturais referidos não teriam verdadeira dimensão para D. Dinis se a criação de uma instituição de ensino superior não surgisse: o ensino universitário, pela primeira vez liberto das ligações à esfera do religioso, surgia com os cursos de Leis, de Gramática e de Medicina, organizados em Lisboa, nesse ano de 1290. A língua portuguesa elevava-se à situação de língua de cultura superior, tal como já o eram o castelhano, o francês ou o inglês.

A oficialização da língua portuguesa feita por D. Dinis, aparece hoje como o início de uma longa evolução, que terminaria, há poucos anos, com a oficialização desse idioma nas antigas colônias portuguesas em território africano. Esses novos países juntaram-se ao grande país da América do Sul que fala português: o Brasil.

Foi, neste contexto, que surgiu, em 1986, uma hipótese de Acordo Ortográfico entre todos os países de expressão portuguesa. A ideia que está na origem deste Acordo era a da unificação ortográfica da língua portuguesa nos vários países, onde, ao longo de séculos, os Portugueses foram os administrantes. Ideia louvável para uns, indesejável para outros. A polêmica instalou-se e, em 1989, o Acordo continua a ser motivo de reflexões, de dúvidas, de acusações várias.

Alguns dizem mesmo que, se tal Acordo se não verificar, será mais um imperialismo ideológico a pairar sobre o Português e a sua implantação em um mundo a crescer. Essa asserção parece-nos um pouco exagerada, senão mesmo enfermando da falsa questão que a própria existência de tal Acordo encerra. E por quê? Porque nenhuma língua pode exercer um imperialismo, seja qual for a sua espécie, a milhares de quilômetros de distância, em regiões com tradições, hábitos e culturas tão diversas.

Veja-se um exemplo sobre a artificialidade da questão das divergências ortográficas: quem se atreveria a dizer que um texto de Fernão Lopes ou um poema medieval não estão escritos em português? E como as suas ortografias e até a própria semântica divergem! Lembremos dois versos de uma cantiga de amigo do jogral Mendinho: "Sedia-m'eu na ermida de San Simon / E cercaron-mi as ondas que grandes son". A ortografia é diferente da atual, mas não deixamos, por isso, de a considerar escrita em português. Essa língua, de que consideramos herdeiros um David Mourão Ferreira ou um Alçada Baptista.

A versatilidade de uma língua é a sua maior riqueza: versatilidade ortográfica ou versatilidade vocabular. Ao acrescentar novos termos à língua portuguesa, o brasileiro não desvirtuou o português, antes o enriqueceu com uma vitalidade imprevisível.

Daqui a algumas décadas, algo de semelhante poderá verificar-se no português usado pelos países africanos de expressão oficial portuguesa. E só teremos de regozijar-nos com as novidades introduzidas, ortográficas ou semânticas. Esse é o destino inevitável de qualquer língua que se adapte a outras latitudes. Acordo Ortográfico algum poderá evitá-lo. Porque não terão feito os franceses, os ingleses, os espanhóis, os seus Acordos Ortográficos em relação às regiões ou países que falavam as suas línguas, perguntam alguns. Entre nós, o problema parece crucial: desde 1986, linguistas, acadêmicos, cultores da literatura portuguesa, têm-se dividido entre a sua vantagem ou a sua inutilidade, senão mesmo o seu caráter prejudicial.

Se há vozes favoráveis ao Acordo, revelando a premência que ainda se exerce sobre os portugueses quando pensam na perda de um universalismo sem espaço nem tempo a limitá-lo, há também outras que põem a importância da ortografia de uma língua no seu devido lugar. Um lugar importante, mas não essencial. Estes últimos avaliam a língua como um precioso instrumento de cultura, mas que contém um valor maior do que ele próprio. O valor da cultura que veicula, mesmo quando a ortografia ou a semântica se alarga. Foi nesta perspectiva que Fernando Pessoa escreveu: "A primeira coisa em que Portugal se tornou notável na atenção da Europa foi um fenômeno literário". Dando como exemplos a poesia medieval e a novela *Amadis de Gaula*, conclui: "O primeiro afloramento civilizacional deste país foi um fenômeno de Cultura"[39]. Deste modo singelo, mas

---

[39] Fernando Pessoa, *Sobre Portugal. Introdução ao Problema Nacional*, Ática, Lisboa, 1979, p. 223.

esclarecedor, Fernando Pessoa homenageia o rei que tornou oficial, há sete séculos, a língua portuguesa. Essa cultura forjada ao longo dos séculos e que, mesmo dispersa pelos continentes onde os portugueses desembarcaram um dia, essa cultura, dizíamos, que não está sujeita a entraves ortográficos e que é a mensagem maior que uma língua pode transmitir.

SAMPAIO BRUNO E *A IDEIA DE DEUS* [40]

Filósofo, português, cidadão do mundo – eis-nos perante Sampaio Bruno. Nome singelo, mas em que real e fictício se cruzam. Sampaio – apelido de seu pai. Bruno – pseudônimo escolhido com especial cuidado.

Na verdade, o seu espírito insubmisso, mesmo irreverente, identificava-se com Giordano Bruno, livre-pensador do século XVI – vítima das fogueiras da Inquisição, acesas para os profanadores do Dogma. Admiração, mesmo veneração pelo mártir da liberdade de pensar sem entraves. Mas, dentro deste jovem, muito cedo preocupado com os maiores dilemas do ser humano, a palavra *bruno* correspondia bem ao seu caráter esquivo, obscuro, pouco penetrável.

Desde a adolescência confrontado com as injustiças de que fora alvo seu pai, vivia com ansiosa acutilância a sombria realidade da injustiça, do mal e da ignorância. Tudo estava na sua mente como que envolto nas mais negras dúvidas; interrogações sem conta acudiam ao seu espírito inquieto. Intuía respostas vagas, nebulosas, indefinidas...

A busca de linhas orientadoras precisas, de leis rigorosas e de princípios racionais obcecavam-no frequentemente. Sem racionalizar a existência humana e, com ela, toda a natureza, todo o Universo, como progredir?

Desvendar os segredos que estavam na origem do mundo foi, pois, uma das suas metas maiores. Fê-lo sobretudo, por meio

---

[40] *Estudos de História Contemporânea Portuguesa*, Livros Horizonte, Lisboa, 1991, pp. 411-420; Teresa Bernardino, *Ensaios Literários e Críticos*, pp. 219-232.

da crítica obstinada àquilo que as autoridades – o poder político e o poder religioso – tinham traçado na vida dos povos. Mas não se ficava pela crítica do passado. Sampaio Bruno lia vertiginosamente tudo o que se publicava sobre filosofia, ciência, sociologia. Temendo ficar por conjecturas demasiado pessoais, acumulou um saber livresco invulgar, sempre em uma procura incessante do pensamento alheio para construir o próprio. Estudando os seus contemporâneos, não esquece, antes traz à ribalta um Espinosa, um Descartes, um Leibnitz ou um Newton.

Partir de tudo o que já fora pensado nos mais consistentes sistemas filosóficos, foi uma das suas facetas essenciais. Mas Bruno queria construir algo de novo. Sem se esquivar à análise dos grandes espíritos europeus, sem ignorar as melhores reflexões da Península Ibérica, empreendeu a sua crítica sem nela se emaranhar. É que Sampaio Bruno pretendia expor as suas próprias ideias. Mais do que isso, talvez desejasse lançar os fundamentos de uma filosofia portuguesa.

Foi no ano de 1874 que veio a lume, quando apenas contava dezassete anos, o livro *Análise da Crença Cristã*. Fortemente marcado pela leitura de Amorim Viana, incentivado pelas notícias referentes às Conferências do Casino em que pontificara Antero de Quental, notando a popularidade do positivismo em Portugal, o jovem pensador portuense acreditava, com veemência, no progresso humano, anunciado pelos Iluministas do século XVIII.

Mas só o racionalismo o viabilizava. Assim, era preciso combater as crenças fundadas na fé, ou seja, por onde a razão não passava. Só o inteligível podia conduzir à verdade. Tudo o que não passasse pelo seu filtro redundaria, nos tempos futuros, no seu próprio desaparecimento. É este aspecto que se irá manter como fundo essencial do seu pensamento mesmo já na fase dos escritos da maturidade.

Às suas preocupações de ordem filosófica não era alheio o seu modo de conceber a política. Sampaio Bruno não separava o regime monárquico em que se inseria, dos males provenientes de uma fé veiculada pelos agentes do poder. Para ele, a tríade rei-pátria-religião constituía o principal motivo do marasmo da vida nacional em todos os seus planos: políticos, sociais, filosóficos, científicos etc.

Pela mão de Alves da Veiga, ingressou no Centro Eleitoral Republicano Democrático do Porto. Empenhado na demolição do regime, dava a sua plena adesão ao ideário republicano; mais concretamente, conferiu o seu aval à revolta militar, que havia de eclodir na sua cidade, no dia 31 de Janeiro de 1891. Sem renegar as suas responsabilidades no fracassado movimento antimonárquico, só viu como alternativa a emigração. Rumou à cidade de Paris, onde havia de permanecer dois anos, antes de regressar à pátria, movido pela saudade e pela ambição de ainda poder contribuir para a sua regeneração política e cultural.

Regressa renovado pelas leituras de ponta que a "cidade-luz" lhe proporcionara. Regressa mais contestatário e com uma outra visão do mundo em que se vai integrar. Regressa à pátria e encontra-a cada vez mais aguerrida: criticam-se com impetuosidade os políticos, atinge-se sem rodeios a Igreja, satiriza-se sem contemplações o poder real. Surgiam livros como *A Velhice do Padre Eterno* e *A Pátria*, de Guerra Junqueiro, *As Farpas*, de Ramalho Ortigão, *A Crise em seus Aspectos Morais*, de um Silva Cordeiro, o livro de poemas *Despedidas*, em que António Nobre vislumbrava um desejado libertador...

O ambiente mental era de acérrima crítica às instituições e ao espírito que as mantinha vivas; neste contexto favorável aos ventos culturais da Europa trans-Pirenaica, Sampaio Bruno não perdia a oportunidade de se lançar na esfera da temática filosófica, apesar de ter plena consciência da ausência de uma tradição nacional que lhe consignasse os alicerces necessários à construção de uma nova estrutura ideológica, onde não estivesse ausente uma raiz de carácter nacional.

O fato seria salientado por ele próprio, quando no ano de 1902, publicou *A Ideia de Deus*. Segundo alguns pensadores posteriores, nascia com esta obra, finalmente, a filosofia em Portugal. Di-lo Leonardo Coimbra. Fez pressupô-lo Joel Serrão, ainda que com reservas. Na verdade, é ainda hoje uma obra lapidar no contexto filosófico português: à erudição, à crítica, à contestação, aliou novas interpretações acerca de problemas cruciais da filosofia nas suas vertentes metafísicas e teodiceicas.

Com Sampaio Bruno, começou a colocar-se, com agudeza, a polêmica questão da existência ou não de filosofia portuguesa. Leiamos as primeiras linhas de *A Ideia de Deus*:

> *Nunca os portugueses mostraram queda para as altas especulações filosóficas; e a metafísica à nossa gente pareceu sempre ludíbrio fátuo de cerebrações senão já de raízes mórbidas, perturbadas [...]. Não impediu esta originária indisposição, estrutural, de natureza e essência, que à laia do demais, como dever de ofício e encargo de profissão, nas aulas públicas, de todo o tempo, se lesse, entre nós, de filosofia e que até pretendesse o engenho pátrio, de onde a onde, aqui ou ali, alçapremar-se à região vaga das cogitações metafísicas, que, em regra, uma invencível, preguiçosa antipatia formalmente sentenciara e categoricamente condenara.*[41]

É com esta constatação que Bruno inicia as suas meditações em torno da ideia fundamental da filosofia de todos os tempos: a ideia de Deus. E fá-lo com inegável rigor histórico, lembrando que as melhores reflexões de portugueses não tinham obtido no passado, relevante importância. As excepções apenas confirmavam a regra: eram os casos de Ribeiro Sanches, Verney, Antero de Quental.

Em defesa do seu ponto de vista, Sampaio Bruno lembrava Lopes Praça, autor de uma *História da Filosofia em Portugal*, obra em que se frisava:

> *As obras dos coimbrões não têm nada de profundamente original para o pensamento filosófico [...]. A necessidade de inovar [...] é-lhes completamente antipática [...]. Limitam-se a simples comentários [...]. São representantes fidelíssimos da tradição de que eles não ousam, desviar-se de forma nenhuma e que os liga, sobretudo, a S. Tomás.*[42]

Mas se muitos atribuíam a debilidade dos nossos estudos filosóficos apenas à educação jesuítica, Bruno considerava este fato com raízes muito mais profundas e diversificadas. Por isso, acentuava "a falta de poesia dramática e de romance novelesco em nossa produção literária; a nulidade do engenho lusitano na tecnologia, na mecânica industrial, na alfaia agrícola, no abastecimento inovante do gabinete

---

[41] *A Ideia de Deus*, Lello e Irmão editores, Porto, 1987, p. 1.
[42] *Ibidem*, p. 18.

de física, do laboratório químico"[43]. Sem estes condicionalismos, concluía, dificilmente seria possível desenvolver entre nós a especulação filosófica. Restava a esperança no futuro [...]. Como escreve Joel Serrão, "esse o único Reino pelo qual Bruno toda a vida batalhou"[44].

Com um passado de mediocridade filosófica, o pensador portuense decidiu socorrer-se dos maiores nomes do pensamento europeu e, no plano nacional, sobretudo de Amorim Viana; o oásis filosofante do país, levou-o a juntar a contribuição da historiografia de sentido mais acentuadamente mental. Foi ela que lhe proporcionou um fundamento de tradição para as cogitações metafísicas que pretendia encetar.

Rasgando as amarras do aristotelismo estiolante dos coimbrões, contestando o realismo pragmático de uma nação de mercadores e navegantes, antepondo-se ao psiquismo de natureza inquisitorial (em que o país vivera atolado durante séculos), Sampaio Bruno tentava traçar novas linhas no universo pensante português. E, precisamente no domínio da metafísica (até então eivada de Aristóteles e S. Tomás), refletiu com autonomia e singularidade.

Não aderindo ao positivismo em voga, mostrou-se crítico, quer em relação ao materialismo e ateísmo de Nietzsche, quer no que tocava à via evolucionista de Herbert Spencer ou à perspectiva metafísica de um Bruckner ou de um Hartman. De todos retirou ensinamentos, não se colocando, contudo, nos trilhos mentais de nenhum deles. E, se definiu a filosofia do Inconsciente de Hartman como "a mais harmoniosa concepção da metafísica positiva, a mais bela, a mais exata e profunda, genial a vários aspectos"[45], isso não o impediu de a contestar, quando ao tratar do problema do Mal e do Bem, entendia que "no princípio não foi o Inconsciente; foi a Consciência [...]"[46].

Se como ponderou José Marinho, o autor de *O Encoberto* "vai transitar do compromisso do cientismo agnóstico e do materialismo ateísta, para um pensamento metafísico de nítido sentido

---

[43] *Ibidem*, p. 24.
[44] Joel Serrão, *Temas de Cultura Portuguesa*, Ática, Lisboa, 1960, p. 126.
[45] *A Ideia de Deus*, p. 33.
[46] *Ibidem*, p. 345.

teúrgico"[47], Joel Serrão captou o autor de *Notas do Exílio* noutra perspectiva: o de um espírito amante da liberdade, que

> *repele o dualismo porque a criação ex nihil sempre se lhe afigurou absurda. Mas insurge-se também contra o monismo na medida em que este é incompatível com a liberdade. E para salvá-la, à liberdade, Bruno acabou por abrir uma fresta para o irracional, a que chamou mistério indecifrável.*[48]

Por seu turno, Álvaro Ribeiro viu o intérprete de *O Encoberto* numa postura de "reacção ao ambiente positivista",[49] ao condenar tanto o monismo como o dualismo; e o seu mérito teria sido associar a filosofia à teologia, por estar de acordo com a tradição portuguesa. Por isso, afirmava:

> *Teologia sem fundamentação metafísica é a que Sampaio Bruno admite [...] Influenciado em grande parte por Spencer [...] afasta-se do pensador inglês para se aproximar do taumaturgo ibérico que foi Pascoal Martins.*[50]

Um "messianismo redentorista"[51], eis a expressão com que António Brás Teixeira caracterizou o pensamento bruniano. Publicado em 1904, (apenas dois anos após ser dado à estampa, *A Ideia de Deus*), *O Encoberto* seria o corolário não só nacional, como universalista da metafísica delineada na obra anterior. Mas se *O Encoberto* completou *A Ideia de Deus* é aqui que se pode encontrar o cerne filosófico de Sampaio Bruno.

Sintomático, logo o primeiro capítulo que titula "Filosofia e Metafísica": após comprovar a "indigência da filosofia nacional" debruçou-se sobre o que, na verdade, constituía o objetivo das suas pesquisas filosóficas – a metafísica. Daí ter a preocupação

---

[47] José Marinho, *Estudos sobre o Pensamento Português Contemporâneo*, Biblioteca Nacional, Lisboa, 1981, p. 62.
[48] Joel Serrão, *Ob. Cit.*, pp. 118-119.
[49] Álvaro Ribeiro, «Prefácio» in *Sampaio(Bruno)*, SNI, Lisboa, 1947, p. 15.
[50] *Ibidem*, p. 25.
[51] António Brás Teixeira, «Da Filosofia Portuguesa» in *Revista Espiral*, Ano I, Nº 3-4, 1964-65, p. 45.

de a definir: era "a ciência do absoluto"[52]. Surgia, de imediato, o fulcro das suas reflexões: o absoluto e o modo de o interpretar, de o conjecturar e de o deslindar, se possível. Desde então, projetava-se a problemática de um racionalismo, capaz ou não, de desvendar o que o ultrapassava, no tempo e no espaço. Ser ou não ser inteligível *A Ideia de Deus* – eis a chave da metafísica de Bruno.

Se as relações entre a filosofia e a metafísica se lhe colocavam como essenciais, seguem-se dois capítulos dedicados, respectivamente, às interações entre "Superstição e Religião", "Teologia e Moral". Quatro temáticas diversas e, no entanto, afins. A sua interpenetração, levaram o autor de *A Questão Religiosa* a incluí-las na busca de uma argumentação que conduzisse à existência, ou não, de uma nova ideia de Deus, com todas as consequências inerentes.

Foi ao referir-se ao binômio teologia/moral que colocou a primeira grande questão sobre a possibilidade humana de conceber um ser superior, absoluto e total. E, ao fazê-lo, começou por se interrogar acerca das duas condições fundamentais para o pleno exercício da razão humana: a liberdade e a fatalidade. Sem negar a primeira, afirmou a necessidade da segunda. Tudo estava, portanto, no universo de Sampaio Bruno, sujeito a estas duas leis da natureza.

Da liberdade, o pensador inferia a dimensão moral no Homem, sempre com possibilidade de se aperfeiçoar e transcendentalizar; da fatalidade, concluía a existência de uma "predestinação do Universo", a que *não eram alheios* "seres superiores a nós e existindo fora de nós". Por esse fato podiam transmitir, com antecedência, uma realidade que estava na esfera do futuro. Nesse contexto, a Sampaio Bruno não foi difícil entrever a possibilidade da existência dos anjos, assim como do conhecimento profético[53].

Através do progresso moral da humanidade, que identificava com a igualdade, traçou a via para o Homem ascender a um plano superior de existência:

---

[52] *A Ideia de Deus*, p. 35.
[53] *Ibidem*, p. 129.

Dia virá em que os homens se confundam em fraterno amplexo. Dia virá em que não haja mais classes diversificadas e em que em comum, não comunistamente, todos penemos e jubilemos. Não se chorarão mais lágrimas de desesperação, de soberba, de vergonha.[54]

No capítulo dedicado às relações entre contingente e necessário, desenvolveu melhor a ideia de Deus: em primeiro lugar, procurou demonstrar a sua existência; depois, descobrir a sua verdadeira identidade. Assim, a grande questão que se lhe deparava era a de formular uma configuração do absoluto em termos de contingência ou de necessidade. Nesta conformidade, sublinhava: "A doutrina da contingência não se coaduna com o dogma da existência do criador, onisciente e onipotente, tal como o define o dualismo dos teólogos"[55]. Deste modo, Bruno aproximava os limites da contingência, da própria existência de liberdade: sem contingência não haveria livre-arbítrio e responsabilidade; mas logo que a vontade realizasse o fato, este tornava-se necessário.

Ora, coexistindo a fatalidade com a liberdade, não se podia recusar a existência do milagre, não como os teólogos o concebiam, mas entendido

como a interferência da contingência com a necessidade, como o ponto do cruzamento do inevitável das leis racionais e empíricas com o possível das iniciativas da especial vontade, livre na predeterminação geral e responsável na consciência.[56]

E questionava: "Qual é a causa de Deus?". Foi a esta tão simples quanto complexa dúvida, que o filósofo entendeu ter de se responder, para se chegar a alguma definição, minimamente credível, do Ser Supremo.

Confrontando-se com a ideia de criação, que recusava, argumentou afirmando que enunciar a ideia de Criador era, desde logo, negá-la: "Sendo nada a negação da existência, como pode

---

[54] *Ibidem*, p. 158.
[55] *Ibidem*, p. 174.
[56] *Ibidem*, p. 214.

da não existência sair a existência?"⁵⁷. Antes de formular o seu ponto de vista sobre a controversa problemática, Sampaio Bruno expôs, com detalhe, as maiores contribuições da filosofia europeia, no sentido de encontrar uma resposta: desde santo Agostinho a Newton, de Spencer a Locke, de Leibnitz a Haeckel. Não obstante, sempre tecendo as suas críticas certeiras.

Inesperadamente, vemo-lo a citar as linhas iniciais do livro do Gênesis: "No princípio era o Verbo". E pensava: o Verbo identifica-se com o homogêneo, que é o próprio Deus – "infinito e invariável, permanente e contínuo, absoluto e necessário"⁵⁸. Homogeneidade que Bruno traduzia pela noção que se lhe afigurava mais acessível: a noção de tempo. Assim, no princípio era o Tempo puro – imutável, homogêneo, infinito, eterno, absoluto. E esse Tempo puro era Deus, sinônimo de perfeição total. Contudo, esse Tempo puro alterara-se e adquirira um caráter heterogêneo, assumindo aquilo a que designamos por espaço ou extensão material. Assim, o Tempo puro – o Deus infinito – alterou-se. Na alteração ficou diminuído.

Na origem, a Deus não faltava atributo potencial algum; com a alteridade (mudança) verificada, Deus perdera qualidades que o diminuíram e lhe retiraram a onipotência. Restou-lhe um atributo essencial – o poder infinito. A este mistério original de Deus não deu o filósofo qualquer explicação. De fato, pertencia ao domínio do irracional aquilo a que chamou a queda de Deus. Com a sua queda, com o seu poder diminuído, esclarecia-se a atual dimensão de Deus, expressa na vida material, a cada passo dividida entre o mal e o bem, entre a justiça e a injustiça, entre a alegria e a dor.

Aliás, foi precisamente a existência do mal e o seu caráter injusto e irreparável, que provocou em Sampaio Bruno a ideia de Deus diminuído, ou seja, impotente para acabar com o sofrimento. Como podia ser onipotente – diziam os teólogos e alguns metafísicos – um Deus de Amor e, simultaneamente, um Deus que "impassível, vê sofrer seus filhos"?⁵⁹ E continuava: "Deus tirou (a humanidade) do nada para sermos atormentados num mundo, a fim de sermos

---

⁵⁷ *Ibidem*, p. 252.
⁵⁸ *Ibidem*, p. 290.
⁵⁹ *Ibidem*, p. 314.

felizes noutro. E, contudo, do mal físico sofrem os animais, cuja alma não é imortal. Eles não receberão indemnizações"[60]. Desta abrangência do mal às vítimas inocentes e sem hipóteses de redenção, concluía que Deus fora impotente para expurgar o sofrimento, como continuaria a sê-lo até ao fim dos tempos.

Com uma réstia de otimismo herdada da Filosofia das Luzes, esclarecia mais adiante:

> *se Deus não goza duma felicidade egoísta, também ele sofre da diminuição do espírito puro e do mal da criatura, espírito alterado (...) [mas] não nos seduza a expectativa da felicidade, [porque] (...) nem para padecer, nem para folgar veio o homem ao mundo.*[61]

De fato, Bruno entrevia a missão do ser humano como um meio de completar o Espírito diminuído de Deus; era ele que poderia por meio do progresso moral e cultural realizar o regresso de Deus ao espírito puro. Incumbia ao homem "eliminar o mal"[62], que atingia o espaço heterogêneo, em todas as suas manifestações vitais. Mas o dever do Homem não se limitava a si próprio; o seu dever estendia-se a toda a Natureza – libertando-se de si, libertaria o Tempo diminuído e alcançava, com o seu contributo, o regresso ao Tempo puro.

Visionando Deus nesta perspectiva, o autor de *O Encoberto*, dava-lhe uma dimensão mais humana, ao mesmo tempo que, concedia ao Homem uma dimensão transcendente. Aproximando pelo mistério da queda, Deus e natureza, a humanidade tornava-se a mediadora de que o próprio Deus estava dependente, para reassumir a sua plenitude original – na onipotência absoluta.

Nesta reflexão, constata-se que o objetivo maior de Sampaio Bruno ao escrever *A Ideia de Deus* foi torná-lo acessível à criatura – condição para que a crença na sua existência não fosse, em uma época de previsíveis magnos avanços científicos, algo de restringido à "necessidade social e uma solicitação de

---

[60] *Ibidem*, p. 315.
[61] *Ibidem*, p. 348.
[62] *Ibidem*, p. 351.

consciência"[63]. Lembrava, assim, que urgia fazer de Deus "uma proposição irrefutável, uma noção científica" E ajuizava:

> *Deus existe mas a humanidade de amanhã só aceitará esta afirmativa quando para ela essa afirmativa revista o caráter da evidência abstrata das matemáticas, da evidência concreta da físico-química.*[64]

Contra os metafísicos, contra os teólogos, edificou um novo cosmos, a que não faltou a expressão metafísica nem o sentido teodiceico; no qual racional e irracional acabaram por dar as mãos; em que só a dimensão prospectiva o tornava explicável.

O pensador antidogmático, logo revelado pela obra *Análise da Crença Cristã* dos tempos juvenis, assumia em *A Ideia de Deus* a sua plena identidade: unificando Deus, o Homem e a Natureza, acentuava que através do Progresso, "redimido o diferenciado, na consumação dos séculos, como o foi antes dos séculos: – a homogeneidade do absoluto será".[65]

Pressupondo a racionalidade do próprio irracional, Sampaio Bruno publicava, dois anos mais tarde, *O Encoberto*. Aqui, concretizava o seu pensamento no plano pragmático: o Progresso redentor era condicionado pela realização ao nível da humanidade, de uma verdadeira república, em que "a união dos cidadãos"[66] era possível pela prática de três princípios fundamentais: Liberdade, Igualdade e Fraternidade.

E sublinhava:

> *Civilização quer dizer integração [...]. O limite ideal da realidade é a unidade [...]. Assim, o erro do Passado consistiu em supor a Unidade só possível sob a Autoridade. A glória do futuro será conseguir a Unidade na Liberdade.*[67]

Ao afirmar a superioridade da Liberdade sobre a Autoridade, emergia, claramente, o espírito libertário que o animava e que o

---

[63] *Ibidem*, p. 358.
[64] *Ibidem*, p. 358-359.
[65] *Ibidem*, p. 361.
[66] *O Encoberto*, Lello e Irmão editores, Porto, 1983, p. 291.
[67] *Ibidem*, p. 333.

fazia vislumbrar a união de todos os povos numa grande Pátria, na qual se alcançara a Moral, ou seja, a verdadeira Igualdade.

TEIXEIRA DE PASCOAES — UMA POESIA DA ALMA PORTUGUESA [68]

Com grande sensibilidade aos problemas da vida e da morte, da matéria e do espírito, da dor e do mal, Pascoaes transformou a sua inquietação filosófica em poesia eivada de Absoluto.

Da natureza, da coisa criada, fez um mundo de sagrado, de espiritual. A espiritualidade da matéria transformou cada um dos seus poemas num panteísmo, que não deixa de ser também um pan-humanismo (a matéria inanimada está profundamente imbuída de humanidade espiritual).

Vejam-se alguns exemplos: "As rochas meditam"; "O musgo é sensível"; "As árvores têm gestos de piedade"; "A pedra tem olhos"; "O orvalho sorri". Essas passagens do livro *Jesus e Pã* revelam bem como Teixeira de Pascoaes animizou o inanimado. Eis, aqui, como em Fernando Pessoa, uma filosofia oculta da Natureza, embora com um cariz mais acentuadamente "religioso".

Na verdade, a Natureza é o grande tema do poeta de Marânus. Mas, uma Natureza só transparente pela alma que encerra: "A forma é a aparência / Transitório clarão que ilude os olhos banais / Que não conseguem ver a sempiterna essência / O espírito que anima os astros mortais! / Somente a alma existe". E vai mais longe: Jesus – o Deus Revelado pela sua própria humanidade – é o símbolo da vitória sobre o mal, a transitoriedade: "Eu que sou frágil, transitório e vão, / Que projecto, no mundo, a sombra de uma cruz".

O ideal – Jesus – fez-se Realidade. Ainda no livro *Jesus e Pã*, Pascoaes faz emergir a teoria da Saudade, ao considerar que a dor não é mais do que a "infinda saudade" e nela "apenas vemos uma nuvem a voar".

---

[68] *Revista Independência*. S.H.I.P., Junho,1992.

Aqui, nota-se bem como existe latente uma filosofia do sensível, do natural, em que se pode descobrir a própria verdade: "Almas, que procurais um pouco de verdade, / Procurai-a num lírio ou numa rocha dura".

Paralelamente, distingue-se na obra de Pascoaes, toda uma filosofia política. Ela é patente desde os seus artigos publicados na revista *A Águia* (1912). Essa filosofia nova exposta pelo movimento "Nova Renascença" (do qual o autor de *Sempre* é um dos principais dinamizadores e tornou mais conhecida) chamou-se "Saudosismo" ou teoria da Saudade. De fato, a Saudade diz respeito ao passado "que é a velha lembrança"; mas toca também o presente ao gerar "o novo desejo" e projeta-se no futuro por meio do ideal expresso pelo Padre António Vieira no Quinto Império.

Na conferência proferida no Porto, em 1912, intitulada "O Espírito Lusitano ou o Saudosismo", Pascoaes entende que o sentimento da saudade nasceu do casamento do paganismo greco-romano (naturalismo pagão) com o cristianismo judaico (espiritualismo cristão). Com efeito, a Saudade tem um caráter ambíguo e, simultaneamente, realiza, com perfeição, a simbiose das heranças culturais romana e cristã. Neste contexto, define a saudade como "o desejo e a tristeza, a matéria e o espírito, a morte e a vida, a terra e o céu".

Em *A Arte de Ser Português* (1915) "a alma da nossa raça", "a alma da pátria" coincide com o conceito de Saudade. Procuremos agora a razão desta identidade. A resposta está patente numa passagem de *O Gênio Português*: "Terra de Portugal [...] messiânico Povo que tendo dado à humanidade o mundo físico, compete-lhe dar agora um novo mundo moral".

Logo a expressão "messiânico" nos desperta a atenção. Pascoaes encontrou nos principais passos da história de Portugal um sentido de natureza messiânica. A expansão dos cristãos nos tempos da Reconquista e a dilatação do reino nos séculos da Aventura marítima. Nessas épocas, Portugal teve uma missão de sentido universalista. De caráter saudoso e, em simultâneo, de sentido prospectivo. A captação dessa alma pátria, una e múltipla, fora excepcionalmente formulada no século XVII.

Era agora reposta no dealbar do século XX: Pascoaes delineia-a no livro Arte de ser português. Depois da Diáspora peninsular e atlântica de sentido espiritual e material, faltava a Portugal construir "um novo mundo moral" (*O Gênio Português*).

E esse "novo mundo" era a "Nova Civilização" ou "Renascimento Espiritual", cuja dimensão universalista tornaria Portugal, de novo, um "país-para-o-mundo". Isto significava que "Portugal devia realizar no futuro", por meio da "senda saudosa", a própria humanidade. O "espírito saudoso", de que a pátria portuguesa era a depositária, conduziria, pela sua superioridade "mental", o mundo novo que, sem Portugal, seria vazio de espiritualidade. Porque, como escrevia, "a saudade [...] significa a eterna Renascença, a eterna aspiração humana" (*A Arte de Ser Português*).

Assim, o poeta-filósofo lançava as bases de um Portugal – porta espiritual para a Nova Civilização dos tempos vindouros, dos tempos que ele não suspeitava irem alcançar nos escritos de Fernando Pessoa, seu grande admirador, uma das mais altas afirmações culturais de Portugal no mundo. O nosso tempo começa a dar razão a Pascoaes. Portugal ou se afirma pelo Império do Espírito, ou só lhe restará soçobrar. Ora, este destino, creio, não passa pela vontade do genuíno povo português. Aquele povo das serranias, das orlas marítimas, das cidades empreendedoras e cosmopolitas, conserva bem no fundo da sua alma, o gênio que lançou os homens da terra e das areias nos vastos oceanos e entre gentes de tão diverso viver.

ENTRELINHAS [69]

"Coleccionar instantes" propõe-se Fernando Henrique de Passos na abertura deste livro de poemas. De fato, trata-se de uma amálgama de poemas escritos na dispersão de um tempo incerto, inesperado e, afinal, mergulhado num conformismo profanador das vontades profundas e identificadoras do ser. Poemas escritos, aparentemente escritos, como o fluir de um rio onde os socalcos não são obstáculos, mas começos de novas metas.

---

[69] *Letras e Letras*, Porto, 4/11/1992.

Versos cadenciados pela rima, possuem outra cadência bem mais caracterizadora do seu autor: o ritmo da palavra aliada ao da ideia que a suporta. Por isso, Fernando H. de Passos em *Entrelinhas*[70] tende frequentemente a recorrer ao binómio eu / tu para alcançar uma comunicação mais concreta, nessa busca incessante que é o diálogo, num mundo, dia a dia, com as vozes humanas mais silenciadas.

É precisamente esse silêncio que agride o poeta e o conduz à fórmula dialogada de tantos dos seus poemas. A existência torna-se-lhe absurda sem o outro, sem o encontro do eu e do tu – descoberta primordial das origens – esse tu, mesmo que seja enigmático e aterrador. Lembre-se o poema "A Recusa do Mar", em que se acentua: "Estou mais uma vez no cimo do monte / [...] Pairo sobre ti, mergulho a teus pés, / Estou dentro de ti, mas tu não me vês". Ou ainda estes dois versos: "Ali estávamos tu e eu, num mundo sem vida"; "Tenho-te e também me tens".

Mas, na fluência das palavras simples, Fernando H. Passos constrói uma poética em que se pode vislumbrar um real continuador das tendências enunciadas por Antero de Quental e Guilherme de Azevedo, depois assumidas por Cesário Verde. Na verdade, o autor, numa aparente crítica social, autoanalisa-se. É uma das temáticas mais evidentes desse seu livro.

Significante e significado jogam eloquentemente, por exemplo, no poema "Equilíbrio instável": "Farrapos na pele, / A pele sobre o osso, / Saliva de fel, / Ergueu-se o destroço".

Também em "Putrefacção" surgem expressões elucidativas:

"restos de gente" [...] ou "Carne roída / Que já não sente / Nem é sentida".

No poema "Depois da tempestade", "homens choram as famílias, / Procuram corpos na lama".

e "crianças sobreviventes / Olham sem perceber nada".

Em "Horas mortas", surgem estes versos:

"Num quarto forrado a dor / Onde é noite até de dia / Oiço crescer o bolor / Mordo-me deste rancor – / Não ter sido quem podia".

Pela palavra poética eclode a libertação do sofrimento (e todos deste modo são lembrados e vivem na memória), a que o poeta dá

---

[70] Lisboa, ed. Sílex, 1992.

um sentido. Contudo, não é apenas a miséria do ser que atormenta Fernando H. de Passos. É igualmente o império dessa tecnologia desenfreada, que ignora e desintegra. O poeta sente o peso das máquinas que alienam e confundem ("Desligo a máquina [...] / Penso as tuas palavras e lentamente, recomeço a viver"). O livro *Entrelinhas* é uma ecologia interior, em que a eventualidade do apocalipse parece próxima, se não já bem presente, em expressões do poema intitulado "Crepúsculo": "Secaram as fontes"; "Árvores sem rebentos"; "Pássaros sem ninhos"; "Caules sem flor"; "Já nem há dor"; "Não nasce um trovão"; "Luz em agonia".

Outro tema que é privilegiado por Fernando H. de Passos e que, na verdade, envolve quase toda a poética deste livro, é o da morte, imbricado, por vezes, com o do tempo. A realidade circundante é transmitida por uma referencialidade natural em que o ar, a água, o fogo e os animais aparecem como termos de comparação com a angustiosa existência. Mas eles são também fins libertadores da vida, estagnante e vazia. O discurso do poeta procura, então, encontrar pontos de orientação simbólica conducentes à fuga salvadora.

Assim, surgem vocábulos como "barco", "embarque", "nevoeiro", "mar", entre outros, representando a fuga para liberdade alcançada pelas águas recriadoras. Mas igualmente o ar é uma via de libertação: nele, "o voo" simboliza o rompimento com uma sociedade que amortalha o ser em *Entrelinhas* de esterilizante irrisão. Por sua vez, à presença obcecante da morte, não é alheia a solidão: "Dormindo de dia / [...] Não via ninguém / E ninguém me via / [...] Não ouvia um som / E ninguém me ouvia [...] / Respirava fundo se a noite caía".

Nos caminhos de evasão vazada no poema cúmplice, o autor não deixa de abordar o tema do amor, ainda que sem lhe atribuir uma sensualidade visível. Transmite-nos, antes, quadros que sugerem uma sensualidade oculta, discreta e íntima. Há, assim, uma objetivação sensorial traduzida no intimismo do retrato captado por meio da fisionomia exterior, mas descobrindo sentidos invisíveis. Vejam-se expressões ou frases que o poeta escolhe para definir a mulher, quer ela o atraia, quer lhe provoque repulsa: "Um modo de falar"; "um riso que a transfigura"; "O olhar aterra / A quem a fita". A expressividade erótica estilizada nas suas manifestações, não cede ao sexual; a assunção de outras componentes do amor, menos perceptíveis de um modo imediato, revela como o poeta conhece o seu mundo intrínseco.

Poemas de fuga à civilização castradora, mostram o drama de todo o homem contemporâneo, afogado pelo bem-estar tecnológico e, ao mesmo tempo, consciente da perda dos seus elementos vitais de que depende a sua sobrevivência. A palavra é o recurso do poeta incendiado pelas lavas do vulcão desta modernidade, encaminhando-se para um fim inglório e triste.

O poeta, esse vate das palavras significantes e secretas, entoa: "Não deixes fugir o momento / Escuta o tempo que se escoa".

E acrescenta, em desespero: "Um grito agudo enche todo o ar". Grito dado por *Entrelinhas* nas monótonas horas deste tempo de cinzas. Neste tempo em que cada instante consegue alcançar um sentido na discursividade poética de Fernando Henrique de Passos.

O PULSAR DA FILOSOFIA EM FERNANDO PESSOA [71]

"Eu não tenho filosofia: tenho sentidos". Dessa asserção, pode-se dizer, partem todas as formulações filosóficas de Fernando Pessoa. A sensação, a sensibilidade, a emoção serão, sem dúvida, o princípio dos princípios de qualquer das suas reflexões, dos seus poemas, da sua dramaturgia. Quer o Poeta expressar a ideia de que a filosofia deriva precisamente da percepção alcançada pelos sentidos. Tudo tem neles a sua origem. O próprio mistério, a sua simples captação ou cogitação, não é mais do que uma manifestação dos sentidos perante a racionalidade.

São os sentidos que provocam a razão pensante. Por isso, Pessoa escreve: "O único mistério é haver quem pense no mistério". Se os sentidos pertencem ao visível, ao racional como podem conceber o invisível ou o irracional? Esse questionamento pode relacionar-se, explicitando-o, com outra frase do Poeta: "Há metafísica bastante em não pensar em nada". Precisamente no "não

---

[71] *Revista Independência*, SHIP, Dezembro, 1992.

pensar em nada" está o ponto culminante do mistério. Ao "não pensar em nada" pensa-se, obviamente, em alguma coisa, e, essa coisa, é o "nada". Essa expressão, correspondendo à negação do ser, seria naturalmente a afirmação do absurdo para quem só crê no conhecimento atingido pela sensação. Sintomática desta filosofia da sensibilidade, tão claramente presente nos poemas de *O Guardador de Rebanhos*, não pode deixar de ser a expressão: "Não acredito em Deus porque nunca o vi". E logo a seguir, contrapõe:

"Pensar em Deus é desobedecer a Deus / Porque Deus quis que não o conhecêssemos / Por isso se nos não mostrou"[72].

Faz, assim, depender o conhecimento humano dos sentidos.

Mas quando diz que Deus não se quis mostrar, aceita a existência de Deus. Esse Deus está, pois, para Pessoa, além dos sentidos. É o transcendente, ou seja, aquele que não passa, não pode passar pela razão humana. Ao fazer depender todos os pensamentos da sensibilidade, sublinha:

"Penso com os olhos e os ouvidos / E com as mãos e os pés / E com o nariz e a boca / Pensar uma flor é vê-la e cheirá-la / E comer um fruto é saber-lhe o sentido [..] / Sinto todo o meu corpo deitado na realidade"[73].

Mais adiante, ajuíza:

"A Natureza não tem dentro [...] / Senão não era natureza".

Para concluir:

"As coisas não têm significação: têm existência. / As coisas são o único sentido oculto das coisas"[74].

De tal maneira a sensibilidade é, no poeta dos heterônimos, condutora de toda a existência humana que não põe em dúvida que o próprio mundo "foi criado pela Emoção"[75]. A emoção que é sobretudo rejeição ou comunhão, criaria o existencial, pela recusa ou revolta dos anjos "em busca da verdade para verem acima de Deus que os criara [...] por isso, ao primeiro anjo rebelde se chamou Lúcifer – o

---

[72] *Ob. Cit.*, ed. Ática, 1963, p. 28.
[73] *Ibidem*, pp. 37-38.
[74] *Ibidem*, pp. 52 e 61.
[75] *Rosea Cruz*, ed. M.Lencastre, 1989, p. 46.

Portador da Luz"[76]. E a "Luz" fez-se através da sensibilidade, da emoção. Assim, todo o universo se moveu e se move pela "emoção" que busca, provoca, desafia, dinamiza, move. E tudo é movimento porque tudo é "emoção" – esperança ou desespero, amor ou ódio, miséria ou abundância. Emoção, sentidos, sensação – expressões de verdade, e, em simultâneo, motivos de erro, de ignorância, do próprio mistério...

Assim, confrontado entre as correntes espiritualista e materialista, Fernando Pessoa irá inclinar-se para uma filosofia em que a sensibilidade é a premissa de um transcendentalismo inerente à própria imanência existencial. O esoterismo constituiu a saída para uma filosofia fundada na crença numa verdade imanente e imbuída de transcendência.

Em carta escrita, em 1915, a Mário de Sá-Carneiro confessa que a tradução de livros teosóficos o abalou profundamente, acreditando estar nessas obras a "verdade real".[77] "Verdade real" que procurou atingir, primeiro pelos sentidos, pela emoção, depois através de uma iniciação oculta, mística, que, na essência, acaba por não se desligar nunca da sua filosofia primeira: a filosofia da sensibilidade. Já, em 1912, escrevia em "Prece":

> *Senhor, que és o céu e a terra, que és a vida e a morte! O sol és tu e a lua és tu e o vento és tu! Tu és nossos corpos e as nossas almas e o nosso amor és tu também. Onde nada está tu habitas e onde tudo está – (o teu templo) – eis o teu corpo.*[78]

A iniciação nas ciências ocultas – desde a astrologia à magia negra e à cabala – significou em Pessoa o epílogo das suas deambulações filosóficas. De fato, não formulou (ou não pretendeu sequer formular) uma filosofia de sentido universalista; limitou-se a questionar o ser, a natureza, o transcendente. A sua busca filosófica assumia um sentido essencialmente individual, isto é, tinha em vista uma satisfação de natureza pessoal. Entre o misticismo e a magia, desejava ansiosamente pela gnose.

---

[76] *Ibidem*, pp. 45-46.
[77] *Textos Filosóficos e Esotéricos*, Publ. Europa-América, nº 471, p. 19.
[78] *Ibidem*, p. 139.

Entra, então, no mundo do ocultismo caótico, que o levará do estádio filosófico ao estádio neopagão. No trilho da verdade escondida, interroga-se fundamentalmente sobre a primeira causa. A causa das causas ou o absoluto manifesto. O transcendente tornava-se cada vez mais a razão dos seus questionamentos profundos. A imanência que lhe sugeriam os sentidos, acaba por não lhe dar a resposta à angústia existencial que o domina e flagela. É a imanência que lhe propõe o caminho para o infinito, o eterno, o espaço do divino. Daí a sua ilação: "A Causa Infinita é criadora da Realidade, que é infinita, e a Causa Finita é criadora do Universo". E logo a seguir, sublinha que "o universo não pode ser infinito, porque infinito é só a infinidade. O universo não pode ser eterno, porque eterna é só a eternidade"[79].

Na linha de Sampaio Bruno, identifica Deus com o "infinito puro". E, não esquecendo as suas afirmações em *A Ideia de Deus*, considera que a criação é "uma limitação, uma negação de Deus por si mesmo".[80] Esta limitação de Deus não será a matéria, o espaço heterogêneo, ou melhor, a expressão da "queda de Deus", defendida pelo filósofo portuense? O Deus falho de onipotência, segundo Sampaio Bruno, está presente nas páginas fragmentárias, nas notas que nos deixou Fernando Pessoa.

Mas igualmente o Deus da Nova Jerusalém, o Deus do retorno ao "tempo puro e homogêneo", não está ausente. O Cristo seria, para o autor de *Mensagem*, a mediação pela Liberdade e pelo Amor para a sociedade nova, bem simbolizada pela "Rosa Cruz". E como consegui-la? Sampaio Bruno respondera: "Pela Liberdade. Pela Igualdade. Pela Fraternidade". Não responderia Pessoa de modo semelhante ao ter colocado na República a esperança do movimento "Renascença Portuguesa"? Ele seria o veículo para a realização de um verdadeiro Império da Cultura, do Espírito, da Reconciliação, no qual o universalismo português traçaria o rumo que a Humanidade acabaria

---

[79] *Ibidem*, p. 197.
[80] *Ibidem*, p. 198.

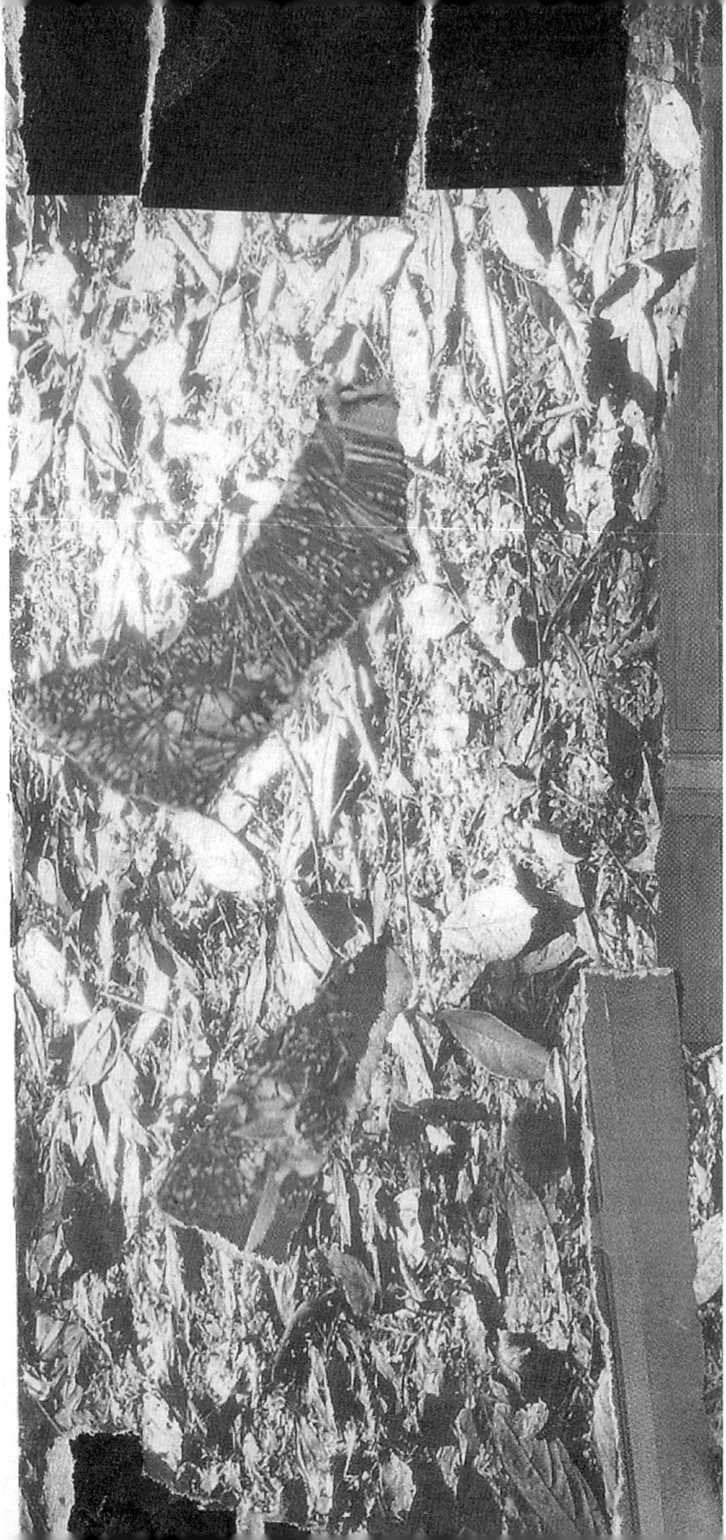

por percorrer. Aqui se insere o espírito de "um só pastor, um só rebanho" expresso em *A Ideia de Deus*. Tendo essa última obra sido publicada no ano de 1902, ela exerceu, sem dúvida, o seu fascínio em Fernando Pessoa. Estes foram bem reveladores da sua inquietação existencial, das suas dúvidas perante um espaço circundante pleno de contradições, de indecifrável, de obscuras incógnitas.

Se os fragmentos, as notas, os esquemas de obras que não chegou a realizar, revelam um poeta de largo pendor filosofante, estes revelam também que se confrontou com circunstancialismos presentes e passados, limitadores de teorizações exclusivamente filosóficas. Na verdade, também a atmosfera religiosa que envolveu sempre os nossos pensadores – vocacionados, mas sem concretização plena – impediu a formulação de consistentes especulações filosóficas. Foram sintomáticos os casos de um Amorim Viana, na 2ª metade do século XIX, de um Sampaio Bruno, na 1ª década do século XX, de um Teixeira de Pascoaes ou de um Leonardo Coimbra, os três últimos, integrados na esfera intelectual contemporânea de Fernando Pessoa.

Ao mesmo tempo, o espaço poético do autor de *O Livro do Desassossego*, por ser demasiado intenso e profundo, impediu-o de escapar ao seu predomínio na produção intelectual.

Esse espaço é de tal modo envolvente que, mesmo quando procura no esoterismo a resposta para a sua alma de interrogações metanaturais, compara as fases da iniciação oculta às fases do próprio poeta:

> *O grau de Adepto será por analogia: 1º – escrever poesia lírica simples, como na lírica vulgar; 2º – escrever poesia lírica complexa; 3º – escrever poesia lírica ordenada ou filosófica como na ode.*[81]

À filosofia portuguesa põe-se (e continua a pôr-se) a grande questão: escapar ou não escapar à dominante tradição intelectual em que o teólogo e o comentador têm estado sempre atuantes. O ensino ministrado em Portugal, inicialmente pelas

---

[81] *Ibidem*, p. 181.

escolas monásticas ou catedrais, depois pelas escolas da Companhia de Jesus, mais tarde pela Congregação do Oratório (período do Marquês de Pombal), não tornou fácil o caminho da filosofia em Portugal. O gênio português marcado pelo gosto da ação, da aventura, do concreto, cedeu à corrente filosófica positivista (na 2ª metade do século XIX), precisamente pelo que ela recorria ao espaço antagônico das grandes polêmicas do ser, da consciência, do absoluto.

O próprio Sampaio Bruno, racionalista incondicional, antidogmático por natureza, anticlerical por princípio, viu na adesão à filosofia comteana precisamente essa aversão do espírito português às grandes especulações da filosofia pura. Por isso, não poupou críticas aos seus adeptos. E a posição de Sampaio Bruno será prosseguida por Fernando pessoa. O poeta das sensações e, sem paradoxo, o poeta do sagrado. O poeta cuja filosofia latente se encaminha para o espaço do religioso e nele se deixa mergulhar, apesar de tudo ser para ele emoção. E talvez por isso mesmo, escreveria:

> *Apagar tudo do quadro de um dia para o outro, ser novo com cada madrugada, numa revirgindade perpétua de emoção, – isto, e só isto, vale a pena ser ou ter, para ser ou ter o que imperfeitamente somos.*[82]

CLAMORES [83]

O poeta surge, aqui, na voz a alagar o universo de som ou grito ou clamor e, mais ainda, de *Clamores*.[84] O grito transforma-se em algo mais forte e prolongado a ganhar a escala de um espaço para além do espaço em que se ergue ou transmite. Depois de *Grito Claro* – seu primeiro livro de poemas publicado há trinta e cinco anos – António Ramos Rosa desoculta poemas mais longos, numa composição rítmica mais violenta e profunda. E sentiu-o, como

---

[82] *Livro do Desassossego*, 1ª Parte, Publ. Europa-América, nº 468, p. 87.
[83] *Letras e Letras*, 5/2/1993.
[84] Lisboa, Caminho, 1992.

confessa, no livro *Pólen-Silêncio*, como se o silêncio fosse o pólen de um imenso grito a raiar na escuridão do nada.

Assim nasceu outro livro – *Clamores* – em que a palavra é exaltada ao ponto de já não se confinar ao som, à sílaba, sequer à linguagem; agora a palavra transmuta-se em um "clamor" que a ultrapassa, imprimindo-lhe a grandeza da totalidade. Com um absoluto demasiado humano a extrapolar o próprio humano, a palavra penetra na comunhão cósmica dos lugares, das emoções, dos tempos.

Com *Clamores*, renasce a vida decaída na esfera do efêmero. A crescer na contingência, a vida exulta como se fosse uma novidade ou uma invenção, talvez um novo ser a despontar entre o vago, o indefinido, o invisível.

Na visão edênica do não visto, António Ramos Rosa edifica um novo éden. Eis a onírica vontade do poeta a afundar o cosmos de perpétua mudança na plenitude de uma infância visível na pele do mar, no lábio da luz, no sangue da terra. Essa primeira idade a percorrer o "corpo único" do ser dilatando-se na cosmicidade sagrada e descoberta pela palavra recriada, na voz sonante e tão silenciada do poeta inconformado: "Ó floração fútil destas palavras que procuram / os frutos mais secretos da tua árvore incendiada" (p. 24).

Perdendo-se, o poeta regenera a labiríntica teia do "edifício" idêntico e uno que é o mundo circundante, a interioridade e o exterior dos seres. António Ramos Rosa desvenda, então, a existência vazia e apagada, recolhe os fragmentos indistintos, abismais, e corta o silêncio e cria o eco:

tocarei os olhos das nascentes / com a minha mão de pássaro / sob o silêncio das estrelas ou sob o navio de sol / serei a oscilante pedra do meu canto / e na raiz da noite / atravessarei a distância das minhas duas mãos (p. 11).

Ou ainda: "mas o eco e a nascente multiplicam as moradas / móveis evanescentes / ritmadas num nácar / onde o mundo como numa concha pulsa" (p. 38).

No "sopro original" ou na "virgindade lisa" (p. 40), as palavras desocultam novas sendas: das pequenas coisas, das breves emoções, do primeiro instante, das primeiras formas em movimento, dos gestos em liberdade. Em *Clamores*, a origem longínqua não morre num tempo a desesperar, quase esvaziado de sentido; esse momento inicial progride intacto, imutável no seu vasto percurso. O tempo, neste conjunto de poemas de António Ramos Rosa, ressurge como um jardim em cada primavera, como um corpo puro a entregar-se a outro corpo.

A vibrar renascimentos de eternidade, o mundo das sensações revive as marés, as montanhas e os astros convivem, integrando-se na aventura de corpos a transbordar de horizontes ilimitados: "O mundo se dilata e se concentra na distância / em que a sombra fecunda um corpo aberto / que só pertence ao movimento que unifica" (p. 47).

Sendo exímio cultor da metáfora, redentora do universo poético, António Ramos Rosa, num clamor de raiz, diz-nos que "o mundo rejuvenesce num grande frêmito selvagem" (p. 51), pois a novidade dos primeiros tempos está intacta "em esculturas côncavas e o sentido e o não sentido são um só" (p. 28). Essa irracionalidade racional sintetiza-a o poeta na procura incessante de uma resposta. É precisamente o corpo, "onde tudo significa só nudez / e um tronco de sílabas e de sêmen" (p. 28), que lhe mostra "uma janela de água / sobre o mundo" (p. 29), ou seja, lhe revela toda a transparência secreta de "ir sendo", do porvir e do princípio: "roda a seiva solar / a maravilha lenta / roda o leque da via láctea / sob a grande pedra aberta do seu púbis / flui um rio subterrâneo de águas suntuosas" (p. 29).

Na configuração corpo-universo, *Clamores* acende a chama sacral da poesia ante o véu translúcido da criação transfigurada na objetividade do ser, da coisa, do nada.

ERA TORMES E AMANHECIA [85]

Com este título *Era Tormes e Amanhecia - Dicionário Gastronômico Cultural de Eça de Queirós* (Lisboa, Livros do Brasil, 1992), Dário Castro Alves reuniu, em dois volumes, um autêntico tratado de expressões gastronômicas presentes na vasta obra de

---

[85] *Letras e Letras*, 7/7/1993.

Eça de Queirós. Contudo, não se restringiu a enumerá-las com as respectivas citações livrescas. Ofereceu-nos antes todo um historial, a propósito de cada uma das palavras referenciadas. Como escreveu na "Apresentação",

> o critério para a selecção dos verbetes é amplo: alimentos animais e vegetais, preparações culinárias, ocasiões de comer (almoço, jantar, ceia, ágape, banquete), alimentos em conceito genérico, molhos, condimentos, bebidas não alcoólicas, etc. (p. 21).

Na verdade, a obra de Eça de Queirós é repassada de palavras atinentes à boa mesa, tanto a de caracterização bem portuguesa (caso das receitas conventuais e monásticas), como as de natureza exótica procedentes do contato dos portugueses com África e com o Oriente. Por outro lado, o autor de *A Relíquia* gostava de citar os filósofos, os dramaturgos, os poetas e os cozinheiros das civilizações grega e romana.

Nesta magnífica recolha gastronômica queirosiana, Dário Castro Alves dá um importante contributo à história científica dos alimentos, das plantas e dos vocábulos relacionados com a arte culinária. Veja-se, a título de exemplo, o que nos diz Dário Castro Alves acerca do verbete AÇÚCAR:

> Substância [...] extraída da cana de açúcar (Saccha-officinarum) nas regiões tropicais; de beterraba (Beta vulgaris), nas regiões temperadas [...] A palavra açúcar vem do árabe as-sukkar mas a origem primeira seria do sânscrito (çarkara). O açúcar foi conhecido dos chineses, hindus, gregos e romanos. Espanhóis e portugueses introduziram a cana de açúcar em seus territórios, no Atlântico e na África, no século XV (p. 44).

Ainda na "Apresentação", Dário Castro Alves revela as razões que o levaram a escolher para título desse dicionário a referência a Tormes, essa fabulosa quinta, situada em Santa Cruz do Douro e cenário do romance *A Cidade e as Serras*. De fato, foi dessa obra que extraiu trezentas e cinquenta citações sobre gastronomia aqui presentes.

Além disso, o regresso da personagem Jacinto ao solar histórico de Tormes, depois do contato com os progressos da civilização, em Paris, foi marcado pela comida que, com saudosa memória, voltou a saborear:

E a ementa daquele primeiro dia do jantarinho de suas excelências, que não demorava um credo! O caldo que era de galinha e rescendia; [...] estava precioso: tinha fígado e tinha moela. O seu perfume enternecia; três vezes, fervorosamente, ataquei aquele caldo (p. 25).

Segue-se à "Apresentação" uma vasta bibliografia de temática gastronômica, que inclui almanaques, dicionários, enciclopédias, glossários, guias, jornais, revistas, obras coletivas etc. E logo na página 39 surge a primeira letra: A com a primeira palavra ABÓBORA: "Fruto [...] originário da Ásia e da África".

A propósito, Dário Castro Alves cita os autores clássicos Ateneu (que alude às suas propriedades), Aurélio, Lineu, Plínio e Petrónio. Expressões como agrião, alho, fava, hortelã, lanche, laranja, legume, cravo da Índia são algumas das referenciadas nas obras compulsadas de Eça de Queirós.

A título de curiosidade destacamos dois termos culinários ainda hoje apreciados pelos portugueses: AÇORDA – "Palavra de origem árabe, ath-thorda". E uma citação de *A Relíquia* (p. 31): "A Cármen, na cozinha, conversava [...] Os pequenos no chão, raspavam um tacho de açorda" (*Dicionário Gastronômico*, 1º Vol., p. 93). ALMÔNDEGAS – "Bolinhos de carne picada com ovos, farinha, temperos diversos (queijo parmesão ralado, pimenta em pó, raspas de noz moscada, salsa picada, pão torrado e amassado, etc.), frito ou cozido em molhos. Vem do árabe al-bundqa. E uma citação de *A Correspondência de Fradique Mendes*: "Onde estão [...] os pratos veneráveis do Portugal português, o pato com macarrão do século XVIII, a almôndega indigesta e divina do tempo das descobertas?" (*Dicionário Gastronômico*, 1º Vol., p. 94).

ACERCA DA POESIA [86]

Desenvolver o estudo das relações entre os vários domínios culturais do saber contemporâneo e a expressão poética. Este, um dos prioritários objetivos da *Gazeta de Poesia*. Polo de cultura poética no sentido etimológico da expressão poesia. Eis a *poiesis*. A criação ou o ato criador, por excelência. A ciência, a tecnologia, a música, a arte, a filosofia, o romance, o cinema ou a dramaturgia, são expressões de toda uma *poiesis*, se nos isolarmos do sentido que tomou no mundo contemporâneo.

Quando se afirma o fim das Ideologias, o fim da Física, o fim do Romance ou o fim da Poesia (na sua dimensão versejatória), anuncia-se igualmente o princípio de novos conceitos de Ideologia, de Física, de Romance ou de Poesia. Foi na perspectiva abrangente do conceito de poesia, que me surgiu o projeto de editar esta revista a que chamei *Gazeta de Poesia do Mundo de Língua Portuguesa*. Esta limitação linguística, se de limitação se pode falar, pela riqueza vocabular deste idioma, surge precisamente pela importância que esta forma criativa do pensamento assumiu (no passado e no presente) na língua portuguesa.

Acaso ou Caos como diria David Ruelle, a verdade é que o indeterminado é a própria proclamação do CAOS ou labirinto em que se move cada vez mais o mundo que nos cerca. Assim, entendemos consagrar a Primeira Parte da *Gazeta de Poesia* ao "Universo Poético". Desse modo se explicam as rubricas dedicadas à música, ao cinema, ao sagrado, à ficção ou à tecnologia. Aqui está a *Nova Poesia*, que não se identifica com a chamada Nova Renascença augurada por um Fernando Pessoa e por um Teixeira de Pascoaes, em 1912.

A *Nova Poesia* está presente na prosa criativa de cada verso, mas não está ausente, antes se desprende de todas as expressões criativas do pensar humano. Hoje, a *Nova Poesia* tem de possuir, e mesmo ultrapassar, a perspectiva de Álvaro Ribeiro, que a alargava já ao

---

[86] Apresentação da revista *Gazeta de Poesia do Mundo de Língua Portuguesa*, 1994, nº 1/2 (Duplo), na Embaixada do Brasil em Lisboa, no dia 31 de maio deste ano (assinou pelo ortónimo Teresa Bernardino Passos). [Inédito]

romance ou ao drama. A *Nova Poesia* (de que a *Gazeta de Poesia* procura ser um veículo e um difusor) é a criatividade presente em todos os saberes do Mundo, esse "admirável mundo novo" que pretendemos edificar, sem a ironia do filósofo Huxley, ao parafrasear Shakespeare.

A esperança guia o sonho. Com o sonho se criam os caminhos ainda envoltos pelo enigma que cobre, discretamente, mas impiedoso, as linhas invisíveis a abrirem-se para a luz do futuro. Contudo, só o futuro dá sentido ao existente. Só o futuro o redime e o fortifica. Por isso, a *Gazeta de Poesia* está também virada para o Canto infantil e o Canto Jovem. Às novas gerações se abre a via da Criação, ou melhor dizendo, o caminho de todas as poéticas.

Entre a África mágica e o oásis brasileiro, vislumbramos a saudade galega, os Açores e a Madeira, essas ilhas de sonho. Mundos díspares, controversos, por vezes contraditórios, mas todos matricialmente unidos pela expressão linguística, ainda que desviada, na lonjura ou nas condições, do primeiro falar comum. Dispersa pelo planeta, a semente da fala prospera, enriquece e dilata-se em busca da grande Pátria lusófona, ou seja, do *Mundo de Língua Portuguesa*. A este mundo ao qual ainda não foi reconhecida a devida dimensão pelas grandes potências mundiais. Mais por culpa nossa, confessemo-lo. Como Fernando Pessoa escreveu, uma das razões da "desvalorização internacional da nação portuguesa" derivou de uma "deficiência de propaganda de Portugal no estrangeiro". Há, pois, que propagandear a Língua Portuguesa para além das fronteiras dos países que nela se expressam.

Ao unir esses países por meio da *poiesis*, em uma modesta revista, a *Gazeta de Poesia*, nascia nesta Lisboa cosmopolita, já de "tão desvairadas gentes", no século do grande cultor da nossa Língua que foi Fernão Lopes, esperamos criar um caminho para que a Língua Portuguesa não se confine às fronteiras daqueles que nela se expressam e ganhe dimensão através das próprias culturas que a Lusofonia encerra, esperando, num futuro não muito distante, o merecido reconhecimento.

NA SENDA DA LÍNGUA PORTUGUESA [87]

*Se queres caminhar para o infinito,
caminha para o finito em todas as direções*

Goethe

No passado mês de junho foi posta à venda a *Gazeta de Poesia do Mundo de Língua Portuguesa*. Esta foi a primeira publicação, em Portugal, de uma revista de poesia, no sentido mais lato da expressão, ou seja, no sentido etimológico de arte criadora. Como diriam os Gregos, uma revista de *poiesis*. Esta foi a primeira tentativa de dar à poesia um sentido maior que a reabilite e a reconduza, de novo, ao esplendor alcançado no tempo de um Homero ou de um Virgílio. A poesia, no seu dimensionamento abrangente, está presente em alguns dos mais importantes domínios culturais do mundo contemporâneo: a ciência, a tecnologia, a música, o cinema, o romance...

A poesia lírica ou a arte do verso cabe hoje em um plano específico da *Nova Poesia*. Não é já a sua exclusiva expressão, como ainda na primeira metade do século XX. No dealbar do século XXI, a teoria da poética tem de se alargar a um vasto universo de saberes. A labiríntica geração está em nós. A complexidade das vivências, dos seres e das formas, exige que a poesia seja recuperada, não apenas no plano lírico, mas igualmente no épico e no dramático. A poeticidade de uma cena cinematográfica, de uma descoberta científica, a largueza imaginativa de um romance, têm uma vasta complexidade. Contudo, nem todos os domínios da cultura alcançam, (têm alcançado) uma linguagem poética. Há, pois, que discernir, bem claramente, o que atinge poeticidade e o que não a alcança.

Como pensava Holderlin, a poesia, ou é um veículo ou soçobrará. Mas, igualmente, não lhe era estranho, que só a presença de valores estéticos pudesse dar a uma obra verdadeiro caráter poético. Nesse posicionamento ideológico nos colocamos ao lançar a *Gazeta de Poesia do Mundo de Língua Portuguesa*. Urge, quanto antes, salvar

---

[87] Texto publicado na *Gazeta de Poesia do Mundo de Língua Portuguesa*, 1994, nº 3/4 (duplo), pp. 2-3 (assinou pelo ortónimo Teresa Bernardino Passos).

o sentido poético intrínseco nos vastos e diversificados campos do saber. Porque, fundamentalmente, impõe-se que salvemos a poesia. Ainda que já seja uma grande árvore, ou, precisamente, porque ainda o é, torna-se urgente dar-lhe novos sentidos, novos rumos. A poética deverá, assim, redimensionar-se à escala do mundo novo que se está erguendo devagar e... tão rapidamente. Há, efetivamente, um novo mundo à nossa frente. Com essa perspectiva nasceu a *Gazeta de Poesia do Mundo de Língua Portuguesa*. Mas não só a ela se confina. Esta revista, porque nasceu na cidade junto à qual se ergue a ponta mais ocidental ("cabeça da Europa", como diria Camões) do vetusto continente, fala a Língua Portuguesa.

E a Língua Portuguesa é viver no âmbito da lusofonia que se estende do Brasil a Angola, da Guiné e dos Açores a Goa, de Moçambique a Timor e a Macau. Por isso, desde o primeiro número, surgiu a seção: "Na Senda da Língua Portuguesa". Aqui se inserem as rubricas "Oásis Brasileiro" (com um texto sobre o poeta Gerardo Mello Mourão), "África Mágica" (com uma entrevista ao angolano Pepetela), as Regiões da Galiza e dos Açores...

Tal como o número anterior da revista, apresenta ainda uma rubrica sobre a poesia infantil e juvenil, a poética da música e a poética de "Eros" (ou do Amor), como projeção da sua sacralidade na Poesia.

Uma novidade será a substituição do título genérico "UNIVERSO POÉTICO" por "EM BUSCA DE UMA POÉTICA DO TUDO". A finalizar, uma referência para a nova rubrica "Estante dos Leitores" (com pequenos excertos das obras que nos vão sendo enviadas pelos autores ou editores) e algumas perspectivas sobre a *Gazeta de Poesia* expressas nas sessões de lançamento que se efetuaram em diversos locais do país.

A Língua Portuguesa tem aqui o seu palco, ou seja, o seu meio privilegiado de difusão. Essa língua a universalizar-se nos países lusófonos, temos de a fazer escutar na sua dimensão internacional para que a ela possa ser reconhecido um lugar destacado no mundo contemporâneo. Isso porque as suas potencialidades já foram reveladas no século de Quinhentos, ao descobrir novos mundos verbais (e criando variantes) que deles tanto beneficiaria em um futuro não muito distante.

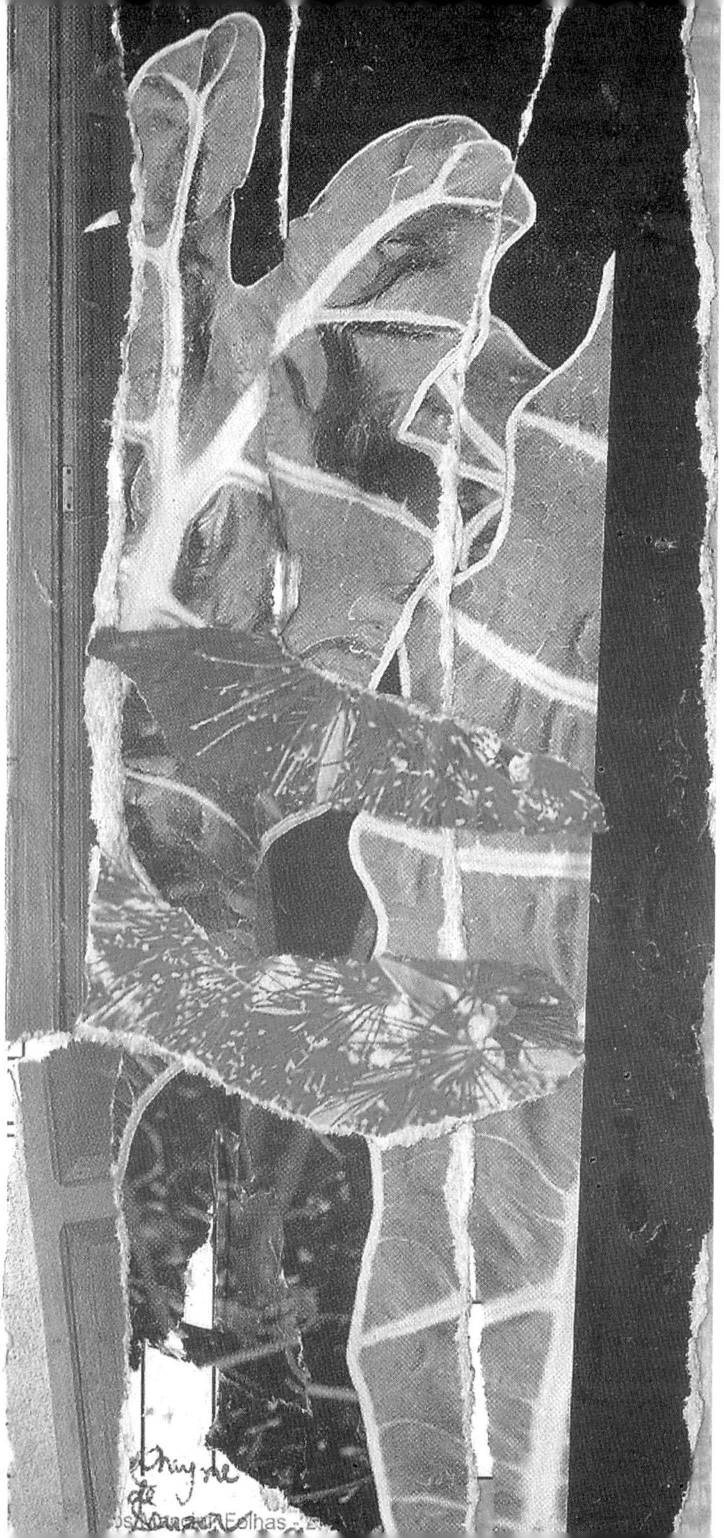

POESIA DE AMOR E SACRALIDADE [88]

Na linguagem poética tem-se destacado ao longo dos séculos a confluência do binômio sagrado/eros. E se a história começa na Suméria, foi nesta região do mundo que se delineou a interpenetração dos dois conceitos (e dos dois espaços) em que se iria mover o fenômeno da *poiesis*. Toda a poesia mitológica da Antiguidade Oriental alimentou-se da força do erótico na dupla dimensão de corpo e de alma. Foi na Suméria que surgiu o primeiro cântico de amor profano (com data provável do 3º milênio a.C.), referindo o Deus Enlil, protetor dos amantes prestes ao ritual do dia de núpcias:

> *Tu cativaste-me, deixa-me permanecer tremente perante ti [...] / Noivo, deixa que te acaricie, / A minha preciosa carícia é mais saborosa do que o mel, / No quarto o mel corre [...] / O teu espírito, eu sei onde recriar o teu espírito / (...) Meu Shu-Sin que alegra o coração de Enlil, / Dá-me o favor das tuas carícias.*[89]

Mas a ligação do erótico ao sagrado se está presente nos povos politeístas, não deixa de ser visível no povo monoteísta da Judeia. É paradigmático o célebre *Cântico dos Cânticos* que, como o próprio título indica, é o maior dos cânticos. De sentido profano, é colocado acima dos cânticos religiosos de caráter puramente espiritual. O corpo assume-se em uma transcendentalidade que o ultrapassa ao ligar-se à transcendência do sagrado. Por isso, o esposo diz:

> *Põe-me como um selo no teu coração, / como um selo sobre os teus braços; / porque o amor é forte como a morte, / a paixão é violenta como o sepulcro, / os seus ardores são as chamas de fogo, / os seus fogos são fogos do Senhor. / As muitas águas não poderiam extinguir o amor, / nem os rios o poderiam submergir.*[90]

---

[88] *Gazeta de Poesia do Mundo de Língua Portuguesa*, 1994, nº 3/4, pp. 23-25 (assinou pelo ortónimo Teresa Bernardino Passos).
[89] Kramer, *A História começa na Suméria*, Publ. Europa-América, 1963, pp. 258-259.
[90] *Bíblia*, Difusora Bíblica, Lisboa, 1963, p. 863.

Essa transcendência assumida pela união física amorosa nem sempre se concretizou na *praxis*. Sem metafísica, a simples união sexual fortuita ou desinserida de uma problemática erótica não ganha sentido sacral. Só na formulação complexa do erotismo se verifica a exaltação de eros. Nessa exaltação a plenitude do ser é atingida pela alteridade do outro. O ser sem a palavra tu não alcança a totalidade do eu em que se move. Porque o eu só é realmente eu na dimensional palavra tu. O tu é o condicionalismo mais intenso que o eu defronta. Sem o tu, o eu é estéril e apagado "monte". Como factor de união, é a sua complexidade indispensável. A diversidade masculino/feminino prenuncia, desde as origens primordiais, o condicionalismo necessário à consumação do desejo erótico.

Esta diversidade complementar é, em última instância, correspondente à plenitude de cada ser individual. Na Antiguidade Clássica, seria Platão que por meio do diálogo *O Banquete*, formularia melhor a teorética respeitante à sacralidade de eros. Quando o amante está junto do ser amado nada lhe falta ainda que ambos sejam incapazes de concretizar o seu desejo de atingir a plenitude do ego ou de serem um único ser, o único meio de alcançarem a totalidade de si mesmos. Vivem na contingência. Contudo, criam a transcendência. Desse desencontro com o ideal nasce a frustração que, apesar de tudo, acaba por manter viva a chama erótica. O seu desejo é sem limite, sem fronteiras físicas. O seu desejo é o sonho de serem uma única realidade, uma só força, um solitário sinal de existência na cosmicidade de um universo, que se lhes torna alheio senão mesmo completamente estranho. E tanto mais estranho quanto mais longe foi a transcendentarização da sua relação erótica.

Como escreveu Denis de Rougemont em *O Amor e o Ocidente*, "eros é o Desejo total, é a Aspiração luminosa, o impulso religioso original elevado à sua mais alta potência, à extrema exigência de pureza que é a extrema exigência de Unidade"[91]. Eros é "o desejo sem fim". Inatingível, na dimensão humana dos amantes. Ao alcançarem um simulacro do seu desejo, a sede de amar torna-se o "motor imóvel" (expressão de Aristóteles) que nunca lhes permite saciar completamente.

---

[91] *Ob. Cit.*, Moraes Editores, 1982, p. 51.

Antes a sede permanece até ao fim na busca de um sentido, essa sacralidade totalizadora e totalizante do erótico. Como escrevia no século XIII o trovador Guido Cavalcanti, "o amor existe quando o desejo é tão grande que ultrapassa os limites do amor natural"[92].

A mística do erotismo ergue-se em todas as grandes literaturas, especialmente nas suas vertentes poéticas. O caráter criativo (em contínua imitação) da *poiesis* dá ao ato erótico o seu sentido mais lato. Por ela, a recriação manifesta toda a idealidade cósmica de eros. De um eros material nasce um eros a ser sacralidade e a ganhar a amplidão cósmica e universal: "Eis que brota, puro fogo celeste que aquece e ilumina sem consumir todo a felicidade inefável da vida superior, germinada no mais secreto da alma"[93]. Se eros é a Beleza inatingível e inefável, segundo Platão, eros é também o momento eterno e sem fim dos amantes enlaçados nas amarras do desejo, de todos os desejos que nele culminam. A propósito, lembremos os versos do poeta alemão Novalis: "Que teu fogo espiritual devore meu corpo, que num abraço etéreo eu me una intimamente a ti e que dure então eternamente nossa noite nupcial".[94] O prolongamento do erótico através do espiritual/sacral transforma o próprio tempo imanente. Na plenitude dos instantes eclode um tempo de transcendência a ser ilimitado e a escapar-se na realidade sensível que o adultera, mesmo ao querer redimi-lo. É a essa transcendência do amor sensível/sensorial que Camões alude, de modo alto e eloquente, no verso: "Amor é fogo que arde sem se ver". A invisibilidade é aqui patenteada pela acentuação da força visual que o fogo possui ao ser chama ardente e intempestiva. O fogo, metáfora de eros, representa a sua intensidade última, atingindo pela sua expansão incontida o clímax da paixão. É a palavra do poeta que lhe dá a amplitude do sacral, ou seja, do espaço atribuível (e/ou atribuído) à esfera do divino, ao mundo dos deuses. Esses seres superiores, inspiradores da voz sonorosa e titânica dos poetas, conferem, então, ao erótico a sua integridade intransponível e, simultaneamente, a sua versatilidade efêmera.

---

[92] *Ibidem*, p. 152.
[93] *Ibidem*, p. 199.
[94] *Hinos à Noite*, Assírio e Alvim, Lisboa, 1988, p. 198.

Exemplo da duplicidade do erótico (sacral/sensual) podemos retirá-la do livro *Dispersão*, de Mário de Sá-Carneiro: "Silvam madeixas ondeantes, / Pungem lábios esmagados, / Há corpos emaranhados... / Há incenso de esponsais, / Há mãos brancas e sagradas"[95]. A largueza do sagrado culmina aqui na linguagem do poeta que transfigura o corpo no corpo do próprio amor. E num verso do mesmo livro "Pensei que fosse o meu o teu cansaço"[96], Mário de Sá-Carneiro proporciona-nos a imagem perfeita de um erotismo penetrado de sacralidade. Essa sacralidade vai sublimar-se devido à ausência (fuga) da amada, mas pela sua força abrangente mantém o amante a amar, mesmo que seja somente a sua lembrança. É a memória que resta, mas é também ela que mantém viva a chama de um eros sem limite temporal ou obstáculo que o apague. A saudade dos amantes separados impiedosamente pelo destino é memória do absoluto erótico e acaba por não se distinguir do próprio amante, enquanto a morte lhe não rasgar os veios do amor. A identidade do amante toma a forma de saudade de um tu que se perdeu de si.

Vejamos como Vitorino Nemésio, em dois versos do seu livro *Nem Toda a Noite a Vida*, nos revela metaforicamente esta realidade: "Esta saudade é uma maré que eu sou"; "Assim corto, descalço, a extensão do meu ser"[97].

Mas eros só se realiza plenamente na própria ideia de imortalidade. É essa a sua verdadeira dimensão sacral. Eros só permanece numa escala que não se conforma nem passa pelas limitações da finitude do destino humano. Citemos alguns versos de Teixeira de Pascoaes do seu livro *Senhora da Noite*: "Ouve-se Orfeu cantar e a voz magoada / De Eurídice que surge... Ó alta flor / Ressuscitada"[98]. O poeta utiliza os amantes míticos Orfeu e Eurídice para mostrar o sentido renascente que alcança o desejo quando possui uma dimensão sagrada, ou seja, quando atinge uma amplitude de âmbito amoroso. A força de eros em Orfeu

---

[95] *Ob. Cit.*, Publ. Europa-América, s/d, p. 93.
[96] *Ob. Cit.*, p. 148.
[97] *Ob. Cit.*, Ática, Lisboa, 1952, p. 67.
[98] *Ob. Cit.*, Assírio e Alvim, Lisboa, 1986, p. 24.

tornou possível o retorno de Eurídice à vida. Ela é a "Flor ressuscitada". Submetida à morte pelo poder de eros, Orfeu terá de novo Eurídice. Contudo, na hora do regresso à vida, a imprudência da dúvida ou da hesitação ou do medo vulnerabilizou o erótico que habitava Orfeu. Numa outra passagem de *Senhora da Noite*, escreveu o poeta: "E aquela pura / E luminosa fonte, donde nasce / A divina beleza, escureceu. / E vieram pousar na sua face, / O silêncio da terra e a paz do céu"[99]. Aqui, Pascoaes joga com os conceitos de beleza material (expressos pelas palavras face, terra, silêncio) e de beleza ideal (divina, paz, céu). Da sua confluência visiona-se de imediato o carácter sagrado do erótico. Nele está o sentido terrestre, nele "pousa" o sentido celeste. A face é o despoletador da reciprocidade da terra-céu e céu-terra. Da sua comunicabilidade fala o poeta com a voz que a linguagem movida pelas asas de uma intuição inesperada e fecunda lhe provoca.

O corpo sensível transforma-se em corpo da palavra em que vibra a aventura do sagrado. E de eros, sensível e sacral, jorra a água torrencial e quimérica. Eros é sangue a transbordar. É sal criador e a recriar. É a voz astral no silêncio. Na terra recôndita, o céu pleno a nascer é eros. E a luz intensa de eros dilata-se em divinal morada. Sem limite no tempo. Sem fim no espaço. É eros infinito no corpo limitado de eros.

RELANCE SOBRE AS RELAÇÕES ENTRE MIGUEL TORGA E O BRASIL [100]

Na angústia da separação do lar de seus pais, com apenas treze anos, um rapazinho chamado Adolfo, embarca para essa longínqua terra a que chamam Brasil...

---

[99] *Ibidem*, p. 42.
[100] Texto lido pela autora por ocasião do lançamento da *Gazeta de Poesia* (nº 5 – Especial/Miguel Torga) na Embaixada do Brasil em Lisboa, em 6/6/1995 [Inédito].

Rejeitando a disciplina rígida do Seminário onde os pais pretendiam dar-lhe estudos e formação profissional com futuro, prefere a emocionante aventura de ir trabalhar para casa de um tio paterno, na região de Minas Gerais. Julga que vai encontrar um paradisíaco "quintal" pleno de vida, alegria e, quem sabe, de felicidade. Mas o medo do desconhecido atormenta-o já. Depois, "numa manhã cheia de sol o Brasil apareceu", escreveu no "Primeiro dia" do seu livro *A Criação do Mundo*. E acrescentava: "Ia olhando, sem ver coisa com coisa. Eram ilhas, morros, e casas, e barcos, e gente a acenar, e uma grande aflição dentro de mim"[101].

Já em terras brasileiras, lendo os nomes das terras da janela do comboio, deixava de fixar a paisagem, porque esta era impossível reter de uma só vez dentro dos seus olhos: "E no dia seguinte acordei para a terra onde estava a minha felicidade"[102]. Entre celeiros, terras vastíssimas, moinhos, vacarias, laranjais e densos arvoredos, o pequeno jovem maravilhava-se com as plantações de cafeeiros, as belíssimas várzeas de arrozais e as colinas recortadas pelas canas de açúcar.

A esta pacata beleza das terras circundantes juntam-se, porém, pensamentos que o fazem estremecer como nunca antes: as almas penadas e esvoaçantes, os lobisomens fantásticos, as assombrações, com que os trabalhadores da quinta de seu tio lhe enchiam a imaginação. Sentia-se cada dia mais aterrado.

À noite, o escuro e a solidão, quando entrava em seu pequeno quarto, faziam-no perder completamente o sono. A vigília tornava-se, pouco a pouco, insuportável. A única coisa que lhe dava algum conforto era a presença, não muito longe, do quarto da preta Joana. Não resistia a bater-lhe à porta, pedindo-lhe guarida. Aquela mulher pouco afeita a carinhos, tinha, contudo, com ele, palavras mais doces do que os seus próprios familiares.

E era tão condescendente que lhe estendia uma esteira sobre um grande caixote, que se transformava para Adolfo numa cama forrada de penugem, quem sabe se de avestruzes recém-nascidas, de tal maneira se sentia deliciado. Adormecia subitamente, como

---
[101] *Ob. Cit.*, Coimbra, 4ª edição, s/d, p. 114.
[102] *Ibidem*, p. 116.

se uma varinha de condão o tivesse tocado ao de leve no corpo franzino. Mas a negra Joana teve medo. Medo de ser descoberta a sua atitude e a mandarem dali para fora. É que ela não tinha para onde ir. Os patrões receberam-na quando vagueava pelas redondezas sem saber donde vinha...

Denunciando à patroa o que Adolfo fazia todas as noites, logo esta o disse ao marido. Irado com o comportamento do sobrinho, ralhou-lhe duramente. O jovem, envergonhado com as palavras que o tio lhe dirigiu, nunca mais bateu à porta do quarto da Joana. E começou a perguntar a si próprio como teria sido tão estúpido para acreditar em espiritismos e almas do outro mundo.

Mas se esse problema fora resolvido, não o fora o seu desajustamento ao trabalho da quinta. Buscar as vacas, ordenhá-las, tratar dos porcos, carregar o moinho, não eram trabalhos que lhe dessem prazer. O tio depressa percebeu que aquilo não era futuro para um rapaz que, sempre que o escutava, tinha respostas inteligentes e falava de escritores célebres quase com familiaridade.

E se o mandasse estudar? Assim, meteu-o no colégio Ginásio.

A vida de Adolfo tomava em parte um novo rumo, mas as constantes intrigas da tia junto do marido, por inveja ou despeito em relação aos próprios filhos que julgava prejudicados, tornaram a vida do jovem Adolfo insuportável. Mesmo assim, aguentou tudo durante cinco longos anos. Completando dezoito anos, só pôde regressar à pequenina aldeia de S. Martinho da Anta. A sua dignidade impunha-o. Apesar de não saber bem o que lhe ia acontecer ao regressar ao lar de seus pais, donde saíra pela sua rebeldia em se submeter à sua vontade, tinha de tentar a sorte. A aventura continuava...

O tio teve, no entanto, um rebate de consciência e enviou dinheiro ao irmão para o mandar estudar. Estava disposto a pagar-lhe o curso que gostasse de tirar. Trinta anos depois, Adolfo regressa ao Brasil. Não na condição de serviçal. Tão pouco na de estudante. Agora é viajante, já médico e escritor.

Adolfo deixara de ser Adolfo. É Miguel Torga. No seu enfeitiçante *Diário* (vol. 7), interroga-se. Era o dia 6 de Agosto do ano de 1954. Estava na cidade de Guanabara: "Mudei. Mudei por fora e por dentro. Como poderei juntar as duas metades da minha vida?".

Decide, então, visitar a quinta que fora de seu tio. Em Banco Verde, perante as pessoas e a paisagem sente o gosto do reencontro. Do tempo perdido. Da terra assombrada. E nota que naquele lugar de tanto sofrimento, distante e demais, não consegue deixar de se emocionar.

Ao olhar de soslaio, como que a medo, o seu Ginásio, onde "o mundo da cultura" lhe abrira "o primeiro postigo", cobre-se de uma emoção e lembrando-se talvez da preta Joana, abraça "um preto que o reconheceu". E escreve no *Diário*: "A ternura, com que afaguei a casca insensível e desmemoriada de árvores gigantes que plantei meninas (...) são terramotos interiores sem registo possível"[103].

Já a bordo, de regresso à terra pátria, vislumbrava ainda a terra do exílio e da esperança... E pôs-se a escrever os versos que se seguem. Respiram ainda o sonho com que ali chegara e depois o fim da ilusão:

> *O Cruzeiro do Sul (...) / É uma saudade acesa (...) / E a tresmalhada angústia portuguesa / Que regressa ao redil da inquietação, / Chora, por ter jogado, / Na roleta do mundo adivinhado / A última ilusão.*[104]

TEIXEIRA DE PASCOAES — FILÓSOFO DA PALAVRA [105]
Os sentidos da palavra em Teixeira de Pascoaes

> *De ti às coisas a palavra é a luz, a claridade absoluta*
>
> Vergílio Ferreira,
> *Invocação ao Meu Corpo*

Se descobrir a palavra é a preocupação maior do poeta para expressar do modo mais aproximado possível a sua subjetividade,

---
[103] *Diário*, vol. 7, p. 136.
[104] *Diário*, vol. 7, p. 138.
[105] *Diário de Notícias*, 4/1/1996.

objetivando-a, essa descoberta assume em Teixeira de Pascoaes uma presença quase obcecante: em versos ou frases dispersas, oferece-nos um valioso contributo para uma teoria da linguagem. Efetivamente, não se trata apenas da busca do substantivo, do verbo ou do adjetivo, mais ou menos adequado à expressão do pensamento. É bem mais do que isso: Pascoaes tanto nos seus escritos poéticos como nos de prosa, busca uma renovação das palavras, essencial e imanente. É um filósofo da linguagem, porque não se limitando a usar as palavras, com elas e por elas, parte para a grande tarefa de pensar os seus sentidos, de os questionar, nos seus condicionalismos existenciais e nas suas amplitudes evidentes ou imersas na obscuridade.

Ao tentar transmitir-nos a sua visão do papel da linguagem em um contexto que ultrapassa a mera expressão de ideias, o poeta de *Sempre*, é também um pesquisador do Verbo. Interrogando-se sobre o som e a voz, a imagem e o espírito, a alma e a forma, Pascoaes constrói, vai construindo, embora fragmentariamente, uma filosofia de expressão linguística, pois o som, a sílaba e o fonema entrelaçam-se com o significado, o conteúdo, a alma.

Partindo de uma concepção dialetizante da existência, o poeta de *Marânus* insere-se na linha de pensamento de um Hegel, de um Holderlin, de um Herder. Quanto ao primeiro, retira da fenomenologia do espírito, a importância da sensação, do sensorial, da aparência, para atingir a sua interioridade espiritual e valoriza a natureza profunda da natureza para a assunção da palavra. Em relação a Holderlin, não esquece como a missão profética do poeta está embrenhada no mito, ou seja, na construção primordial que é a memória e renascimento do ser; com ele, partilha a ideia de que a poesia é "criação no verbo e pelo verbo". No que toca a Herder, segue-o ao elevar a natureza a lugar cimeiro e originário de toda a linguagem. Também será de recordar, quando se leem muitos dos poemas de Pascoaes, Antero de Quental quando afirmava em *Arte e Verdade* que a "palavra criou o mundo"[106].

A importância que os estudos sobre a origem da linguagem assumiram nos fins do século XIX e princípios do século XX,

---

[106] *Op. Cit.*, Barcelos, 1895, p. 22.

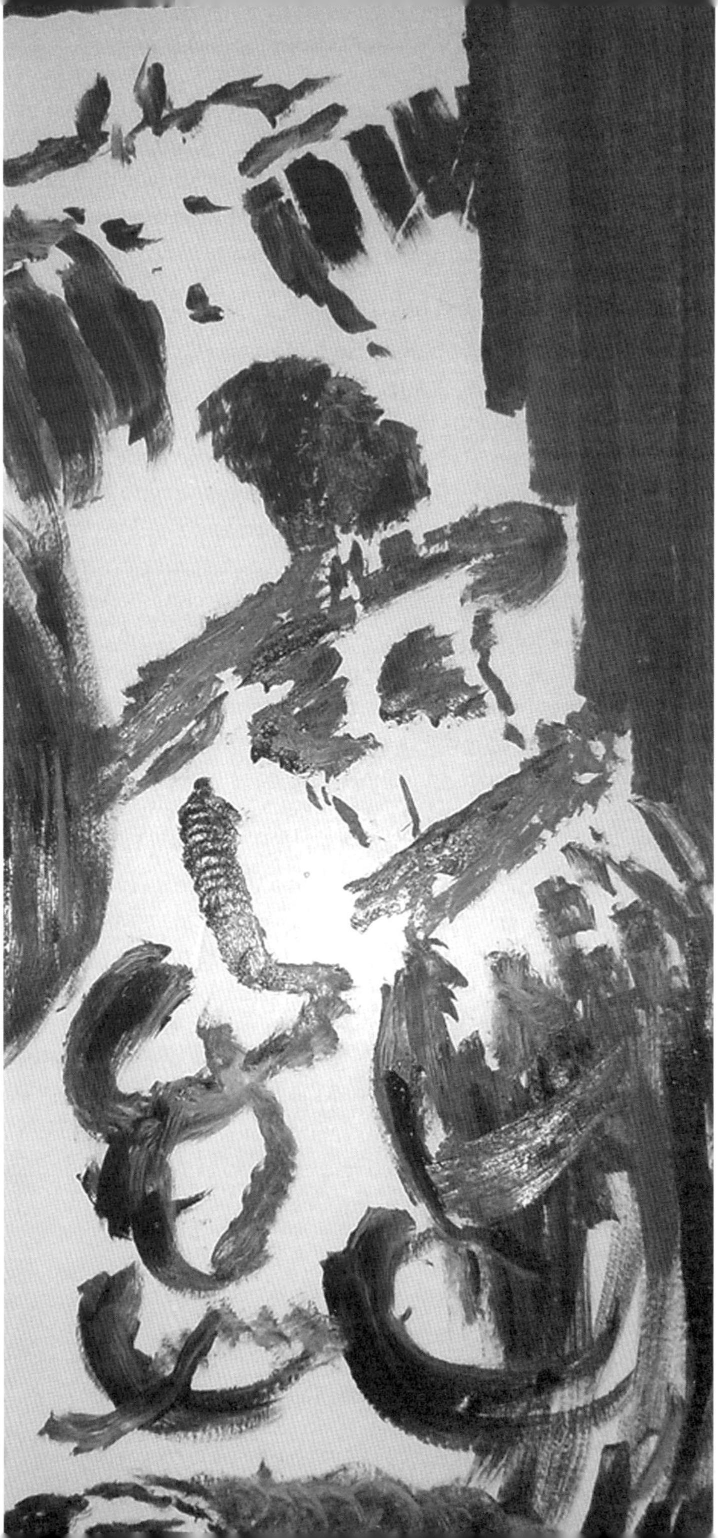

refletiu-se na corrente poética simbolista e decadentista. Podemos exemplificá-lo com as palavras de Rimbaud: "A única realidade é a própria linguagem"[107]. Com a crença na essencialidade da palavra formulada por Mallarmé, posteriormente Paul Valéry acentuava no seu livro *L'Invention*, que "a poesia é uma arte da palavra"[108].

A) A PALAVRA COMO REDENÇÃO

A Palavra impõe-se no discurso de Teixeira de Pascoaes, antes de tudo e englobando todos os outros matizes, como "redentora" da Natureza, do Homem, do Divino. Três planos diferentes, embora não divergentes. Três planos que se completam e assumem a plenitude por meio desse instrumento mágico e mitológico que "recria o mundo", regenerando-o, transformando-o, inovando-o: a Palavra. Como escrevia Martin Büber, "actuar é criar; inventar é encontrar; dar uma forma é descobrir. Ao criar descubro"[109]. Frases breves, mas de profundas implicações, que nos sugerem a dimensão do ato criativo como invenção, mas também como encontro e descoberta. Ora, invenção, encontro, descoberta, são aspectos que estão na origem da "relação" primordial simbolizada pela palavra cósmica que superou o caos: eu-tu.

A linguagem assomava no horizonte humano criando a ponte entre a Natureza e o Divino. Descobrindo-se o eu, o tu também foi descoberto. Essa penetração primordial está presente no livro *Regresso ao Paraíso*, em que Pascoaes escreve: "Nomear uma coisa é despertá-la"[110]. A imagem (coisa) tem em si, potencialmente, a vocação da palavra; estando no sono (ou na morte), o nome dá-lhe vida; vida que existia latente, mas obscura e ignorada. O sono seria eterno, se a palavra não fizesse a sua aparição. Não nascesse. Neste sentido, Pascoaes acrescenta à natureza uma nova criação – uma linguagem outra.

Por exemplo, no verso "pelos meus lábios fala a tempestade", o poeta dá à tempestade uma nova existência, ao fazê-la adquirir uma representação simbólica através dos lábios humanos. E,

---

[107] Citado por António Ramos Rosa, *Poesia Liberdade Livre*, Livraria Morais, 1962, p. 41.
[108] *Ob. Cit.*, Paris, 1938, p. 148.
[109] *Io y Tu*, Buenos Aires, 1969, p. 9.
[110] *Ob. Cit.* in Obras Completas, Bertrand, Vol. V, p. 85.

simultaneamente, o divino eclode no humano e na natureza: "Nos olhos duma pedra, há lágrimas divinas"[111]; "A palavra é síntese divina de todas as vozes"[112]; "Cada palavra percorre o Infinito"[113]; "Entre os variados sons da Natura, a palavra é a divindade"[114]. Assim, a palavra atinge a sacralidade.

B) A SACRALIDADE DA PALAVRA

Aquém deste dimensionamento englobante ou total, o poeta de *Sempre*, entendia a palavra efêmera como um reflexo ou um êmulo da Palavra eterna do Princípio ("No Princípio era o Verbo" do *Gênesis* bíblico). A palavra é origem e tempo imemorial. É nascimento e vida. É, portanto, o absoluto da existência. Com esta mesma abrangência, podemos lembrar o livro *Invocação ao meu Corpo*, em que Vergílio Ferreira apresenta, quase até ao limite, a magnitude significativa da palavra: "Leitura do mundo", "absoluto do que sou", "claridade absoluta", "construtora do mundo", "morada de quem somos", "limite sem limite" etc.

Esta perspectiva subjectiva da palavra matricial encontra-se igualmente no filósofo E. Benveniste que, em *O Homem na Linguagem*, considerando o ser inseparável do dizer, coloca a voz a atingir o seu absoluto na palavra, ou seja, a criar a sua subjetividade com a linguagem. Em consequência, e inerente à subjetividade da linguagem, está o próprio conceito de pessoa. Ora, já em Teixeira de Pascoaes podemos encontrar essas ideias não só em muitos dos seus poemas, como nos seus textos mais prosaicos. Para o poeta de *Vida Etérea*, a palavra é verdadeiramente alquímica; ela é sinal de magia ao ser criação e criativa. É a assunção de um novo cosmos. É símbolo e é ser. Desse modo, torna-se libertação das formas e dos sons. E apresenta-se como a própria liberdade da matéria. Idêntica e diversa. Corpo e alma. Pela alma, "as palavras dilatam o mundo"[115]. Por isso, "a verdadeira criatura fala como sendo um criador", escreve ainda em *O Homem Universal*.

---

[111] *Vida Etérea* in *Obras Completas*, Vol. II, p. 156.
[112] *Verbo Escuro*, ed. de Autor, p. 81.
[113] *Ibidem*, p. 83.
[114] *Ibidem*, p. 81.
[115] *O Homem Universal*, Lisboa, 1937, p. 170.

Reforçando esse ponto de vista, no seu *Livro de Memórias*, com perspicácia sublinhava: "Disponho de uma substância da qual se extraem todos os materiais da Criação: a palavra, uma vibração no ar e uma luz que reflecte em nós, a imagem das coisas e dos seres"[116]. Mas, se para Pascoaes, a palavra tem um poder mágico ao produzir o novo, da sua capacidade depende a própria "perpetuação do ser", isto é, no seu valor intrínseco está o próprio valor da criatividade humana, que ao libertar-se das amarras do invisível, sonha. E concretiza o invisível. O que pertence à esfera do divino eclode na palavra, que ultrapassa a imagem ao assumir-se no plano da imaginação ou da nova concepção.

Rival da divindade é o poeta. É ele o hábil feiticeiro quando, parecendo jogar com as palavras, lhes confere o concretismo do sagrado, descobrindo-lhes sentidos obscuros, por desvendar... Daí que Pascoaes, considere a inspiração dos poetas como "o espírito essencial do ser aflorado na nossa consciência para agir na Eternidade e no Infinito"[117]. Em *O Homem Universal* identificava mesmo a inspiração do poeta com o cosmos, "a exprimir-se verbalmente ou por meio da substância originária, que é o verbo, o som, a música divina"[118].

c) A PALAVRA E A IDEIA

Como escrevia Jean Cohen em *A Plenitude da Linguagem*, "a poesia é o canto do significado"[119]. Como essa asserção se aplica com profunda justeza à poética pascoaesiana! Na verdade, o mistério implícito nesta resulta precisamente da sua busca incessante de sentidos insuspeitos e/ou imprevistos de um real simples e, contudo, pleno de complexidades indecifráveis. Nesta perspectiva, o ideal que preside ao ofício do poeta, consiste, acima de tudo, numa procura: a descodificação dessa vasta realidade, na qual ele descobre na existência, a essência, olha a imagem e perscruta o pensamento, vê o corpo imanente e descobre o espírito transcendente.

---

[116] *Ob. Cit.*, Coimbra, Atlântida, 1927, p. 17.
[117] *O Penitente (Camilo Castelo Branco)*, Lisboa, Assírio e Alvim, 1985, p. 107.
[118] *Ob. Cit.*, p. 11.
[119] *Ob. Cit.*, Coimbra, Livraria Almedina, 1987, p. 123.

A imagem é o limite e é o ilimitado. Vejam-se estes dois versos de *Regresso ao Paraíso*: "A alma duma coisa é sua clara / E transcendente imagem"[120]. A imagem é a aparição e a aparição provoca a ideia, o espírito, que Pascoaes traduz por palavras como Saudade e Paraíso: "E a Saudade ideal do Paraíso, / Estava ali, de pé, na frente deles"[121]. Assim, o ideal materializa-se por intermédio da palavra. Torna-se evidente. O ideal surge, então, com características semelhantes ao material, que é a sua antítese. Lembremos estes versos elucidativos: "Vê-se através da carne, o espírito imortal"[122]; "Alma tão evidente que era o corpo"[123]; "Ondas dum mar sem fim, que lembra Deus"[124]; "A eternidade é criatura"[125]; "O Espírito vive mas amarrado às palavras, à cruz"[126].

Matéria e espírito confrontam-se dialeticamente na palavra de Pascoaes. Mas também se interpenetram. A sua própria existência perderia parte do seu sentido, se tal não se verificasse. A diversidade das suas naturezas está só na aparência, isto é, no visível, que na dialéctica cósmica, não pode deixar de pressupor o invisível. Daí que a palavra tenha no autor de *Verbo Escuro* uma conotação sombria, obscura, embora nela já se prenuncie algo: "Verbo escuro do meu Pressentimento"[127]; ao mesmo tempo, vislumbra a claridade: "A palavra é a luz do homem"[128]. Contudo, o poeta ao instaurar o diálogo na palavra e com a palavra começa a discernir nos seus sentidos contrastes ou identidades ocultas que invadem, implacáveis, o labirinto dos seus pensamentos.

Da caótica morada do pensamento, evolam-se palavras que, se num momento, se julgam fiéis a esse pensamento, logo se revelam inadequadas, impróprias, atentatórias da sua última verdade. Esse mundo secreto do pensamento... Tão dentro de nós próprios e tão distante. E busca a palavra certa. Mas a palavra é plena de significações

---

[120] *Ob. Cit.*, p. 10.
[121] *Regresso ao Paraíso*, p. 53.
[122] *Para a Luz*, p. 136.
[123] *Marânus*, Lisboa, Assírio e Alvim, 1991, p. 21.
[124] *Ibidem*, p. 63.
[125] *Ibidem*, p. 71.
[126] *O Homem Universal*, p. 190.
[127] *Verbo escuro*, p. 62.
[128] *Ibidem*, p. 83.

contraditórias, é um sentido feito de universos humanos tão dispersos, com tantos sentidos... Se "o meu pensamento sou eu mesmo"[129], a realidade é ardilosa porque "na luz, no som, na flor, no que medito e penso, / Há o quer que é de vago, etéreo, inatingível"[130].

Assim, Pascoaes, o poeta que tão bem penetrou nas entranhadas teias da(s) palavra(s), teme a palavra, enleada no turbilhão das ideias e que, afinal, é ela própria ideia corporizada: "Exprimimos o que imaginamos pensar... Mas não exprimimos o nosso pensamento verdadeiro, esse que nos foge das palavras e se perde no infinito da nossa intimidade"[131].

O poeta dialoga. Mas o seu diálogo com as palavras é igualmente um diálogo com as ideias, essas "palavras" nebulosas, envoltas nas trevas avassaladoras dos espaços dizíveis e indizíveis do inconsciente e do subconsciente, que assomam contradizendo-se e penetrando-se, à consciência. Na verdade, como Teixeira de Pascoaes acentuava lucidamente em *O Homem Universal*, "as ideias vivem fora das palavras e dimanam de além delas"[132].

D) A PALAVRA: ENTRE O SILÊNCIO E O SOM

Em *Vida Etérea*, escrevia Pascoaes: "É tudo luz e voz! Tudo me fala! / Ouço lamúrias de almas no arvoredo / Quando a tarde, tão lívida se cala, / Porque adivinha a noite e lhe pede medo"[133]. Nesses versos está patente a ideia de que o som tudo presentifica, de tudo é tradução; as coisas ganham sentido precisamente por meio dessa voz que o poeta escuta, porque está atento ao mundo que o cerca. Esta é o sinal sonoro da alma sequiosa da palavra que procura, ávida, a significação. No canto enigmático do poeta vibra sonoroso o grito assustado de lembranças, de formas, de ideais... Quando Pascoaes diz que "a tarde se cala", pressupõe uma sonoridade anterior a desvanecer-se e dissolvendo-se num silêncio perdido no temor da noite. Da noite silenciosa e a dar gritos, secreta e a sentir os murmúrios da luminosa aurora.

---

[129] *O Homem Universal*, p. 24.
[130] *Cantos Indecisos* in *Obras Completas*, Vol. V, p. 29.
[131] *O Homem Universal*, p. 127.
[132] *Ob. Cit.*, p. 145.
[133] *Ob. Cit.*, p. 229.

O canto do poeta afigura-se-lhe "irmão do Verbo e da Origem"[134] vivendo envolto no mistério da palavra primordial, a ecoar na palavra de sempre e na palavra efêmera de um simples som. Exemplifiquemos: "(...) o verbo / Pôs um sinal de som em cada coisa: / Sinal que é a própria coisa, algumas vezes, / Na sua essência viva e misteriosa"[135]. Ou ainda: "Quantas vagas palavras misteriosas, / Neste ar que respiro, trêmulas, murmuram!"[136].

Expressão auditiva, a palavra é, para Teixeira de Pascoaes, o significado da sonoridade, do mesmo modo que a sonoridade, ao originar o significado, se assume como a própria essência sonora das coisas animadas ou inertes: "O som é a essência das coisas. Nele murmura o enigma da luz, da reflexão (...) O silêncio é a alma do verbo"[137].

Do silêncio (alma) emerge o som – a palavra. Da vibração sonora (corpo) emana o silêncio. Esse silêncio que é espírito e que, na perspectiva de Pascoaes, também fala. No silêncio, a palavra conquista o absoluto da espiritualização. O som, sem ser audível, escuta-se numa palavra-outra, ou seja, na palavra dimensionada à esfera do sagrado. Vejamos alguns versos do escritor de *Marânus*: "O silêncio é o Verbo divino"[138]; "E palavras se ouvem no silêncio"[139]; "O silêncio é um grito enorme"[140]; "Silêncio que me causa a impressão duma voz"[141].

De fato, Pascoaes tem insertas, em quase todas as suas obras, frases ou versos, como os que acabamos de transcrever. A importância que a linguagem alcança nos seus escritos é sintomática do modo como percepcionou a necessidade de atribuir uma renovada valorização à expressão verbal, nas suas múltiplas vertentes lexicais e semânticas. Como nos parece plena de actualidade a ideação

---

[134] *O Homem Universal*, p. 108.
[135] *Marânus*, pp. 9-10.
[136] *Vida Etérea*, p. 230.
[137] *O Homem Universal*, p. 61.
[138] *Verbo Escuro*, p. 63.
[139] *Regresso ao Paraíso*, p. 118.
[140] *Para a Luz*, p. 62.
[141] *Ibidem*, p. 73.

linguística do poeta de Amarante, ao confrontá-la com as palavras de I. Lotman em *A Estrutura do Texto Artístico*: "As palavras existem a par da cadeia de sons... As palavras são portadoras fundamentais da semântica (e a sua) significação lexical é transportada num som isolado. Os fonemas adquirem o semantismo desta palavra"[142].

O som, o percurso até à palavra. Essencialmente, voz, grito, fala; essencialmente também, sinal, significado, semântica. Palavra que irradia e é irradiante. Palavra que é suscitada e que suscita. Palavra totalizante de todos os nadas. Palavra a edificar um mundo novo, sem demolir, antes apropriando-se do velho mundo, imóvel e em mutação, apenas pela palavra. Palavra, na aparência, fossilizada em estéreis limites. E palavra a transfigurar pela sua essência inovadora, nas formas imprevistas e vivificantes de toda a natureza... Eis Pascoaes! Com palavras, o poeta transforma a sensação em fala humana e a ela oferece "o sonho enorme da Matéria"[143]; com palavras, dá formas sensíveis a estados de alma, e ideais aos elementos da Natureza. Assim, o seu pensamento concernente ao significado pleno da Palavra, reflcte-se em toda a sua obra poética e de cariz filosófico ou aforístico.

A palavra deixa de ser somente um magnífico instrumento. A palavra é o poder de transformar. Mais: é força criadora. E o novo nasce, enfim, em versos como os que, a seguir, transcrevemos: "A dor que traz consigo / Os dias outonais, / E sobre mim desfolha, / À tarde, um lírio roxo"[144]. Ou: "Saí de casa. Outubro. Fria tarde. / Eis-me através dum escuro pinheiral. / O sol, já moribundo, chora e arde / Gotejam sangue as árvores do vale"[145]. E ainda estas lapidares personificações: "Quantas rochas encontro, à tarde, a meditar"[146]; "E o orvalho que sorri, contente, à luz da aurora"[147]; "Uma gota de orvalho é sonho, é ansiedade"[148]. Para finalizar os exemplos que se poderiam multiplicar, recordemos

---

[142] *Ob. Cit.*, Lisboa, Editora Estampa, 1978, p. 245.
[143] *Vida Etérea*, p. 136.
[144] *Terra Proibida* in *Obras Completas*, Vol. I, p. 306.
[145] *Sempre* in *Obras Completas*, Vol. I, p. 11.
[146] *Para a Luz*, p. 102.
[147] *Vida Etérea*, p. 156.
[148] *Para a Luz*, p. 130.

os dois versos que Fernando Pessoa destacou, ao referir-se à Nova Poesia Portuguesa: "A folha que tombava / Era alma que subia"[149]. Nesta "ideação complexa", como o poeta da *Mensagem* a designou, encontra-se a magnitude que a expressão verbal alcançou nos textos que Teixeira de Pascoaes nos legou.

Em fragmentos filosóficos, em versos proféticos ou em aforismos memorialísticos, o autor de *O Gênio Português*, recriou a Palavra. Dos sons vulgares fez sentidos inesperados. De vozes ecoantes de nada, construiu universos com o silêncio de tudo. Em miríades de palavras sem oculto véu, desvendou a alma de cada palavra. Recuando até ao profundo da Palavra, fez avançar a palavra até ao mundo das profundezas.

ANA PLÁCIDO, UMA ESCRITORA DO SÉCULO XIX [150]

A obra literária de Ana Augusta Plácido constitui um conjunto de escritos fragmentários dispersos por jornais, em cartas ou em livros de memórias. Suspendendo, ainda não tinha quarenta anos, o seu desbravar das sendas do romance, Ana Plácido deixou-nos, contudo, uma obra romanesca. Incompleta. Dirão muitos. Talvez uma bela "sinfonia incompleta". Dirão outros. Contudo, uma obra ficcional promissora, se a desesperança a não tivesse demovido da concretização do seu sonho juvenil, alimentado pelas longas leituras que a enlevavam. Eram um bálsamo para a sua alma inquieta.

Tempo curto demais dedicado ao ato da escrita ficcional. Esta mulher de convicções fortes e com uma rebeldia varonil, como a definiu Camilo, perde, vai perdendo, ao lado do companheiro escritor, já com vinte e tantos livros publicados ao rondar os trinta anos, o seu impulso para as Letras que tanto a seduziam. Esse

---

[149] *Vida Etérea*, p. 174.
[150] Conferência proferida em 21 de Outubro de 1995 em Vila Nova de Famalicão integrada no Colóquio «A Mulher na Vida e Obra de Camilo»; public. in *Actas do Colóquio*, Centro de Estudos Camilianos, 1997, pp. 193-208.

amante-esposo, "a quem amava como a um Deus ou de quem Deus teria ciúmes", confessa, torna-se-lhe tão obsessivamente grande que não se sentirá ridícula, ao tentar a carreira literária para ser uma romancista de renome? Começa, então, a retirar-se, num reducionismo psicológico que não a estimula e que lhe contém a propensão para escrever de dentro de si, sem esquecer o outro.

Ao lado do gênio, sente-se cada vez mais a insignificante, se não mesmo a desajeitada que escreve ou que persiste em escrever, quando o próprio destino não lho quer consentir. A par dessa vertente, Ana Plácido vive, na primeira fase da sua vida, o drama da ausência de amor ao marido, de quem fica noiva por imposição paterna. O fascínio que sente por Camilo, quando o conhece pouco antes de casar, aterroriza-a ao pensar que ia casar com Pinheiro Alves. Ao fim de quase oito anos (?) de cativeiro matrimonial, reencontra Camilo. A paixão domina-a. O adultério está à vista. Camilo é o homem! O marido abre-lhe o cárcere. Depois o julgamento e a absolvição ao fim de quase um ano. E o filho Manuel... a prova do crime ou a do adultério? A vida incerta com Camilo é o rumo. Nascem mais dois filhos. Um deles, Jorge, é louco! A seu lado, Camilo, nevrótico, doente de todos os males, escreve sem cessar. Os remoques, as alusões à conduta de Ana Plácido, descobre-os ela em todos os seus romances. A morte de Manuel, em 1877, o "filho do amor", dá-lhe a machadada, depois de anos a sofrer o desprezo da sociedade, e, mais do que tudo, a impaciência patológica de Camilo, os seus fantasmas psicóticos e... a cegar lentamente.

Fatores tão pesados, mesmo num espírito forte e, de "antes quebrar que torcer", foram determinantes na escassez do espólio romanesco de Ana Plácido. Contudo, se não escreveu mais foi também porque os jornais em que iniciava a sua publicação em folhetins soçobravam. No entanto, deixou-nos ainda escritos com uma riqueza humana de que poucas mulheres escritoras, suas contemporâneas, se podem ufanar.

Nos seus romances, mesmo incompletos, estão presentes todos os ingredientes necessários para a considerarmos uma escritora com uma intuição literária e preocupações temáticas que encontraríamos em Zola, em Flaubert ou em Dostoievski. Por isso, se ambicionou ser uma grande escritora, como George Sand, só não o foi pelo pequeno número dos seus escritos, não pela falta da sua qualidade. Deixou-nos, afinal, poucos poemas, dispersos por jornais e sempre escritos nas horas tediosas, como as do cárcere. Onde estariam os poemas que não publicou em livro, como o anunciou Vieira de Castro na sua *Biografia de Camilo Castelo Branco*, editado em 1861? A razão, desconhecemo-la. Teria sentido a autora a necessidade de se afirmar com as *Meditações* que publicaria, dois anos mais tarde, em *Luz Coada por Ferros*? Ou ao incluir o romance *Adelina*, nessa mesma obra, tentava, com os seus trinta e dois anos, revelar-se no gênero literário que mais a seduzia? A verdade é que já aos vinte e nove anos estreara como novelista ao publicar na revista *Contemporânea de Portugal e Brasil* (1860), a ficção *Martírios Obscuros*. Em 1864, com trinta e três anos, faz uma adaptação de um drama francês intitulando-o *Aurora*. Vindo a lume no jornal *O Civilizador* é interrompido devido à sua suspensão.

Ana Plácido luta de novo pelo seu ideal de romancista ao escrever em folhetins o romance *Regina* na *Gazeta Literária do Porto*, de que era diretor Camilo. A interrupção deste periódico pôs fim também à narrativa com que mais uma vez tentava o romance. Sempre sem se lhe abrir a porta de um editor, só em 1871, o jornal *O Vimaranense* lhe editou o romance *Herança de Lágrimas*. Edição de apenas umas dezenas de exemplares. Esgotou rapidamente. Mas a carreira romanesca de Ana Plácido chegara ao fim.

Com efeito, escreveu ou tentou escrever romances. Talvez por uma vocação não menos intensa do que a de Camilo. Contudo, os editores não se lembravam ou não se queriam lembrar (para não se comprometerem?) de Ana Plácido. Se os romances de Camilo eram bem vendidos, aconteceria o mesmo com os dela? Teria a portentosa pena do escritor ou apenas o imitava, ao mesmo tempo que fazia da escrita uma acusação à sociedade que rejeitara o seu caráter inconformado, os seus comportamentos pouco ortodoxos? A verdade é que nunca imitou Camilo. Nunca foi tentada a seguir as pisadas que a leitura das suas obras lhe poderia ter suscitado. Ana lia Camilo, Castilho, Herculano ou o Padre Manuel Bernardes. Ana lia, e quando lia, lia apenas. Depois, tudo se evolava. Tudo nela emergia como cultura, vaga, indefinida e funda, mas sem se deixar subjugar. Jamais revelou eruditismo. Foi precisamente essa uma das facetas que a diferenciou de Camilo. Muitas vezes, o escritor, ao longo das suas narrativas ficcionais, mostra a erudição livresca. Cita, com assiduidade, Petrarca, Voltaire, Juvenal, Montesquieu ou Saint-Beuve. Os seus romances são, não raro, um documento histórico. Vai buscá-los à historiografia, aos jornais, a um manuscrito antigo que comprou num alfarrabista...

Outra diferença entre Ana Plácido e o seu companheiro, é que os dramas passionais (e sociais) da novelística camiliana misturam-se com intuitos mordazes. Rir do burguês endinheirado, troçar do aristocrata pedante, fazer chacota com o baronato parlamentar ou com atitudes ridículas de um rei, estão um pouco por toda a parte na sua obra. Não seria possível ler isto em Ana Plácido: "Não os vês no baile e no teatro namorando um dote como se namora uma mulher?" (in *O Que Fazem as Mulheres*, 1858). Às diferenças juntam-se as identidades. Uma intensidade dramática e psicológica é patente em ambos. De fato, as personagens de Ana Augusta estão imbuídas das suas fatalidades pessoais, mas elas próprias são também fatalidades comuns a muitas das mulheres da sua época. A sua escrita reflete os problemas socioafetivos do seu tempo: neles estão envolvidas as mulheres, mas a estas os homens não são alheios. Aí estão eles retratados com os seus defeitos e as suas vertentes atrativas. Em *Adelina*, Ana escreve: "Desgraçada foi só ela, porque só ela tinha coração" (Cap. VIII, p. 60). Nas *Meditações*, sublinha: "Vês além aquela mulher de trinta anos? Foi uma mártir da obediência filial". Nota em *Herança de Lágrimas*: "órfã de pais, sem conhecer os afagos de seio materno". E sobre a personagem Luis do romance *Adelina*: "(é) uma dessas criaturas incapazes de sentimento que não seja mau". Em *Regina*, acentua: "O pai era um dos mais opulentos negociantes desta praça. A ambição de ver as filhas elevarem-se, perdeu-o".

Essa temática não é rara em Camilo. Contudo, comparando a vastidão da sua obra com a brevidade da que nos deixou Ana Plácido, podemos constatar que o discurso à volta dos vícios, das virtudes, dos castigos, dos infortúnios, do destino, se são predominantes em Camilo, são dominadores na obra de Ana. Abordamos aspectos que mereciam uma muito mais longa abordagem. Assim, apenas delineamos as suas linhas de força e por aqui ficamos, para ainda ser possível determo-nos nas personagens de Camilo que mais se identificaram com Ana. Assim, destacamos em *Os Brilhantes do Brasileiro*

(1864), Ângela, que escreve diários de reflexão íntima como Ana: em *O Que Fazem as Mulheres* (1858), Ludovina, submissa à vontade paterna casa sem amor; em *A Mulher Fatal* (1870), a personagem Carlos (Camilo?) busca ardurosamente a mulher ideal e "Cassilda (Ana?) expiará como culpada" (p. 211). Mas Ana não está igualmente retratada na Leonor de *Romance de um Homem Rico* (1861), na Rosa Guilhermina de *A Filha do Arcediago*, na Henriqueta do drama *Poesia ou Dinheiro* (que Camilo lhe dedicou) inserido em *Cenas Contemporâneas?* Não será a Raquel de *Anos de Prosa* (1863)?

Se as temáticas dos escritos de Ana Plácido podem não divergir muito das também frequentes em Camilo, no conjunto que ela nos legou, vemos uma estruturação plena de coerência consigo mesma, sem deslizes imitadores de qualquer espécie. Ana possui uma expressão autônoma e não foi a leitura e o convívio com o autor de *Amor de Perdição* que as determinou. Cada novela, drama ou conto de Ana Plácido vem do seu íntimo, se não mesmo da sua intimidade mais profunda, a jazer nos lagos do subconsciente ou do inconsciente. O seu estilo encontra-se dentro dos limites próprios aos escritores românticos, em cuja linha sempre se colocou. Contudo, não teve o brilho de algumas das suas contemporâneas também escritoras. Não se evidenciou como Maria Brown, Catarina Balsemão, Maria Amália Vaz de Carvalho, Guiomar Torresão ou Antónia Gertrudes Pusich (que fundou várias revistas literárias como *A Cruzada*, *A Beneficência*, *A Assembleia Literária*, de que não consta ter sido colaboradora Ana Plácido).

O exílio de S. Miguel de Ceide cortou-lhe as asas que a sociedade puritana não queria entrever. A sua ambição romanesca foi, aos quarenta anos, truncada. Contentou-se, a partir de então, com artigos de crítica literária ou crônicas em jornais. Espelhou-se ainda em traduções de romances franceses de questões religiosas ou sociais candentes. A morte de Manuel, em 1877, a loucura a agravar-se de Jorge, os males físicos e psicológicos de Camilo, o distanciamento dos meios literários burgueses das grandes cidades, como Lisboa ou Porto, a vontade de tudo trocar pelo seu Camilo, limitaram, sem remédio, o talento, a predisposição literária de Ana. Mas ninguém poderá negar, com isenção, o valor literário de que nos fez herdeiros. A perseverança, a firmeza e as convicções dos seus trinta anos, não naufragaram sob o peso da sociedade e do próprio drama familiar. Não obstante, da Ana Plácido dessa época pouco se salvou. Só uma tênue necessidade de escrever, cada vez mais, apenas cartas aos que com benevolência e admiração a liam.

Vamos agora abordar outro ponto, que é o dos pseudônimos que usou. Sempre que não assinou o seu próprio nome com as iniciais (dos dois primeiros) ou por extenso o primeiro nome e um apelido, tomou nomes masculinos. Somente quase no fim da vida, assinou na qualidade do recém-recebido título de Viscondessa de Botelho (sem dúvida numa atitude irônica com os seus perseguidores da classe alta). Fá-lo no jornal *Nova Alvorada*, no *Diário Ilustrado*, em *O Leme*. Pensamos que assinar com nomes masculinos – Pedro de Sousa, Lopo de Sousa, Gastão Vidal de Negreiros – ou sob anonimato refletiu duas razões principais: esconder a sua identidade (por se sentir uma mulher desprezada socialmente após o escândalo de adultério e a sua ligação marital a Camilo); vivenciar a inferioridade do seu sexo (lembre-se o fato de assinar as dedicatórias dos seus livros por "O Autor" – o gênero masculino, mais uma vez, para se valorizar, para ganhar eco); por se sentir morta para o mundo que não a reconhece (escreve que "tinha morrido para o mundo e os mortos devem descansar em paz", porque o amor de Camilo já lhe parecia só um simulacro e a sociedade desdenhava-a). Estas tais razões coadunam-se, numa complementaridade total.

De fato, Ana Plácido não figurou entre os nomes das suas contemporâneas em publicações como, por exemplo, *Miscelânea Poética* (doze nomes femininos que eram, em geral, de fidalgas de província) informa-nos Alberto Pimentel (*Memórias do Tempo de Camilo*, Porto, 1925, p. 40), *Almanaque das Lembranças* (com produção feminina a partir de 1850) ou no *Almanaque das Senhoras*, editado por Chardron. A sua condição de mulher terá também levado alguns ensaístas como António Salgado na sua *Antologia da Poesia Feminina Portuguesa*, Luisa Dacosta no capítulo "Literatura de autoria feminina" da *História da Literatura Portuguesa*, Álvaro Neves em *Pseudônimos. Achegas para um Dicionário de Pseudônimos de Escritores Portugueses Editados em Portugal* (Coimbra, 1862) ou Cândido de Figueiredo no livro *Figuras Literárias* (Lisboa, 1906), a não lhe fazer qualquer referência?

É estranho que no livro *Mulheres Escritoras*, publicado por Maria Ondina Braga, em 1980, Ana Plácido só seja referida a propósito da poetisa Maria Brown... Contudo, houve contemporâneos que lhe reconheceram os méritos literários. É o caso de Vieira de Castro na "Introdução" a *Luz Coada por Ferros* (ed. Livraria António Maria Pereira, 1863). Para ele, possuía uma "linguagem correcta e portuguesa de ler" e "há inquestionavelmente o instinto literário neste talento". Por seu lado, Alberto Pimentel testemunha o seu gosto pela leitura, não deixando de salientar que tinha uma "memória assombrosa" (in *Os Amores de Camilo*). No livro *A Mulher em Portugal* (1892), António da Costa faz-lhe uma breve referência, usando a expressão "um grande talento". Contudo, na *Biografia de Camilo Castelo Branco*, Vieira de Castro revela que no dia da sua ida com Camilo ao teatro D. Maria, em Lisboa, assistir à peça *O Último Acto*, a favor das vítimas da peste, é pedido um poema a Camilo. Este, irreverente e nervoso, mostra-se incapaz de o escrever. É Ana Plácido que resolve a situação embaraçosa. É ela quem escreve o poema, recitado nessa mesma noite pela atriz Emília das Neves, como se fosse de Camilo...

Ana vai se desvanecendo, sempre em prol de Camilo. Além disso, ela não é popular, não é uma mulher de salões literários, não é uma escritora a editar os seus romances em livros, pois não há editor que o faça. Apenas os publica em folhetins em jornais com pouco tempo de vida. As suas cartas, preciosas pelo testemunho sobre o caráter de Camilo e de seus filhos, são apenas cartas. A epistolografia, em Portugal, tem sido considerada um gênero menor, se não mesmo apenas um documento historiográfico.

A. Lopes de Oliveira em *Escritoras Brasileiras / Galegas e Portuguesas* cita, com brevidade, obras e colaborações de Ana Plácido. Só mais tarde, Teresa Leitão de Barros em *Escritoras Portuguesas* refere-se-lhe já com nove páginas. Só em 1991, Fernanda Cabral publica, finalmente, uma obra em que surge um estudo ensaístico com cerca de vinte páginas. A este segue-se uma cronologia da vida de Ana Plácido com dezoito páginas. Termina com uma pequena antologia em que se reproduzem excertos de *Luz Coada por Ferros*, *Aurora*, *Regina* e *Herança de Lágrimas*. Finalmente, Ana alcançou destaque entre os ensaístas portugueses. Mas teria que ser precisamente uma mulher a fazê-lo? Por que não descobriram os nossos tão prolixos ensaístas a escritora Ana Plácido? Desde muito jovem, os livros a atraíram. Quando no cárcere, ainda não tinha trinta anos, transferiu à volta de quinhentos livros para a sua cela. Não podia viver sem eles: "uma vasta mesa com enorme tinteiro... rimas de papel e de brochuras" (Alberto Pimental, *Os Amores de Camilo*, p. 369). Nos últimos anos da vida de Camilo, a leitura é ainda um arrimo para a sua alma, fustigada pela adversidade. E, uma obrigação para com Camilo. Estava quase cego. Em carta de 8 de junho de 1891, diz a António Vicente Carvalho Leal e Sousa que se perdera em "aturada leitura... para distrair o espírito angustiado do nosso querido mártir" (in *Camilo em Landim*). Sabemos que Ana leu, entre muitos outros, Balzac, Lamartine, Chateaubriand, Madame Staél, George Sand, Racine, Tasso... Entre os portugueses, maravilhou-se com o Padre Manuel Bernardes, D. Francisco Manuel de Melo, Garrett, Bernardim Ribeiro.

Vejamos agora as temáticas pelas quais derramou a sua interioridade mais funda. A tradução será uma das vertentes literárias que cultiva de 1865 a 1879. Dá-lhe início com uma obra de Alphonse Gratry de caráter religioso. De fato, a temática religiosa parece ter sido uma das suas preferências. Porque procura dar-nos a natureza religiosa da sua alma? Porque embaraçava os acusadores da sua conduta tida por pouco consentânea com os princípios da religião? Porque se retratava ante a sociedade puritana e difamatória? Porque a religião lhe servia de consolo e pacificava o seu espírito amargurado pelo pecado (pela expiação?) das irreverências com o catolicismo? Porque era um ato catártico da sua consciência perturbada pela ideia de culpa, de acusação e de castigo? Em 1877, traduz, sob anonimato, uma obra sobre o papa Pio IX e, do padre Lescoeur, *A Vida Futura*. Dois anos mais tarde, surge *O Papa e a Liberdade*, do padre Constant. Todas essas edições receberam um prefácio de Camilo Castelo Branco...

Além da temática religiosa, as suas traduções apresentam a temática social. É a mulher vítima de uma sociedade que a espezinha ou a ignora. Entre 1874 e 1876, com o apoio do editor Chardron, cria a coleção "Biblioteca de senhoras". Queria que a mulher tomasse consciência da situação social decorrente da sua inferioridade psicológica criada sobretudo, como pensa, pela sua inferioridade cultural. Traduz, por isso, *Como as Mulheres se Perdem*, *A Vergonha que Mata*, *Aprender na Desgraça Alheia*, *Feitiços da Mulher Feia*. Em todas, o drama da sua vida está um pouco. Agora, que vê na novelística um sonho impossível, traduz como uma forma de sobreviver, escrevendo ainda e apesar de tudo. A catarse vive no espaço dessas narrativas. A sua escolha tem o suporte de uma intenção: salientar o clima social que a mulher vive e que ela destacara já nas *Meditações*, publicadas aos 32 anos (in *Luz Coada por Ferros*).

A poesia que, desde a juventude, era para Ana Plácido uma transferência do seu eu recôndito para a "casa" de cada verso, vai surgindo, mas com raridade. Num ou noutro jornal, um poema ou uma crônica eivados de intimismo em que os fantasmas do passado não são diferentes, no essencial, dos do presente. Nos romances publicados em folhetins, há sempre uma reminiscência da sua alma, uma análise sutil do seu eu, uma extravasão do seu sofrimento incontido na interioridade e a não caber nela mais tempo sob as imagens da subjetividade.

Cada passagem de novela é uma denúncia de si e também dos outros. É uma libertação de quem viveu demais a injustiça, a perversidade, a terrível predestinação de ser infeliz. Ana Plácido vive, em cada obra que assina, no dilema que constitui o conflito entre a liberdade e o destino. Aqui está o fulcro em que assenta o conteúdo do seu espólio literário. Nas cartas, nos contos, nas novelas ou nas meditações, por onde não deixa de perpassar a marca de uma filosofia niilista, ao gosto de Schopenhauer, Ana faz uma psicanálise do eu. Ao falar de si, transforma-se em um eu coletivo, que nela é o eu feminino.

O espaço erótico em que se move, em especial o do âmbito romanesco, é uma luta entre o que pertence ao domínio do feminino e o que é da área do masculino. A dinâmica dos sexos opostos está presente nas suas mais belas passagens novelísticas. A visão social da mulher é dada por Ana Plácido quer na obra original, quer na tradução. Ao partir do problema da culpa, e com ele do problema da falibilidade, Ana Plácido debruça-se com as asas do ficcional sobre a própria condição humana. Mas, é o labirinto em que se desenvolve o sentimento amoroso a matéria-prima dos seus escritos. A questão da fidelidade e da infidelidade aflora, com frequência, nas suas variantes e nas suas contingências. Vive na sua consciência. E as emoções que cada personagem vivencia são as suas próprias. Pessoais e, em simultâneo, universais. Ao transferir-se na totalidade de si para o discurso ficcional, Ana faz "uma doação pública... do seu eu"[151].

Autorretrata-se na dimensão da personagem e torna-a um veículo das suas apreensões, das suas culpas, do seu infortúnio. Essa última expressão, mesmo quando a quer significar através de sinônimos, é a afirmação de um destino que não foi capaz de contornar, senão em parte. Porque a sua liberdade ficou castrada pela dinâmica da sua vida com Camilo, Ana Plácido interrompe a catarse romanesca aos quarenta anos. Esta só sobrevive nas traduções e nas cartas, última evasão dos anos do fim.

A concluir e, sem poder ir mais longe neste ensejo, entendemos que a sua novelística foi uma autobiografia, sem os inconvenientes da autobiografia propriamente dita. Alguns críticos literários censuram aqueles que abordam temas históricos ou memorialísticos nas suas ficções romanescas. Esquecem que todo o romance é uma transfiguração do autor nas personagens com que povoa a sua obra. Que o tema pertença ao passado ou ao presente, não é o mais importante; se o romance tiver um caráter universalista e se no seu desenvolvimento não estiver ausente a beleza estética, a sua essência está salvaguardada. Pensar doutro modo é cometer um grave atentado sobre o significado da literatura. De fato, todo o romance gira à volta da imagem, do visível consciente ou subconsciente. O romance é, por definição, uma obra de imaginação, isto é, desenvolve, enriquece e metamorfoseia o que as imagens oferecem ao espectador.

Como escreveu Clara Crabbé Rocha "a autobiografia individualizou-se como gênero desde os primórdios do movimento romântico, quando a literatura declarou guerra à retórica". E, como ensina Georges Gusdorf, que esta ensaísta cita, todo o Romantismo pode ser visto como uma "extrapolação da literatura do eu". Assim não será abusivo concluir que a ficção (e a poesia)

---

[151] Clara Crabbé Rocha, *O Espaço Autobiográfico em Miguel Torga*, Coimbra, Almedina, 1977, p. 83.

de Ana Plácido foi uma expressão da corrente romântica vitoriosa em Portugal, desde meados do século XIX. Não constitui, pois, motivo de desvalorização, mas de riqueza, o fato de a obra se ter construído a partir da sua experiência de vida. Lembremos apenas alguns exemplos extraídos do romance *Adelina*: "Decorreram seis meses, depois daquela noite fatídica que devia mudar o destino de Adelina"; "A paixão rápida e violenta assenhoreara-se daquela alma"; "Que outra mulher compreenderia a tua alma?"; "eu sou a pecadora, o verme dos vermes, o átomo de pó".

O espaço autobiográfico nos romances é uma qualidade se se lhe juntar o gosto estético. Em Ana Plácido, a sua personalidade forte impõe-se de tal maneira que cada um dos seus momentos literários é uma expressão psicológica do eu mais fundo e, incapaz de sobreviver sem o expor, incapaz de o superar, sem o revelar. Mas, o passado não se apaga no seu presente. O passado é um presente a fluir imóvel como se tivesse ficado perpetuado na sua alma plena de imutável na passagem do tempo. A Ana Plácido dos trinta anos é ainda a Ana Plácido dos sessenta. O tempo edificou-se na sua morada. Quando, em 1868, escreve uma carta pública a Camilo na *Gazeta Literária do Porto*, parece mais estar a escrever um folhetim para uma novela do que a redigir uma epístola. Nota-se uma fluência impessoal. Parece não estar ali, parece mais uma personagem, ao substituir o nome verdadeiro pelo pseudônimo Gastão Vidal de Negreiros.

Ao abrir a sua alma ao homem que continua a amar e com quem vive, Ana Plácido esconde-se nas folhas da citada *Gazeta*. É incapaz do diálogo direto e frontal. Descobre-se quando está perante uma folha de papel; revela-se, afinal, ao vazio, ao inerte. Mas tem a certeza de que vai ser escutada, melhor escutada do que se falasse com as palavras que o diálogo propicia. Aproximando-se, foge daquele que vai atingir duramente. Teme a sua resposta. Por isso, escreve: "leia, publique ou rasgue". Na verdade, Camilo leu e... publicou. Mas responde-lhe com a mordacidade que não lhe falta. Sente que Ana pretende afrontá-lo, sutil e tímida, medrosa e desalentada. Por isso, ela retrata-se como "um pouco de matéria pesada e estéril; um coração árido e vazio; uma cabeça gelada pelo nordeste do infortúnio".

Ana Plácido aparenta (ou é?) uma personagem a sucumbir. Não uma mulher a erguer-se. Todos os livros de Camilo lhe parecem uma acusação aniquiladora de si e a refletirem mesmo um arrependimento por a ter desejado. Não suporta a afronta. Mas, vê-se ao espelho. E vê-se um cadáver, a que já só pode ser devido o respeito, como ela própria escreve. Esta carta desocultaria (se a pudéssemos dissecar com mais tempo) todo o mistério da sua ficção autobiográfica. Como escreveu Unamuno em *O Sentimento Trágico da Vida*, "o amor procura com fúria, através do objecto amado, qualquer coisa que está para além dele; e como não o encontra, desespera". Entre o feminino e o masculino é fundamental a relação mútua, a comunhão. E Ana sente somente indiferença, que é o maior insulto. Entre fogos-fátuos de prazer, vive entre "luz e trevas, glória e martírio"[152]. Escreve em uma atmosfera "aterrada pela culpa" e acredita ser "forçada à expiação"[153]. Foram raros os momentos em que disse: "A vitória será minha".

"Oprimida pela inveja e pelo ódio"[154]; "tudo é hipocrisia e mentira"[155]; "foi aquela uma obra fatídica"[156]. Frases tão comuns nos seus escritos em que os seus avatares se digladiam. São os avatares do sentimento amoroso, esse sentimento que só a mulher atinge no absoluto: "Adelina vacilava entre a voz interior... e a bondade natural do seu carácter". Os maridos, esses "esquecem que a mulher tem a capacidade de raciocínio". As mulheres, sempre elas a viverem martírios que os homens não sonham. Desprezam-nas por não saberem como sofrem e o que sofrem. Depois é a sociedade que nelas descobre sempre erros. Como teriam perdão se fossem cometidos por homens! Na problemática do amor da novela *Herança de Lágrimas*, revela claramente o logro em que caiu, porque o julgara possível até à eternidade. Lembremos o retrato que faz de Camilo quando o julgara bem diferente daquele que lhe era dado ver: "eu que o vestira de luz, que o coroara com as joias mais preciosas da minha idealidade, que o incensava com as mais puras essências do meu espírito"... Assim, para Ana, "recordar é viver e morrer numa só dor".

---

[152] *Luz Coada por Ferros*, p. 109.
[153] *Ibidem*, p. 64.
[154] *Ibidem*, p. 102.
[155] *Ibidem*, p. 105.
[156] *Ibidem*, p. 108.

P
O
E
S

A situação social da mulher que tanto a preocupa, é exposta com mais vivacidade e firmeza nas *Meditações*. Avisa-as de que é preciso que não "demos ao homem a fácil vitória da nossa inércia". E, mais adiante, acrescenta: "é, afagando esta ideia, que me arrojo primeiro no exemplo e com a esperança de ser imitada e seguida".[157] Ana Plácido procura dar às suas contemporâneas a consciência das suas possibilidades, tentando, ao mesmo tempo, libertá-las de todos os medos que, afinal, moravam nela própria.

Nesta perspectiva, podemos concluir que o espaço autobiográfico constante em Ana tem um sentido não só individual, mas igualmente uma significância universal. A literatura do eu é a literatura da essência humana, manifestada nas quedas, alegrias, infortúnios, glórias ou sonhos magníficos. Toda a ficção que não passa pelo eu, pela interioridade do autor é uma ficção esvaziada, sem a autenticidade que é uma das condicionantes da boa literatura. Se recordarmos *A Criação do Mundo*, de Miguel Torga veremos como a intenção de dar a conhecer o eu, torna a escrita uma catarse ao serviço da estética. O desejo de "descer dentro de mim à fundura possível" (Quinto dia, p. 17) como diz o poeta, é a redenção perante a sociedade do futuro (ainda não do presente) em busca de um juízo mais justo. A alma vai ter a possibilidade de encontrar o juízo da humanidade, já não de uma determinada sociedade. Criando toda uma dialética entre o seu eu e o dos outros, Ana Plácido construiu um mundo ficcional com o objetivo de vir a ser absolvida por um tempo outro.

A atualidade da mensagem mental de Ana está por estudar. Agora, apenas esboçamos algumas pistas para a desocultar um pouco mais. Contudo não podemos deixar de chamar a atenção para o fato de *A Criação do Mundo*, de Torga ou o romance *Na Tua Face*, de Vergílio Ferreira, serem dois exemplos maiores da atualidade do "pacto autobiográfico", termo usado em 1975 por Philippe Lejeune em um livro com esse mesmo título. São dois exemplos que servem para reparar em como a introspecção romanesca ou poética de Ana Plácido continuam atuais. Parafraseando Clara Rocha "para além da liquidação catártica, a literatura confessional exprime ainda um desejo de absolvição, cujo preço é o comprometimento total do

---

[157] *Luz Coada por Ferros,* p. 92.

escritor na sua obra"[158]. Contudo, as possibilidades de Ana Plácido desenvolver o seu talento autobiográfico ficcional ficaram muito restringidas pelo seu "exílio" em S. Miguel de Ceide e, porque a seu lado, estava um escritor de gênio. Mas, se Camilo teve responsabilidade no apagamento literário de Ana Plácido, foi ele também que lhe estimulou o instinto da escrita, ao provocar-lhe a paixão forte donde a sua "herança de lágrimas" brotou. Ana viveu também, escrevendo nem sempre com a sua pena. Camilo desenhou-a em quase todos os seus romances, aqui ou além, uma passagem quase despercebida, uma personagem secundária ou um local do passado imortalizam Ana Plácido. Ela foi capaz de sacrificar a glória literária, que ambicionava, à vivência de uma vida atormentada pelas dúvidas sobre o amor de Camilo. É que, como escreveu Miguel de Unamuno, "cada um dos amantes é para o outro, directamente um instrumento de prazer, e indirectamente, de eternidade. E assim, são tiranos e escravos, cada um deles tirano e escravo do outro"[159].

PALAVRA FECUNDANTE E INTERVENÇÃO [160]

No princípio era o mundo. E tudo se confundia e tudo se transformava.

A mudança era a alma do universo efervescente de vida e sonho. A eclodir em formas novas ou em informes contornos, o espírito pairava no silêncio que descobria, a cada instante, a novidade.

O silêncio, o espanto, a intervenção – estes os três tempos maiores de um planeta que, visto do espaço, é azul. Era uma vez um planeta azul. Assim titula Fátima Passos este livro, que publicou recentemente. Tem apenas 54 páginas, mas encerra nelas toda uma poética da criação, do nada e da vida, da esperança e também do desencanto.

---

[158] *Ob. Cit.*, p. 86.
[159] *Ob. Cit.*, p. 162.
[160] *Diário do Sul*, 14 de novembro de 1997.

Escrita em prosa, parece às vezes. Escrita em verso, parece sempre. A autora coloca as duas formas literárias frente a frente, desafiando-se, certamente, e complementando-se, sem dúvida. Colunas muito esguias numa página, confrontam-se com prosa a toda a largura na página seguinte. Estas ainda são, embora raramente, intercaladas com linhas solitárias porque uma ideia se pretende destacar. Trata-se de um processo estético não usual. Contudo, eficaz foi o resultado, pois tornou possível transmitir, por meio do aspecto gráfico, o próprio sentido da temática desenvolvida, em simultâneo.

Podemos, por outro lado, chamar a este texto de Fátima Passos uma reflexão-poema. Três momentos ou tempos nela se distinguem com o intuito de se realçar que a história do planeta azul não é estática, é antes uma revolução incessante, uma mudança contínua, uma conquista interminável. À boa maneira do poeta romano Ovídeo, é traçada uma evolução lenta, cadenciada, ganhando sentido e uma direção definida.

Nos dois primeiros Tempos (ou Idades), o Tempo do Silêncio e o Tempo do Espanto, há uma direção acentuada de progresso: "E no silêncio a palavra"; "E a primeira canção irrompeu da Terra"; "E tudo ganha a nitidez da aurora". No entanto, a passagem ao Tempo da Intervenção cria realidades novas que, ao pretenderem ultrapassar todos os limites do homem, o acabam por escravizar. Ao procurar "decifrar mil mensagens cósmicas", o homem perde-se e bate com as asas do sonho no chão: "Na era da abundância, na era da exploração do espaço, metade do planeta azul clamava. De fome. De doença. De indigência".

É a época do desencanto. Depois do tempo da crença absoluta no progresso, as dores de uma humanidade incapaz de encontrar a felicidade; de um planeta em que moram a pobreza e o abandono ou a riqueza e uma tecnologia desenfreada, que dão vontade de gritar ("Mas grita que hão de ouvir. Ao menos noutro futuro. Rebentemos de gritar").

No Tempo primordial ou do Silêncio (como lhe chama Fátima Passos), com a palavra fecunda, desenham-se caminhos de beleza, de amanhecer, de canto. Depois, o Tempo do Espanto é a própria eclosão de um novo ser feito à "imagem e semelhança de Deus". Abrem-se os horizontes do pensamento, alarga-se a imaginação pródiga, e o "silêncio respira".

O "sonho de eternizar a vida breve" é o Tempo da Intervenção e é, igualmente, o Tempo da inesperada perda; há agora uma "espera conformada e triste" e o futuro é a incerteza, o "desassossego". Surge uma verdadeira "Vertigem do poderio do Universo".

A autora denuncia o vazio desta sociedade de tantas distâncias, de tantas diferenças. Uma humanidade confundida pelas guerras (raciais ou religiosas), pelo terrorismo indiscriminado, pelas doenças do vício e da toxicodependência. Tudo isso, e tantas outras coisas, leva Fátima Passos a uma única saída: Deus. Depois de se ter negado o divino, é preciso reencontrá-lo: "Quando foi que perdemos de vista o Vosso rosto, Senhor?".

Era uma vez um planeta azul termina com três interrogações, a revelar as preocupações maiores de Fátima Passos: "Com quem repartimos o Pão?"; "Quando estabeleceremos a Paz?"; "Como aprenderemos o Perdão?".

Eis nesse livro um convite – com a linguagem da poetisa que é Fátima Passos – à reflexão sobre o mundo que o homem tem nas suas mãos e que pode tornar melhor, sobretudo por meio da paz, da reconciliação e da partilha dos bens.

Uma maravilhosa humanidade está ainda ao seu alcance.

EM BUSCA DE UMA NOVA CIVILIZAÇÃO ATLÂNTICA? [161]

Nos últimos anos do epílogo do segundo milênio, a civilização ocidental confronta-se com um tempo de nebulosos contornos mentais, sociais e econômicos. Contudo, os povos das Culturas que a delineiam, continuam a viver questões de ordem étnica,

---

[161] Conferência integrada no Colóquio subordinado ao tema «Dalila Pereira da Costa e as Raízes Matriciais da Pátria», proferida no Ateneu Comercial do Porto, em 17 de Maio de 1996; in *Dalila Pereira da Costa e as Raízes Matriciais da Pátria – Colóquio*, Fundação Lusíada, 1998, pp. 129-137.

problemas religiosos e carências de natureza material que, acumulando-se, os agridem diariamente por catadupas de notícias veiculadas pela televisão, pela rádio e pelos jornais que o cidadão escuta ou lê, sempre na ânsia de descobrir um sentido novo, uma desocultação da verdade, uma qualquer salvação do lamaçal em que se sente, sem apoios. Espera-se sempre uma assunção de algo (ou de alguém?) vindo de um lugar inesperado e indicando um rumo neste mundo ávido de futuro.

Esta constante e contínua busca de informação-alerta ou informação-espera se aproxima, também aliena, se cria uma tensão, também pacifica. Porque ela é um sintoma flagrante de solidão, sem anular outro não menos determinante, o sentimento de inquietação, de intranquilidade, senão mesmo de desespero, perante uma realidade incontrolável que tolhe, que abafa a vontade e limita a liberdade das consciências.

Esta ansiedade da psique é o mais anunciador e evidente sinal da decadência de uma civilização que morre devagar, pois a ideia de imortalidade se foi apagando lentamente dos seus horizontes. Mas em um desafio incontido, desde os tempos da Idade do Ferro, a esperança de ter, nunca lhe anulou a esperança de ser na dimensão mais funda da vida.

A civilização ocidental está perante as ambiguidades de uma economia que trouxe a abundância, mas não evitou o desperdício e, ao liberalizar ou socializar, não criou um mundo de solidariedade e diferença, de compromissos mútuos e de liberdade. As incertezas das teorias filosóficas e científicas provocaram, e continuam a provocar, a fragmentação das suas estruturas ideológicas seculares. Assim, numa labiríntica teia de direções mal definidas, duvidosas e incertas, o pensamento ocidental dispersa-se e perde-se das suas raízes profundas.

Sem construções mentais com a matriz da eternidade, com o sentido do absoluto, com a força da unidade entre o material e o espiritual, o declínio desta civilização enfrenta tempos de saudade de um passado impossível e de um futuro que demora tanto como se nunca pudesse chegar. E as culturas confrontam-se com um ambiente de estagnação ideológica. Neste vazio anulante, tende-se a recorrer obstinadamente a comportamentos ou atitudes que, sendo caducos ou com o estigma da corrupção, possibilitam a sua frágil e insegura respiração.

A vida está assegurada pela sobrevivência. E mesmo esta, vislumbra ao longe os competidores do futuro: os computadores que já resolvem problemas, problemas só próprios de seres pensantes, que irão sentir, que depois criarão. Nesta hora em que as perversões não podem ser excluídas, sob pena de condenação generalizada em praça pública, em que a liberdade se tornou sinônimo de pura permissividade ou em que a ética é ciosamente guardada como se de um secreto jardim de bafientas personagens se tratasse, em que a parcialidade e o egoísmo dominam todos os esquemas sociais, em que o sagrado, invisível, é recusado, como se fosse uma assunção demoníaca ou de perdição, nesta "hora zero" da vida é preciso semear a esperança: num "Encoberto", num "Navio-Fantasma", num "Santo Graal" da generosidade, ou numa "Saudade" qualquer.

É *Hora de Prima*, como escreveu Dalila Pereira da Costa "porque alguma coisa se poderá ver nesta opacidade do Ocidente?"[162]. Uma névoa espessa envolve, de fato, a civilização atlântica ou do Ocidente. A "Nova Atlântida", na expressão da autora de livro homônimo. Em visão, quase sempre com cariz profético, Dalila Pereira da Costa anuncia um Portugal com a saudade da origem e, em simultâneo, com a saudade do futuro.

Na esteira de Fernando Pessoa e de Spengler, desoculta o conceito de nação com um corpo físico e uma mente, equiparáveis às dos indivíduos. Estes nascem, desenvolvem-se, envelhecem e morrem. As nações têm uma vida idêntica, porque passam por essas mesmas fases, ao longo da sua existência. Cada nação é, antes de tudo, um indivíduo coletivo que possui uma vida psíquica, em que tempos de ocultação, meditação e silêncio, alternam com outros de abertura, palavra e ato. Tudo se processa em uma sucessão cíclica uniforme. Sem saltos bruscos ou rupturas súbitas, tudo evolui numa fluidez constante.

Em 1918, ao publicar a obra *A Decadência do Ocidente*, Spengler considerou as culturas como "seres vivos de ordem superior" e com uma alma própria que só pode morrer quando "realizou a soma

---

[162] *Ob. Cit.*, Lisboa, Fundação Lusíada, 1993, p. 72.

das suas possibilidades". Neste modo de perspectivação histórica das civilizações, a alma é uma realidade cultural que, quando morre, está a criar as condições para fazer emergir uma nova civilização. Em consequência, novas culturas estão na forja, com a força do seu destino inexorável e com o carisma de um absoluto totalizante.

A alma da cultura ocidental é a sua maior riqueza. É ela que na sua dimensão fáustica, ou seja, na sua essência espiritual, se contrapõe à cultura mediterrânica da Antiguidade oriental e greco-latina. Os edifícios artístico-religiosos, criações da cultura ocidental, apresentam-nas, como forma maior de expressão (desde a cultura megalítica). O seu material específico era a pedra. A pedra que, no Ocidente, tem sido o símbolo do intemporal, da eternidade e, assim, se transformará no grande mito da civilização europeia.

Alicerçada na crença distante e próxima da invisibilidade, e a entrever-se nas malhas de um sonho saudoso de invisível, a civilização atlântica é a redentora dos grandes símbolos, é a formuladora da saudade ideal dos tempos primordiais, e dos tempos do fim. Acentuando o carácter inovador das culturas ocidentais, é, precisamente, Spengler que defende serem os povos "unidades espirituais", mais do que unidades linguísticas ou políticas.

Ao publicar, em 1935, o livro *Mensagem*, Fernando Pessoa não pôde deixar de partir desse pressuposto fundamental. Mas, projetando-o à dimensão universalista, adapta-o à mística sebastianista do Portugal atlântico. Foi com "alma atlântica", que Pessoa gizou o "Mar português", "A última nau", "O Encoberto", apesar de envoltos em desesperante "Nevoeiro".

E no perfil dos litorais do Ocidente da Ibéria, desenha Portugal a olhar um Atlântico Oculto, tenebroso ou a irradiar a luz do encontro aberto ou enigmático, saudoso e quimérico: "Nem rei nem lei, nem paz nem guerra, / Define com perfil e ser / Este fulgor baço da terra / Que é Portugal [...]"...

Portugal, essa terra a perder de vista frente ao Atlântico e a mirar ainda as ilhas dispersas e distantes. O seu "corpo", mutilado pela perda dessa terra imersa a entrar pelo oceano, a quem ofereceu o nome ou a quem ele batizou, soberano e audaz, como se o mar fosse todo ele, fosse a eternidade, a abrir-se nas ondas de um sal redentor e a desfazer-se nas lágrimas da saudade, que é "Portugal a entristecer", por ainda não poder cumprir-se ("falta cumprir-se Portugal", escreve Pessoa), e cumprindo a sua vocação missionária e aventurosa, conforme o espírito recebido dos distantes, mas nunca esquecidos, povos da cultura dolmênica.

Esses povos das margens atlânticas, desde as ilhas do Ocidente Norte da Europa, onde os celtas estabeleceram os seus santuários, até à Ibéria ou às terras da Atlântida. Essa grande ilha que, no século V a.C., Platão situaria para o Ocidente das Colunas de Hércules ou estreito de Gibraltar.

Essa grande ilha ou continente atlântico, em que os reis bebiam o vinho em taças de ouro, símbolo solar da imortalidade, e onde a principal cidade era identificada por círculos concêntricos (cromeleques circulares). Nessa grande ilha, em que os povos desenvolviam uma atividade mercantil-marítima, até aos confins dos mares do Norte da Europa e do Sul, a bordejar os contornos Mediterrânicos.

Em *Portugal, Razão e Mistério*, António Quadros identificará esses navegadores ou missionários da crença na imortalidade da civilização dolmênica (que abrangia todo o Ocidente europeu até aos mares do Norte) com os Atlantes, esses habitantes da magnífica Ilha ou Grande Continente, a Atlântida, que teria parcialmente sucumbido por ação de terramotos, da violência das águas ou de cataclismos vulcânicos.[163]

O mar sem fim, o Atlântico, constitui, no seu elemento marítimo, a água, a alma da civilização megalítica, em que a primeira religião solar, fundada na ideia da imortalidade, se constitui e difunde da Bretanha à Irlanda, até aos mares do Atlântico Norte. Descendentes do povo dolmênico ou do sudoeste ibérico, os atlantes, não são mais do que os enigmáticos lusitanos que, ao receberem a influência dos celtas, povo detentor da mais avançada metalurgia do ferro, consolidaram, no contato com estes, a sua crença ancestral na vida, para além da morte física. Como nota António Quadros, também os celtas, oriundos da Europa Central, partilhavam desta crença. E divulgaram-na até às zonas litorais e às ilhas do Norte.

A espiritualidade expressa nos megalitos, nos seus desenhos espirais e circulares, na serpente eterna e nas águas, aliaram-se

---

[163] Platão, *Timeu* in *Ob. Cit.*, p. 119.

ao aventureirismo, à missão e ao ocultismo do Ocidente Atlântico. Sobretudo presentes nos povos da orla marítima galaico-portuguesa, foram comuns aos romanos, aos infiéis muçulmanos e aos cristãos da Reconquista.

A verdade é que, confrontando a religiosidade megalítico-céltica do Atlântico com a religiosidade judaico-cristã, há uma semelhança e uma complementaridade, se não mesmo um reforço profundo. Em tal constatação, não se inscreverá o Culto do Espírito Santo, instaurado em Portugal, pelo rei D. Dinis, e que obteve uma larga adesão popular? A linha Joaquimita da Ordem Franciscana e o estabelecimento da Ordem dos Templários, em Portugal, não terão proporcionado uma viva propagação desses princípios comuns? E não terão sido eles os propugnadores, em Quatrocentos, da Expansão Marítima além-atlântica para o Sul e para o Ocidente?

Esta dispersão dos portugueses pelas terras remotas e perigosas do planeta desconhecido, não lembrará toda a diáspora levada a cabo pelos povos dolmênicos do Megalitismo? Nos Descobrimentos dos portugueses e dos espanhóis dos séculos XV c XVI, não se desenhava a esperança num futuro promissor e, ao mesmo tempo, saudoso, da Atlântida perdida? Não se poderá vislumbrar mesmo, uma busca dessa Atlântida mítica e esfumando-se nas vagas alterosas do oceano, sem fim?

Não haverá nessa Gesta das Navegações, ao longo do imperial Atlântico, as sombras diáfanas dessa abundância perdida nas águas revoltas e tormentosas, perdida ou lançada para além... para além do Bojador...?

Como escreveu Francisco Cunha Leão, com os Descobrimentos "o interesse nacional universalizou-se e confundiu-se com o da Civilização"[164]. Depois de tanta espera, o desconhecido a descobrir-se e a abrir-se por intermédio desse povo luso, a encontrar a novidade, a desocultar o tempo inesperado... da profecia ou do desejo.

E, é nestes "tempos novos esperando", que vemos a sibilina Dalila Pereira da Costa: uma nova civilização, uma nova Atlântida, "só a paz celeste espalhando: / a que vem, que no horizonte

---

[164] *O Enigma Português*, Lisboa, Guimarães Editores, p. 208.

desponta"¹⁶⁵. Palavras extraídas do poema titulado "A nova história". Nova história que é também a nova descoberta ou a nova saudade, de um tempo difuso e indefinido, que cresce frente às águas oceânicas, frente aos navios que as afrontam e não logram desvendar o que está para além das ondas e dos ecos.

Desvendar com as profecias místicas, desvendar com a gnose da experiência sapiencial do antes, a indicar rumos ainda que encobertos pela névoa marítima do futuro, sempre a ser uma "força do mundo". É essa "força do mundo" que Dalila Pereira da Costa vivencia e, ao mesmo tempo, procura, entre os sentidos ocultos em todos os sentidos, quer sejam individuais, quer sejam coletivos, como o das nações.

A nau e o graal, como a cruz e a pomba ou a serpente e o Sol, são alguns dos símbolos de um trânsito circular de navegações envoltas em sonho e saudade, em difusa esperança num "salvador". Um salvador encoberto talvez, mas vivo como o Espírito Santo, a atravessar o último estádio da humanidade expectante, dolorosa, mas a vigiar como Cristo ensinou.

Em *A Nova Atlântida*, Dalila Pereira da Costa escolhe Fernando Pessoa como o representante supremo desse espírito que conduz à redenção da pátria, a qual terá de edificar o Quinto Império do Espírito Santo, conforme o prenunciaram o Bandarra de Trancoso e o Padre António Vieira, no século XVII, na "hora" em que a pátria do futuro estremecia, perante a prolongada dominação estrangeira. A Restauração da independência nacional, em 1640, era sobretudo, a chegada do "Desejado" para realizar Portugal. Porque, como diz Dalila Pereira da Costa "é o sagrado que justifica o profano"¹⁶⁶.

A terra portuguesa, terra dos povos dolmênicos, de celtas e lusitanos, onde se praticaram os grandes cultos solares da imortalidade, é, para Dalila, uma terra-mãe, qual deusa da fertilidade ou da vida. A terra portuguesa é, igualmente, a pátria dos atlantes que terão, nos tempos vindouros, de fazer ressurgir das águas, a sua Atlântida magnífica e perdida nas trevas do oceano ou nas catacumbas do pecado, e à espera do regresso à vida. É, neste

---

¹⁶⁵ *Hora de Prima*, Lisboa, Fundação Lusíada, 1993, p. 71.
¹⁶⁶ *A Nova Atlântida*, Porto, Lello e Irmão, 1977, p. 238.

contexto, que Portugal alcançará o seu sentido pleno: o sentido universalista que o messianismo já anunciava.

A *Mensagem* de Pessoa, publicada em 1935, proclama esse sentido de Portugal, enunciado já com a revista *Orpheu* (1917), a que estava ligada a esperança numa *Renascença Nova*. A *Orpheu*, publicada simultaneamente em Portugal e no Brasil, tinha em vista criar essa Comunidade de Língua Portuguesa que o Atlântico (ou o espírito da grande Atlântida?) tendia a unir, não a separar.

Unir, para ser possível a Portugal transcender as suas fronteiras terrestres, cortadas abruptamente pelo mar, e estabelecer os fundamentos da futura civilização atlântica. Já não assente na Europa trans-Pirenaica, mas em Portugal, ou seja, no Mundo de Língua Portuguesa. No poema "Ultimatum", Pessoa explana a sua crença absoluta naquele "Super-Homem" (o "Super-Camões" que descobre?) proclamado por Nietzsche, mas que falaria a Língua Portuguesa.

E esse "super-homem" era não só "o mais forte", mas "o mais completo", não era só "o mais duro", mas "o mais complexo", não era só "o mais livre", mas "o mais harmônico"[167]. Então, proclama, com entusiasmo, o "heterônimo" Álvaro de Campos: "[...] na barra do Tejo, de costas para a Europa, [...] fitando o Atlântico e saudando abstractamente o infinito"[168]. É a "hora" da "vinda de uma Humanidade matemática e perfeita!"[169].

E, em versos da *Ode Marítima*, canta a nova civilização a "largar por aí fora, pelas ondas, pelo perigo, pelo mar / Ir para Longe, ir para Fora, para a Distância abstracta". Ir mais além com a aventura dos navegantes-missionários celtas de quem descendemos, para construir o Novo Mundo, já não do corpo, mas do Espírito, que é a Língua (para realizar a promessa feita à Humanidade).

"Ah, seja como for, partir", entoa o poeta mirando o Atlântico da esperança que é Portugal, a prolongar-se para além das praias e dos arvoredos. *Ultimatum*, a palavra última, a última palavra a romper o silêncio e o apagamento, a palavra-final de algo que é preciso quebrar, para se lhe dar nova forma, novo rumo, novo destino.

---

[167] «Ultimatum», in *Obras Escolhidas*, Ed. Verbo, 1985, Vol. 4, p. 193.
[168] *Ibidem*.
[169] *Ibidem*.

A palavra última de Pessoa está hoje, viva e atuante ou ato, em pensadores, como Dalila Pereira da Costa: *O Esoterismo de Fernando Pessoa*, obra publicada em 1978 e a conferência *Orpheu, Portugal e o Homem do Futuro*, que foi dada à estampa, no mesmo ano, são alguns exemplos de sua adesão ao pensamento expresso nos escritos de Fernando Pessoa como, por exemplo, o poema *Ode Marítima*, que a autora de *Hora de Prima* entende ser um dos mais significativos. Fernando Pessoa "sustentará em si com o peso desta nova missão colectiva da pátria"[170], acentua Dalila. Depois, com "alma atlântica", "tudo se fará, a partir das margens marítimas de Portugal, virando as costas à Europa"[171].

"Virar as costas à Europa" e criar uma nova civilização Atlântica! O grande projeto está aí, e o grande enigma também. Um grande mito eleva-se no espaço, e fortifica-se na terra dos "patres", mortos e vivificando-se na memória de um hoje, a viajar para o futuro, "ad aeternitatem"? Ensina-nos Dalila Pereira da Costa: "a *Mensagem* surge como mito e rito que conta a criação duma pátria, tal como outra cosmogonia"[172]. E ainda ajuíza, sibilinamente: "A vinda do Encoberto marcará o fim da História"[173].

Na sua obra *A Nova Atlântida*, publicada em 1977, Dalila já sublinhava a importância de Fernando Pessoa na sua teorética, no início do capítulo "A alma atlântica". Aqui, a autora detém-se a averiguar o sentido primitivo da comunidade atlântica. Com a argúcia dos profetas, Dalila Pereira da Costa entende que foi a união dos povos do Atlântico Norte com os ibéricos, designadamente com os celtas de Entre Douro e Minho, que viabilizou a partilha da passagem do Antárctico, no tempo de D. Afonso V de Portugal e de Cristiano I da Dinamarca, ou ainda que as cruzadas, com origem na cidade do Porto, chegassem às quiméricas ilhas das Sete Cidades dispersas algures no Atlântico.

A filósofa do simbolismo português infere, igualmente, que o tratado de Tordesilhas celebrado, em 1492, entre Portugal e Castela, ao

---

[170] *Orpheu, Portugal e o Homem do Futuro*, Porto, 1978, p. 9.
[171] *Ibidem*, p. 15.
[172] *O Esoterismo de Fernando Pessoa*, Porto, Lello e Irmão, 1978, p. 162.
[173] *Ibidem*, p. 191.

dividir o mundo pelos dois países ibéricos, é revelador, na sua expressão místico-espiritual, de algo que se relaciona, ou que fundamenta, a verdadeira missão de Portugal. Lembrando "o sentido sagrado da terra"[174], Dalila Pereira da Costa considera que a Península Ibérica, esse bastião do sagrado, conterá, depois do Tratado de Tordesilhas, o pré-anúncio da "futura civilização dos povos do Atlântico Sul"[175].

E a autora de *Místicos Portugueses do Século XVI* (Lello & Irmão, Porto, 1986) vê o Encoberto como símbolo da dimensão futura do Mundo, que o português criou. A chegada do D. Sebastião do "Espírito", coincidirá com "o nascimento de uma pátria, como nova criação, para o homem e para o mundo"[176]. Seria, como preconizava Teixeira de Pascoaes, um "Regresso ao Paraíso" no futuro.

O Atlântico Norte, o da espiritualidade tradicional céltica (irlandesa e britânica), une-se ao Atlântico Sul, na zona de cruzamento das suas águas, que é, aproximadamente, correspondente à orla marítima das terras da Serpente e (ou) de Santa Maria: do círculo e do oceano.

Símbolos de eternidade e da imagem "mátria", esse mito "pátrio" por excelência, como escreve Dalila em *A Nau e o Graal*. Estes, os dois símbolos maiores do espírito lusíada, a ser "ilha longínqua e velada", em que "tudo será procura da vida, na sua existência verdadeira, fora do tempo"[177] e a ser "a terra procurada" ou "essa ilha prometida e procurada nas águas do oceano"[178].

Se como escreveu Gordon Childe, "as superstições populares de Portugal, da Bretanha e da Irlanda são reminiscências da tradição megalítica"[179], não duvidamos que a "nova civilização atlântica" tenha de ser edificada na "Ocidental Praia Lusitana" cuja "aculturação celtibérica" trouxe "o culto do fogo" na cultura do Ferro (e da forja), que possuíam e propagaram na terra de "Sephes" ou *Frons Ophiusae* (Frente das Serpentes), como titulou o romano Avieno o seu poema marítimo.

---

[174] *Ibidem*, p. 16.
[175] *Ibidem*, p. 16.
[176] *Ibidem*, p. 77.
[177] *A Nau e o Graal*, Porto, Lello e Irmão, Porto, 1978, pp. 63-64.
[178] *Ibidem*, p. 62.
[179] *A Pré-história da Sociedade Europeia*, Lisboa, Publicações Europa-América, 1960, p. 150.

Com a gesta dos Descobrimentos Atlânticos, a missão dos Atlantes prolongar-se-á no mundo que o português criou, ou seja, no universalismo planetário da Expansão marítima Quatrocentista. Uma Nova Idade era alcançada pela pequena nação-nau, aquela que Sampaio Bruno traçou nas últimas páginas de *O Encoberto* (1904), como a Pátria da Liberdade, da Justiça e da Paz e que Teixeira de Pascoaes definiu em *A Arte de Ser Português* (1915). Que Fernando Pessoa tentou eternizar na sua teoria política (exposta numa série de escritos fragmentários) sobre o Império espiritual da nova civilização de língua portuguesa. E ergueu a esperança na revista *Orpheu* (1917), em que Portugal e o Brasil constituem um único projeto de futuro. Agora, a civilização do Atlântico já não é europeia, é universal.

O Império rasgará os mares, de novo, e como na gesta descobridora o Atlântico unirá, mas diferentemente dela, não mais irá separar. O mundo da Novidade crescerá sob as luzes da Ciência (com destaque para a Matemática, gnose suprema), escreveria Fernando Pessoa nas últimas linhas do poema "Ultimatum". E qual Pessoa, Dalila Pereira da Costa escreve, em cada livro que publica, um manifesto em defesa do atlantismo, saudade e alma da Lusitânia.

A propósito, na obra *Antropologia Luso-Atlântica*, Almeida Langhans diz-nos que a mais universal de todas as civilizações, é a civilização atlântica. E vaticina: "A grande civilização oceânica que se avizinha é uma civilização universalista e espacial feita à medida do cosmos"[180]. Logo a seguir, acrescenta: "O grupo altamente miscigenado do luso-atlântico difundido é já um grupo de raça cósmica que espera a sua vez espacial"[181].

O luso-atlântico ou a raça cósmica está no espaço peninsular ibérico à espera de criar as condições para a sua plena realização. Já não dentro das fronteiras da estreita faixa ocidental batida pelo Atlântico, mas pelo Atlântico dentro, unindo o Norte e o Sul, o Ocidente e o Oriente. É precisamente nesta raça cósmica que fala Dalila Pereira da Costa quando escreve, a propósito do poeta maior da *Orpheu*: "como ficou memorado no *Ultimatum*

---

[180] *Antropologia Luso-Atlântica*, Lisboa, 1970, p. 253.
[181] *Ibidem*, p. 257.

veremos que esse acto é um acto de suprema iniciação"[182]. Este implicará, no futuro, a edificação da comunidade atlântica, em que a "tradição-língua" portuguesa terá o Império.

Se assim não for, a civilização ocidental decaída, não se poderá erguer com uma cultura verdadeiramente viva. É que a Europa trans-Pirenaica, ao privilegiar o "reino da matéria" sobre o "reino do espírito", não desenvolveu, em si, na atualidade, a dimensão da imortalidade.

Essa imortalidade que, desde os tempo do megalitismo dolmênico, foi a fé maior dos lusitanos, herdeiros do espírito dos atlantes da Ibéria. A civilização do futuro terá de se localizar, no seu âmago, ou melhor dizendo, no cruzamento das margens atlânticas dessas vastas regiões que compõem, e dão corpo físico, aos países que comungam da Língua Portuguesa.

A Língua Portuguesa será a pátria universal de um futuro (o futuro prometido pelo Império do Espírito Santo), a desenhar-se já nas caravelas, nas cruzes de Cristo, no Santo Graal. Sob o espesso manto do nevoeiro, Dalila Pereira da Costa exalta o mar, esse *pater* a envolver-se no húmus mátrio, e a anunciar a "realidade cosmogônica da alma portuguesa"[183].

Como nos tem ensinado a sibila-Dalila, que o verso tornaria rima, os portugueses "esperam junto à porta do Douro, envolvidos nas velhas sagas marítimas e no doce canto dos pássaros proféticos"[184].

Se assim puder vir a ser, exultemos na espera do império do espírito, porque os deuses nos honraram ao fazê-lo sob a égide da Língua Portuguesa.

---

[182] *Orpheu, Portugal e o Homem do Futuro*, Porto, 1978, p. 15.
[183] *A Nova Atlântida*, Porto, Lello e Irmão, 1977, p. 234.
[184] *Hora de Prima*, Lisboa, Fundação Lusíada, 1993, p. 60.

A. B. MENDES CADAXA — POETA BRASILEIRO REVIVE RAÍZES DO ALENTEJO

"Formas definidas em tom quente", eis o primeiro verso de um poema de A. B. Mendes Cadaxa, publicado no livro *Perspectiva Desde a Rocha* (1995), no Brasil. De fato, Mendes Cadaxa, um diplomata com a vida pelo mundo "repartida", assume a sua identidade maior na poeticidade alcançada nos versos, com que eleva as suas vivências diversificadas à mais alta expressão linguística.

Sendo seu avô de Alcácer do Sal, é descendente de emigrados alentejanos no Brasil. Assim, Mendes Cadaxa viria a nascer em S. Paulo, em 1917, ainda que os seus estudos primários e secundários se tivessem feito não só em terras de Santa Cruz, como igualmente em Lisboa e em Coimbra.

As suas raízes imersas na pátria lusitana vêm aflorando, mais ou menos acentuadamente, em poemas dispersos por revistas de língua portuguesa e inglesa, pois colaborou em numerosas revistas de poesia inglesas. Mais recentemente, alguns dos seus livros apresentam mesmo poemas cujo texto é intercalado com citações em português arcaico. É o caso de *Promontório* (Ars Fluminensis, Nova Friburgo, 1996) que recebeu, em 1977, o conceituado Prêmio Jobuti (Brasil). Mas, caso modelar das reminiscências do Alentejo ainda vivas em A. B. Mendes Cadaxa, é o poema "Alcácer" publicado no livro *Perspectiva Desde a Rocha* e que deu ao autor o Prêmio Nacional de Poesia do PEN Clube do Brasil.

Em "Alcácer" notamos um pormenor a salientar o gosto pelas "coisas" portuguesas: antes do seu início, surge uma epígrafe alusiva ao burgo e que não deixa de revelar toda a significância que o poeta lhe quis imprimir: "'Velha Salácia de antigas eras', Ribeiro Branco, Ode a Alcácer". De facto, o poema "Alcácer" é também uma verdadeira ode. O poeta Mendes Cadaxa glosa, com primoroso estilo clássico, as memórias históricas em contraste

---

[185] *Diário do Sul*, 11/5/1998.

com o atual aspecto da cidade: Como no passado, "Devagar desliza o Sado / Em busca do alto mar". Mas as águias vão lembrar-lhe "cotas de malha" e "mantéis cruzados", pois os Templários e outras Ordens há muito desapareceram. Outrora, acentua, a riqueza sentia-se na chegada dos lingotes vindos de terras de Aljustrel e as caravelas percorriam o Sado carregadas de especiarias e vinhos, ouro e prata.

Neste poema, todo o passado florescente contracena com o presente pobre, triste, apagado: "Apenas restos de torres, / Muralhas esboroadas / Onde se aninham cegonhas, / Por onde crocitam corvos". E os tesouros antigos que devem jazer no Sado, também não lhe passam despercebidos: "[...] Ouro, prata amoedada, / Espadas damasquinadas. // Quais lâmpadas de Aladino / Estão no fundo das águas / Cobertas de limo e algas / Esperando talvez o dia / Em que Nemos[186] com sonares[187] / As venham dali resgatar" (p. 27-28).

Ainda em *Perspectiva Desde a Rocha*, sobressaem os poemas "Essas Urracas, Teresas" e "Guimarães". Este último refere-se à cidade da fundação de Portugal e o autor dedica-o ao grande amigo, o embaixador e também ensaísta brasileiro Dário de Castro Alves. Inspirando-se em passagens de *O Bobo*, de Alexandre Herculano, A. B. Mendes Cadaxa faz perpassar neste poema igualmente o passado histórico da cidade, oscilando entre o que era belo e aquilo que agora se vê degradado ou que sofreu alterações lesivas da sua integridade histórica: "Da muralha externa, cerca / Como diriam os tetravós / [...] Sobram algumas ameias / [...] Nos muros restos de traves / [...] Soa o sino da capela / Em um outeiro vizinho, / [...] Responde-lhe o de um mosteiro / Em pousada transformado" (p. 42-43).

Apesar de considerarmos que a sensibilidade poética é uma marca pertinente na escrita de Mendes Cadaxa, sabemos com que gosto tem cultivado o romance e, mais do que este, a dramaturgia. Registamos aqui algumas das suas peças: *Giraldo Giraldes, O Sem Pavor, Afonso II, Auto da Ribeirinha* (este publicado pela Imprensa Nacional – Casa da Moeda, Lisboa). O primeiro drama, ainda

---

[186] Pensamos que Nemo seja uma personagem de uma obra de Júlio Verne.
[187] Sonar é uma sonda de pesquisa submarina.

inédito, é como o título indica dedicado a uma importante figura histórica de Évora. Por isso, desde já chamamos a atenção para o interesse que teria a sua representação pelo grupo dramático do teatro Garcia de Resende e até a sua publicação em livro pela Universidade Espírito Santo ou pela Câmara Municipal de Évora. Seria uma honra para a própria cidade que o herói notabilizou. E o autor homenagearia, mais uma vez, os seus antepassados.

HOMENAGEM A FEDERICO GARCÍA LORCA [188]

Cem Anos de Federico García Lorca – uma antologia de homenagem dos poetas portugueses a Federico García Lorca foi editada pela Universitária Editora e lançada no passado mês de maio na 15ª Bienal Internacional do Livro de S. Paulo, no Brasil.

Nas suas primeiras páginas, surge um interessante ensaio de José María Moreiro, um autor espanhol, que aí aborda as personagens reais que sugeriram a F. García Lorca as de ficção.

Celebrar García Lorca, no 100º aniversário do seu nascimento, foi a tarefa de que a Universitária Editora encarregou o poeta Ulisses Duarte. Assim, a este coube pensar o modo mais adequado para o fazer. A ideia de juntar uma série de poemas inspirados ou dedicados ao poeta foi, de fato, a melhor homenagem que se podia prestar a outro poeta.

Poetas portugueses, de estilísticas e ideologias diversificadas, colaboraram sem largos louvores ou alardeantes palavras de homenagem. Mas versos com dor e suor e desespero; poemas escritos com sonho, alegria ou espírito de solidariedade.

Muitos poemas aqui inseridos podíamos realçar. Contudo, vamos restringirmo-nos a dois deles que, pelas suas características, são representativos de duas formas de escrever poesia e de ser português: "Entardecer na livraria" de João Carlos Raposo

---

[188] *Artes e Artes*, nº13, Agosto/Setembro 1998.

Nunes e "Levantam voo do teu rosto de sangue livre" de Fernando Botto Semedo. São dois poetas que rondando os quarenta anos de idade, têm estilos bem diferentes e vidas não menos distintas, mas ambos se encontram na viagem de uma vida cheia de saudade e perdão e cansaço.

"Entardecer na livraria" é um dos poemas mais originais e simbólicos de *Cem Anos de Federico García Lorca*. Nele estão também todos os elementos caros ao poeta de Granada: os pássaros, a lua, as árvores jogando com a liberdade; a saudade "tremendo como um raminho nos lábios do amor". E depois, as estantes doloridas pelo peso das palavras encadernadas, as capas dos livros a seduzirem, as páginas de que só se lê uma linha ou duas, tudo isto é uma livraria ao entardecer. A livraria em que tantas vezes García Lorca terá procurado outro poeta ou apenas um outro poema.

Aqui está também J. C. Raposo Nunes que, entre a chegada e a partida dos clientes, escreve versos a esvoaçarem, entre sons de música; livros de poetas cercados pelas estreitas paredes da livraria, frente à estreita ruela, solitária e triste. Livros, estantes, folhas e o entardecer suave na livraria, um entardecer ainda na presença da poesia inscrita nos livros do próprio Federico García Lorca. Muitos o folheiam, poucos os que o compram. Destino dos poetas louvados, admirados, venerados e com as folhas dos seus versos a amarelecerem nas estantes altas, inacessíveis, por vezes, da livraria. O poeta espanhol que os portugueses homenageiam escrevendo, para ele ou inspirados nele, novos poemas, está, de modo especial, na vivacidade destes versos de "Entardecer na Livraria": "Já se vão recolhendo os pássaros, / A lua dá grandes passadas e as / Árvores agitam-se [...] / Oh! Como é estranho o entardecer / na minha livraria: que bailado! [...]".

Ao lado de João Carlos Raposo Nunes, vamos destacar Fernando Botto Semedo, que ofereceu à Antologia citada outro originalíssimo poema. Cada verso de F. Botto Semedo, um hino ao espírito lutador, é García Lorca! E um "sol que irradia lágrimas das searas", é García Lorca! E a palavra ardente feita da "alma de todos os poetas", é García Lorca! Cada hora em que o ódio tombou sobre as crianças e esqueceu a "praça da alegria" e destruiu os sonhos dos mais puros e cheios de vida, é ainda García Lorca!

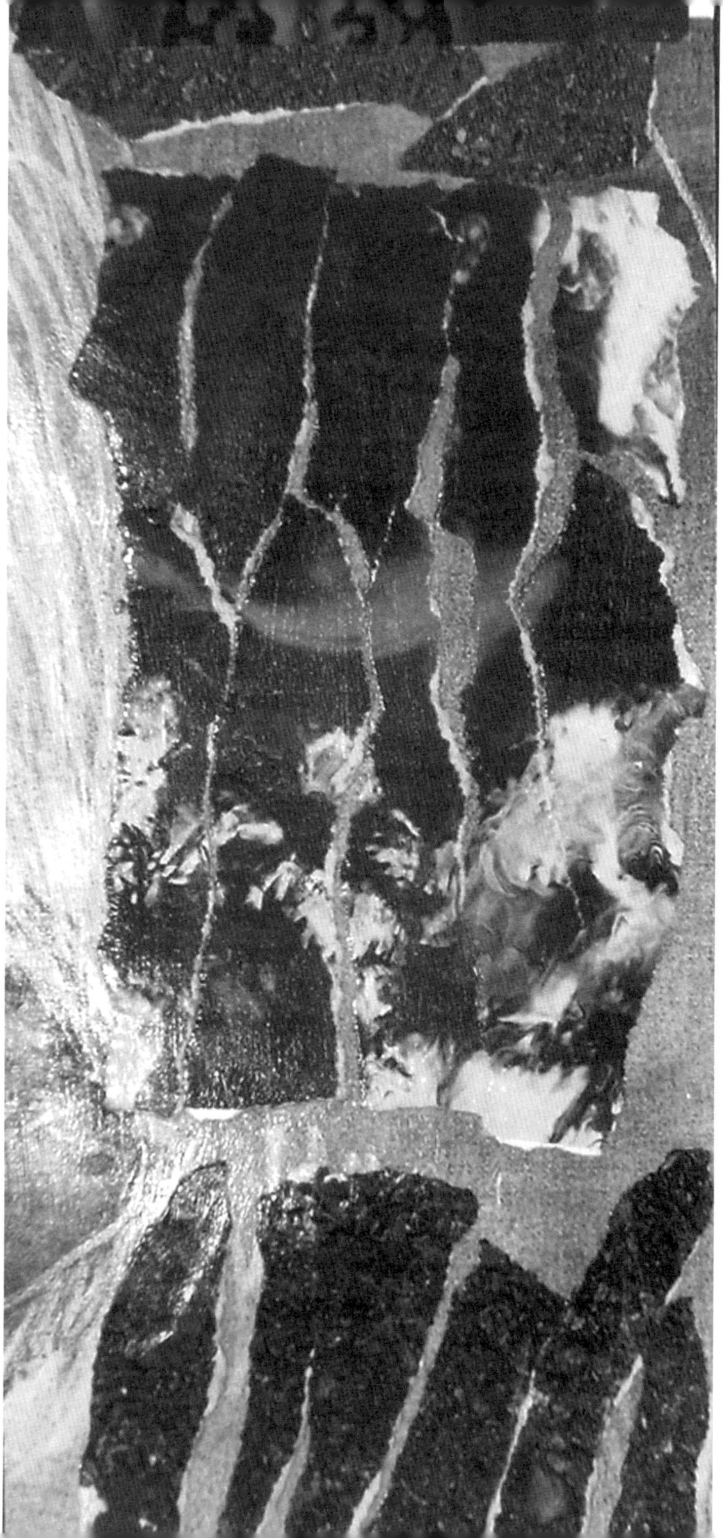

Para Federico García Lorca, toda a estética poética de Fernando Botto Semedo, expressa com a simplicidade dos vocábulos e o caráter sublime das ideias. Esses versos que parecem fingir e dizem toda a verdade de Botto Semedo, "a ser" o próprio Federico García Lorca, à força de tanto o sentir, de tanto ser com ele solidário. Mas recortemos do poema, alguns dos seus versos:

> *Levantam voo do teu rosto de sangue livre / Milhões de pássaros alvos. Levantam voo / Da luz profunda da tua inquietação / Milhões de poemas sem a pátria sem a lei da opressão / Com a pátria apenas da Poesia [...].*

Dois poemas ressaltamos de mais de duzentos. É que, se estes pudessem fazer uma Antologia, só por eles valia a pena publicá-la. Às vezes, os poetas são um só – Federico García Lorca, João C. Raposo Nunes ou Fernando Botto Semedo.

DEUS FACE À CIÊNCIA [189]

Vida, matéria, espírito. Uma tríade plena de comunhão e a separar-se no significado de cada uma das expressões. Se a vida é mistério, é também real. Se é ser, é também essência. Se é tudo, toca também o nada. Se está imbuída de Racionalidade, não se liberta da ideia de Fé. É, talvez, *Deus Face à Ciência*![190] Em um livro com esse título, Claude Allègre tratou, com perícia, a relacionação entre o que pertence ao espírito (Deus) e o que é da esfera da matéria (ciência).

Durante séculos (ainda hoje), religião e ciência têm-se oposto. Digladiaram-se umas vezes, outras dialogaram com argumentos, outras ainda, pareceram irreconciliáveis. Como lembra Claude Allègre em *Deus Face à Ciência*, o Papa Pio XII "só oficializou a aceitação da física atômica em 1955", porque "surgiram teorias e representações geniais no mundo" (p. 77). Essas teorias levaram

---

[189] *Diário do Sul, 21/1/1999; Stella*, Março-Abril/1999.
[190] Lisboa, Gradiva, 1998 (edição francesa em 1997).

o Papa a não perder mais tempo com discussões estéreis. Como acentua Claude Allègre, a visão bíblica dos tempos primordiais corresponde à expressão científica de *big bang*.

Significa isso que a ciência não só deixa de contradizer o *Gênesis*, como até o confirma: uma grande explosão de calor estendera-se "por toda a parte do universo". E o universo nascia "do nada ou do quase nada" (p. 58). Por isso, se "a religião dá explicações sobre os "mistérios" do mundo, a ciência procura compreender estes "mistérios" pela razão" (p. 84). Para Claude Allègre, os progressos alcançados com a física quântica, a biologia molecular e a informática, não evitam que a ciência continue a perguntar sobre como apareceu a vida, como tudo se transformou tão harmoniosamente, como tudo ganhou sentido numa complexidade crescente.

"Até prova em contrário, a vida é um fenômeno único no universo" (p. 117). Mas é necessário, considera ainda o autor de *Deus Face à Ciência*, que as religiões – cristãs, muçulmana, budista, entre outras – se entendam, se interpenetrem, se enriqueçam, sem perderem de vista os resultados da física, da química e/ou da biologia, numa tolerância mútua.

De fato, a ciência não possui a Verdade Absoluta, ainda que procure as verdades que estão na origem da vida, da matéria e do espírito. A ciência é demasiado humana para atingir o céu de Deus, não tem por objeto a transcendência e os seus desígnios, não possui ferramentas para chegar ao espaço para além do finito ou para entender a sua significação. Em contraste, a descrição da criação do mundo oferecida no *Gênesis* é uma narrativa inspirada na Poética (= Criação) que envolveu um Deus Absoluto em contato espiritual com as suas criaturas e a que algumas destas deram forma escrita, com todas as falibilidades e desvios que as caracterizam. Por isso, começa assim o *Gênesis*: "No princípio, Deus criou os céus e a terra. A terra era informe e vazia. As trevas cobriam o abismo e o Espírito de Deus movia-Se".

AS ENTRELINHAS DE UM PEQUENO ÁLBUM DE AMOR [191]

"A aridez invade-me. Cerca-me o vazio. Vivo em mim o nada. E quase a sucumbir continuo mesmo assim a subir". Estas palavras escrevi-as no poema "Asas na Montanha", que inicia o segundo opúsculo de *Álbum de Amor*. Ao fim de tanto tempo e com a memória irada, escrevi este poema de aridez e quase nada. Escrevi-o na minha alma silenciada e com uma foice pouco limada, a parecer demasiado gasta. Depois de um destino impiedoso, a que não pude escapar, conheci Fernando Henrique de Passos. Era a hora crepuscular e, era, em simultâneo, a hora! À hora do desassossego e da pena flagelada acrescentava eu, a leitura de um livro.

Chamava-se *Entrelinhas*. O poeta o escrevera entre nuvens de cinza e aromas de mofo e na longa pausa... Pausa a pensar em quem podia ter sido, se um destino nefasto não tivesse vergado os seus sonhos à doença implacável. E não lhe faltavam as asas! Nessa hora de encontro, as minhas lágrimas soltaram-se da alegria e da paz e do fascínio doce de tanto sentimento, tanto sentimento secretamente guardado, escondido.

O autor carregava o patético fardo da dor e julgava-se perdido na própria perdição em que, vergado, contemplava o mundo. Era o tempo da doença que o afastara da sua vocação primeira, a investigação científica, no âmbito da física e da matemática. Nessa hora de uma nova brisa e de um Sol mais ardente, o seu sofrimento tornou-se o meu sofrimento, como se de uma só chama se tratasse. E escrevi versos quase a sucumbir, sempre a subir a montanha em que nas minhas asas de paixão, descobria as asas apaixonadas do Fernando Henrique de Passos. E a paixão perfumou-se de obstáculos e os obstáculos fortaleceram os seus intensos perfumes. E no cristal dos versos li as suas "cartas" de amor, a que deu o título de

---

[191] Este texto foi lido no dia 13 de Março de 1999 na livraria Uni Verso, em Setúbal, por ocasião do lançamento do livro citado da autoria de Fernando Henrique de Passos e Teresa Ferrer Passos. Public. in *A Defesa*, 31/3/1999, *Stella*, Maio-Junho/1999 e *Diário do Sul*, 31/5/99.

uma delas, o poema *Esposa-Marítima* (Parte I). Em todas as palavras vibrava a tempestade e o ímpeto de um Goethe, soou-me o desalento de um Pessoa e também a perturbada ansiedade de um Kafka. A propósito, lembro os versos: "Ante a minha fúria, / Vejo a tua calma" (p. 30); ou "O pecador sofria / Há longos, longos anos. / Chamava em vão por Deus, / Mas Deus não o ouvia." (p. 17); ou ainda, "O Amor: a paz absoluta; / Princípio da eternidade; / Calma na mais feroz luta; / Fim das trevas, claridade" (p. 38).

Ao longo de quase seis anos, com as mãos agarradas a todas as entrelinhas da nossa vida incerta, estranha e dura, e, às vezes, a sucumbirmos, continuamos, mesmo assim a "subir". O poeta, que acaba por regressar ao rumo suspenso, e volta à sua paixão primeira, a ciência, não deixa, nas horas de *otium*, de verter os seus segredos, como no tempo em que derramava toda a fatalidade nos seus versos, e, como por magia, o poema ressurge, de novo, dos seus dedos a verter sistemas de análise matemática e a começar a sondar os enigmas das partículas elementares da física. A subir, vamos agora escalando a montanha. Assim, os obstáculos começam a ser vencidos com a ajuda dessa grande asa que é o amor conjugal.

Agora, por um saber de experiência feito, eis a memória que, como um segredo, guardo em cada sílaba de *Horizonte Luz* (Parte II), o segundo pequeno opúsculo deste nosso *Álbum de Amor*. E nesta hora de esperança, vos revelo:

Não te deixes conduzir mais pela tua cólera do que pela tua paz!

Não consideres que o teu sentimento é grande comparado com o do outro, que acusas de pequeno!

Não duvides mais do outro do que tu próprio deves duvidar de ti!

Não te precipites por um momento de tristeza, porque ainda podes construir muitos outros de alegria!

Não penses que já ofereceste demais, porque não imaginas quanto ainda te falta oferecer!

Não tenhas medo de perder uma parte de ti, porque no outro encontrarás a tua totalidade.

Mais do que a excelsa poesia, mais do que a arte da palavra, o amor total transparece neste pequeno *Álbum*, com a leveza que possui o tempo, o do instante ou o da eternidade.

DUAS PALAVRAS SOBRE *A RESTAURAÇÃO DE 1640 E D. ANTÃO DE ALMADA* [192]

Portugal elevava-se das sombras e do nevoeiro na hora em que as coroas de Portugal e Espanha se separaram. Foi a hora em que a conspiração organizada pela nobreza portuguesa na residência de D. Antão de Almada (onde agora nos encontramos reunidos) vibrou o grito de liberdade aclamando D. João, Duque de Bragança, rei de Portugal. O ato revolucionário de 1 de Dezembro de 1640, reerguia Portugal à sua dignidade de nação independente, após um cativeiro de sessenta longos anos. Como diria o Padre António Vieira, logo após regressar do Brasil para apoiar a revolução (em um sermão proferido na capela real em 1641), "era empresa esta tão dificultosa, representava-se tão impossível ao discurso humano, que ainda agora parece que é sonho e ilusão". E mais adiante, acrescentava: "Da mesma maneira se deu princípio à redenção e restauração de Portugal, em tais dias e em tal ano, no celebradíssimo de 40, porque esse era o tempo oportuno e decretado por Deus; e não antes como os homens quiseram".

Na verdade, depois da publicação mais ou menos clandestina ou camuflada de toda uma literatura de propaganda antiespanhola – poesia, peças de teatro, tratados jurídicos, folhas volantes etc –, depois da revolta popular do Manuelinho de Évora – que se estendeu a outras cidades do Alentejo e Algarve e que durou quase um mês –, não havia dúvida de que se o Povo, o desejava, a nobreza e o Duque de Bragança, legítimo herdeiro do trono de Portugal, não podiam deixar de tomar uma atitude inequívoca, logo que o momento o propiciasse.

E, de fato, se Lisboa era "la mayor ciudad de España", se "era a máquina insigne" com 130.000 vizinhos, 1130 quintas e uma outra cidade no magnífico estuário do Tejo, com um número espantoso de barcas e caravelas e galeras, como o reconhecia o espanhol Tirso de Molina na obra *O Burlador de Sevilha*, se como escrevera Camões, em *Os Lusíadas* "E tu nobre Lisboa, que no mundo / facilmente

---

[192] *Almanaque de Nossa Senhora de Fátima*, Vila do Conde, 2000, pp. 93-95.

és princesa" ou ainda "Tu a quem obedece o mar profundo / obedeceste à força portuguesa", o golpe de Estado só aqui tinha condições para sair vitorioso.

E é Oliveira Martins quem, na sua *História de Portugal*, nos lembra que "Portugal é Lisboa, e sem Lisboa não teria resistido à força absorvente do movimento de unificação do corpo peninsular". Contudo, sem a corte na aldeia podemos nós dizer que Lisboa seria por si só impotente para a recuperação da independência de Portugal. Foi precisamente essa corte sediada na solitária Vila Viçosa, a poucos quilômetros da não menos provinciana cidade de Évora, que a resistência ao ocupante se manteve durante tão difíceis anos, atenta às prepotências e às humilhações que nos levavam vidas em guerras que não eram as nossas e cumulavam de impostos os parcos haveres de artesãos e camponeses.

A pensar no povo sofredor, os heróis do passado português são exaltados, pelos sabedores, como uma forma de perpetuar a esperança na libertação. Em 1610, Francisco Rodrigues Lobo publicava *O Condestable de Portugal*, em que se enaltecem os Braganças, simbolizados no seu herói de Aljubarrota e, em 1619, edita a *Corte na Aldeia*, outra apologia da língua e das preciosidades de Portugal. Em 1624, Manuel Bocarro, matemático e filósofo, profetiza a restauração, não por um D. Sebastião nunca mais visto, mas por alguém do seu sangue, a Descobrir... (na obra *Anacefaleoses da Monarquia Lusitana*). E, segundo a tradição, seria o Padre José de Anchieta a dizer: "O Exército perdeu-se em África, mas o Rei pode pôr-se a salvo: mas há-de andar muitos anos ausente do Reino, e só tornará depois de muitos trabalhos". Várias exortações de Portugal surgem em obras de Manuel de Faria e Sousa (1628), António de Sousa de Macedo (1631) e tantos outros.

A Revolução triunfante eclodiu em 1640, precisamente no dia 1 de dezembro! Em dia de sábado! Os conspiradores, na casa do entusiástico D. Antão de Almada, escolheram esse dia porque para eles era uma ocasião muito especial, precisamente o dia da semana dedicado à Virgem Maria. A Virgem Mãe, venerada nos trovadores medievais galaico-portugueses e a quem D. Afonso Henriques, nosso primeiro rei, consagrou desde logo o Reino. A Virgem, honrada nos momentos mais decisivos da nossa história, com a construção dos mosteiros de Alcobaça, da Batalha e dos Jerónimos. A Virgem, a quem D. João, Duque de Bragança, e já rei D. João IV – o primeiro da 4ª dinastia da Casa de Bragança – confirmado pelas Cortes, reunidas em Lisboa, em 1641, viria a consagrar o reino de Portugal, no santuário da pequena Vila Viçosa, com a designação de rainha e padroeira de Portugal. A Virgem, cujas aparições aos pequenos pastores na serra de Aire, no lugar de Fátima, revelou a sua dedicação aos portugueses, conferindo a este cantinho serrano de Portugal um caráter cosmopolita.

Foi esse dia de sábado – o 1º dia do mês de dezembro – talvez o mais desejado de toda a história de um Portugal, com quase nove séculos de história! No passado, como em tempos mais recentes, muitos escritores inspiraram-se no tema do Desejado ou no mito Sebastianista, o mito da espera de um salvador da Pátria. Após a queda da monarquia, alcançada, por um lado, em consequência do criminoso atentado que tirou a vida ao rei D. Carlos I e ao Príncipe herdeiro D. Luis Filipe, e, por outro, devido à revolução militar republicana, levada a cabo dois anos depois, em 5 de outubro de 1910 (é de salientar que não se deveu o fim do regime monárquico à inexistência de parlamentarismo democrático, pois este já existia desde 1820, mas pelo qual o partido republicano perdia sempre as eleições, em favor de outros partidos), muitos escritores tiveram como inspiração essa sebástica espera.

Lembro, a propósito, o poeta Mário Beirão ao publicar, em 1917, *O Regresso*, de que destacamos estes versos : "O Povo acorda: e acordado, / Abraça em sua saudade, / A manhã de claridade / Desse dia desejado!". Recordo ainda uma peça de Natália Correia que titulou *O Encoberto* e foi publicado em 1969. Nessa peça, descobrimos uma esperança messiânica ou sebastianista para afirmar a liberdade face ao estrangeiro. A personagem Bonami-Rei, representando D. Sebastião, dirá: "Malditos os que sob a aparência do humilhado não conhecem a grandeza do Rei! [...] Fui todos os vagabundos. Todos os canalhas. Todos os famintos. Todos os ofendidos. Agora posso ser todos. Agora posso ser rei". E até já na era futura dos visitantes do Espaço, ainda, todos cravando os olhos no céu dirão: "É ele, o Rei que sempre volta quando o mundo tem o rosto de uma hiena". E uma personagem insiste: "Por ele enfrentaremos os grandes homens do momento". E depois, todos exclamam: "Que apodreçam os olhos que não aguentam este esplendor da liberdade!".

Também no drama *Erros Meus. Má Fortuna. Amor Ardente* (1981), Natália Correia proclamará, mais uma vez, e por meio da personagem designada 2ª Mulher do povo: "Possa a nossa dor ressuscitar o Rei para que ele perpetue o nosso antigo sangue".

Que esta pequena monografia que titulei *A Restauração da Independência de 1640 e D. Antão de Almada* possa augurar ao senhor D. Duarte, Duque de Bragança, num futuro breve, a restauração da monarquia, pela qual o povo de Portugal continua a esperar, não pelos meios violentos e envoltos em sangue, usados na implantação da república, mas pelo processo democrático da eleição por sufrágio universal, através do meio constitucional em vigor, e que é a eleição para a chefia do Estado.

"A PALAVRA, ESSE VERBO CRIADOR" [193]

Todas as mágoas minhas
Me não deixam morrer.

Fr. Agostinho da Cruz,
Às Mudanças do Tempo

"A palavra, esse Verbo criador" é um verso de João de Deus. Assim intitulei esta breve reflexão ou, se preferirem, apresentação. Retirei-o do poema "A Antero", publicado na sua obra *Campo de Flores* (1893). E escolhi-o, precisamente, porque o Padre José Maria Sardo lembrou João de Deus, entre tantos outros poetas, na epígrafe do seu livro *Cantares no Exílio e Cantares na Pátria*. Eis aqui um conjunto de poemas selecionados entre os seus manuscritos. É sobre ele que me

---

[193] Apresentação do livro de poemas *Cantares no Exílio e Cantares* na Pátria de José Maria Sardo no Hotel D. Fernando, em Évora, no dia 12 de Novembro de 2000. Inédito.

vou debruçar, não com a extensão que merecia, mas, em compensação, com o gosto que a sua personalidade humana me merece.

Julgava João de Deus poder profetizar, com o verso "a palavra esse Verbo criador", o princípio de tempos novos (ou renovados). Acreditava que uma autêntica revolução dos seres pelo engrandecimento da sua alma, da sua força interior, toda feita de solidariedade, toda edificada na fraternidade humana, era o futuro. Mas, como o padre José Maria Sardo testemunha nos seus sábios versos, um século depois nada nos leva a pensar que o ser humano cresceu nas suas virtudes, virtudes que estão, afinal, magnificamente expressas nas palavras do Sermão da Montanha, palavras de Jesus Cristo, ditas ao povo, num certo dia, nas terras da Galileia...

Cantares no Exílio e Cantares na Pátria. No exílio e na pátria, estranha associação e, afinal, como me soa tão significante! Entre a pátria, neste Portugal de unidade, de proteção e, ao mesmo tempo, paternal, e o exílio que cria entre nós a distância de uns e o esquecimento de outros. Neste lugar que é pátria e também exílio, escreve o Padre José Maria Sardo. Foi nesta pátria que esperou quimeras e onde descobriu um exílio em tantas horas. Nesta pátria de sol radiante e gentes tristes como se vissem nas nuvens terrível tempestade. Aqui, a sobreviver-se e apagados pela indiferença; aqui, a lembrar passadas ousadias e inesquecíveis glórias; aqui, e no exílio, mesmo daqueles que as construíram e elevaram ao mais alto de nós...

A propósito, cito o poema "O meu ideal", em que escreve: "Por ti, ó Pátria querida, / E por Deus, a própria vida / Daria mais uma vez, / Que, em meu peito lusitano, / Sinto palpitar, ufano, / Um coração português!" (p. 19). Em "Portugal" ("Voz d'outrora" e "Voz d'hoje")", o poeta une a pátria física à pátria espiritual. Esta a pátria de Jesus, a verdadeira e a imensa que só a santidade oferece. Esta, a última e a maior; esta, a que o poeta, mais vigorosamente, exalta: "Levo ao meu leme um heroico grande timoneiro, / Entre todos o maior, e o primeiro / A conduzir a Pátria p'ra Jesus!" (p. 21). E o poeta-apóstolo José Maria Sardo entoa, ainda, o grito do combate: "E o velho Leão dos Mares, / Com Deus e Pátria por norte, / Esquecendo os seus pesares, / Esquece também a morte". (p. 17).

Movido pelo amor da pátria próxima e da Pátria distante, José Maria Sardo dilata pelos seus versos o seu caráter manso, dócil e carinhoso. Aí está ele todo, projetado no amor à mãe. A essa mãe de sofrido sentimento, ele deixa falar nos seus poemas. Parece até ser ela o próprio autor: "Que saudade! Que imensa dor a minha, / Ao ver-me, desolada, sem ninguém!..." (p. 25). A voz da magoada, da alma gentil, ecoa nas palavras incendiadas de vibração sonora do poeta, todo a transpor-se para as folhas de papel amarelecido pelo medo, pelo medo de que ele se esqueça que elas ali estão à sua espera, como a sua própria mãe o esperava, ansiosa, tantas vezes...

E da mãe lembrada, qual árvore imortal, o padre José Maria Sardo olha a vida e nela desoculta a natureza. O mar, essa porta de sonho, a responder a todas as perguntas que a vida lhe faz. E como nota no poema "À beira-Mar", que semelhante a ela, na incerteza das suas ondas inesperadas a fazerem eclodir toda a "imagem do mundo", porque "Em seu vaivém, a onda é esta vida" (p. 27).

Cantares no Exílio e Cantares na Pátria, é uma poesia de inquietação, mas brota igualmente dela todo um maravilhamento, uma alegria. Uma alegria a revelar, por sua vez, uma grande serenidade interior e uma invencível esperança. A alegria solta-se, desprende-se dos versos, como se um vento célere penetrasse José Maria Sardo. O poeta vibra de som e de palavra cheia de vida em rios de riso, a deslizar em palavras ditas e nas palavras por dizer, como se toda a gente já as ouvisse ainda antes de escritas. A alegria está no mais íntimo e grita em José Maria Sardo como um hino de triunfo do ser sobre o sofrimento e a crueldade no silêncio impenitente da solidão. Às vezes, é apenas contida para não escandalizar quem a não vive, porque a não conhece bem como o padre José Maria Sardo.

Lembro do poema "Tardes de poesia", o verso em que junta como uma única realidade "Outono. Pôr do sol. Ar perfumado" (p. 28); num outro poema que titulou "Canção da vida", há versos de louvor, quase diria de louvor à alegria, porque, como realça "o vento canta e baila", "o sol é crivo imenso a peneirar" e "a chuva beija a (terra) de alegria" (p. 47). E, não posso deixar de recordar o poema "Que lindo dia!": "Entra o sol, pela vidraça/ [...] Com lábios de riso e graça!..." (p. 63); "Quem dera fosse abelhinha, / Para voar, neste dia, / Aos favos, onde a doçura / É feita só de alegria!..." (p. 64).

Entre vozes do encontro de uma alegria doce na natureza, onde não cabe o tédio, nem a mais leve tristeza, mesmo quando nós a achamos triste, está a sede do transcendente também onipresente na poesia do padre José Maria Sardo. E o poema "Sede" parece-me aquele que nos dá, de um modo mais acentuado, essa dimensão do autor. Nele, desvendamos a sede de uma comunhão, já e aqui, com Aquele que É. Aquele que É num além sobrenatural e É também na comunhão com o ser frágil que, na existencialidade terrena, tem sede de justiça, de amor fraterno, de caridade ou sede maior, sede de bondade. Escreve: "Sede bons. Mitigai tamanha sede, / [...] A Sede não terá sede na Cruz!..." (p. 40).

A Cruz surge sempre que alguém não tem quem ofereça uma palavra, uma palavra de encontro generoso, de atenção com a dor. Vejamos, ainda, o poema "Eu Digo-Vos Senhor": "Brilhai como faróis – disse Jesus, / [...] E, em cada obra boa, ponde o selo / Dum santo exemplo grande e eficaz / [...] Sede fachos de Amor; sede luzeiros, [...]" (p. 69).

Sede da palavra. Da palavra, fonte inesgotável de vida e de ser para a alegria e, na sua vivência, para o Amor. Amor. Uma palavra entre tantas outras e talvez a única palavra sábia que o ser humano desocultou na essência das ideias maiores no seu sentido e capaz de superar os limites redutores dos sentimentos estéreis saturados de mesquinhez.

No poema a que chama de modo preclaro "Colóquio", e com que encerra esta coletânea de versos, o poeta José Maria Sardo chega ao cume da montanha. Essa montanha que tem no pico mais alto, a sua veneração pela voz humana como o sentido último de todos os destinos e de todas as vocações e de todas as vontades. A voz é o sinal por excelência do humano. A voz da palavra está num simples gesto, num som sublime de um canto chão. Os sons de um suspiro avançam na distância. A mais elementar palavra mora no íntimo do ser e é a sua afirmação mais forte. A poesia é uma palavra escrita que o poeta quer viver na sua sonoridade, na sua audição. Aí está a sua plenitude de ser vida.

Assim foi no tempo dos aedos da Grécia Antiga, assim foi na Idade Média dos trovadores. A palavra escutada é um som de incomparável melodia e ritmo, é um som de força, na fraterna unidade. A palavra que é colóquio, que é diálogo no silêncio ou na audição. Ao romper-se o silêncio, não pode perder-se hoje, no tempo dominado pela vertigem tecnológica dos computadores. Aí o perigo espreita, se não estivermos atentos, porque a imagem procura anular a beleza sublime da voz humana, essa constelação que o padre José Maria Sardo canta nestes versos: "Jesus! Meu Deus! Que dita e que ventura, / Saber a gente que há, ao pé de nós, / Quem erga, sempre, a sua amiga voz, / Que nos embale, em jeito de ternura!" (poema "Colóquio", p. 71).

A voz, na palavra viva dos sons do Amor (como distingui-lo da alegria?), do padre José Maria Sardo é um sinal divino da força vivificante de cada palavra, a expandir-se como uma flor silvestre plena de alegria. A alegria que está no interior mais recôndito da vida e que consegue aniquilar, como entende o poeta, "qualquer dor e o mal-estar mais profundo" (p. 71).

Que a sua e a nossa voz se encontrem, próximas ou distantes, na comunhão fraternal, doce e pura, todos os dias!

O "ALUVIÃO DE AREIA" DE JUNQUEIRO N' *A VELHICE DO PADRE ETERNO* [194]
(No 150º aniversário do nascimento de Guerra Junqueiro – 1850-2000)

Foi no ano de 1885 que Guerra Junqueiro – o poeta vindo, qual Miguel Torga, das fragas transmontanas – publicou o seu maior poema satírico. Intitulou-o *A Velhice do Padre Eterno*. Em nota final a essa primeira edição, o autor esclarecia que a obra surgira de uma outra, ainda em elaboração, e que já titulara de "A morte do padre eterno". A presente edição (1885), era formada por um conjunto de cinquenta longos poemas que, como realça, "são 50 balas, que partindo de diversos pontos, vão todas bater no mesmo alvo". Justificava Junqueiro que a falta de saúde o

---

[194] *Artes e Artes*, nº31, Janeiro/Fevereiro 2001 (ass. Teresa Bernardino).

obrigara a adiar o poema "A morte do padre eterno"; esperava, contudo, que dentro de um ano, fosse impresso, logo seguido de outra coletânea de poemas a que chamaria "Prometeu libertado". Este, completava a trilogia que idealizara há anos. Mas, o seu plano era, já nesta oportunidade, revelado pelo Poeta. Caso um tanto ou quanto inédito e, ao mesmo tempo justificável pela relação que o autor via entre esse plano e a obra agora publicada.

Lembremos as palavras do poeta cujo socialismo utópico é bem mais patente nos seus poemas-narrativas do que em Antero de Quental ou em Guilherme de Azevedo. As farpas de Junqueiro contra os poderosos, a religião católica, designadamente o clero e, muito especialmente o poder papal, contrasta com a delicada ternura com que escreve sobre os simples, os pobres, os desamparados, as vítimas de uma injustiça alimentada pelos propagadores do bem e das virtudes teologais. Como esclarece Junqueiro antecipadamente, a primeira parte de "Prometeu libertado" consistia numa epopeia do trabalho, em que a humanidade e a natureza glorificariam o herói Prometeu; na segunda parte, Cristo – símbolo do amor universal – ressurgiria em plena luz do mundo como um verdadeiro salvador do próprio herói. A sua chegada seria a hora do "fim de todos os dogmas" e "o desaparecimento de todas as tiranias". A justiça humana e a justiça absoluta entrelaçavam as mãos e a humanidade caminharia para o futuro entre esses dois únicos altares.

Com este projeto futuro, Junqueiro queria chamar a atenção, no final do livro *A Velhice do Padre Eterno*, para o significado mais lato dos cinquenta poemas que lhe davam corpo. As ideias formuladas na Nota do Autor (a que fizemos referência) continham o sentido último de *A Velhice...*, sentido esse preconizado por Junqueiro para uma humanidade atolada na cruel realidade sociorreligiosa sua contemporânea. Veja-se, por exemplo, logo o primeiro poema denominado de forma bem sintomática "Os simples": "Cultos, religiões, bíblias, dogmas, assombros, / São como a cinza vã que sepultou Pompeia. / Exumemos a fé desse montão de escombros, / Desentulhemos Deus dêsse aluvião de areia" (*Op. Cit.*, Lello e Irmão, 1923, p. 7). O antidogmatismo do Poeta torna-se crescente ao longo do poema e não tem qualquer travão para livremente se expor às críticas mais violentas que podiam vir do *status quo* vigente. Todas as expressões de obediência cega ao poder (neste caso o religioso) e o caráter vão dos rituais são para Guerra Junqueiro ruínas, apenas ruínas. E tudo se pulveriza de tal modo que estas mais se assemelham à fina areia. A "vinha" que Jesus propusera era muito diferente daquela que um clero, sem escrúpulos e sem verdadeira virtude, derramava nos púlpitos, como se a verdade nele tivesse feito morada para sempre e infalivelmente.

Publicado em 1885, *A Velhice do Padre Eterno* é uma sátira arrebatada e arrebatadora contra a Igreja de Roma, autodenominada apostólica, ao afirmar-se continuadora da Igreja (Casa) chefiada pelo apóstolo Pedro, por vontade de Jesus. Os exemplos dados pela sua mensagem de fraternidade, igualdade e justiça social, não eram postos em prática pela Igreja. No poema "Parasitas", há uma alusão clara ao dinheiro que os ditos "apóstolos romanos" solicitam mesmo aos "mendigos quáse nús": "Eu lembrei-me de vós, funâmbulos da cruz, / Que andais pelo universo, há mil e tantos anos, / Exibindo, explorando o corpo de Jesus" (p. 41). As crendices milagreiras são também alvo da pena destemida de Junqueiro, por exemplo no poema "A água de Lourdes": "[...] Se a água faz milagre, o que eu vos não discuto, / E por isso a adorais, / Ajoelhemos então em face do bismuto" (p. 123).

A diatribe infrene contra o Deus, a quem Jesus obedecia, atinge o auge no poema "Ao núncio Masela": "Um Deus que representa a farça da paixão, / Pintado, ensanguentado a vinho e a vermelhão, / Um Deus que sobe ao céu, acrobata farnésio, / Em aérostato, e vai no bambú dum trapézio [...]" (p. 142). Outro poema muito discursivo, como acontece com quase todos, "O melro", é uma crítica feita um pouco à maneira das fábulas de Esopo. Com sutileza e grande beleza formal, Junqueiro destaca a crueldade dos padres, evidente tantas vezes na vida quotidiana e contrastando, escandalosamente, com as suas rezas e os seus sermões.

No poema "A sesta do senhor abade" evoca a pobreza e a ingenuidade dos camponeses ante a riqueza e a astúcia dos abades: "E a aldeia invoca, implora os anjos tutelares. / Morre de fome e veste as santas nos altares / Com ouro e com brocado. [...]" (p. 218). A concluir, o poeta que, em 1907, se sentou no banco dos réus pela sua pena desfraldada contra o rei D. Carlos e neste local apelou à revolução armada para derrubar o regime, lançava já, no poema "Fantasmas", um grito largo contra a arbitrariedade eclesiástica (grande aliada do regime) e a superioridade com que o papa se dirige ao mundo: "Eu tenho o gládio e o scetro, a excomunhão e a bula: / Sou o Deus, sou a Fé. / Miserável réptil, Humanidade, oscula / A ponta do meu pé!" (p. 248).

O último poema "Circular" é apenas o epílogo de tudo o que, afinal, o poeta de *Finis Patriae* representava, poucos anos depois de o papa Pio IX ter proclamado os dogmas da Imaculada Conceição e da infalibilidade papal e de o papa Leão XIII ter publicado a Encíclica *Quod Apostolici* (1878) contra os "erros modernos". Na linha de Eça de Queirós, que deu á estampa *O Crime do Padre Amaro*, em 1880 e de Nietzsche, proclamador da morte de Deus, em *Assim Falou Zaratustra*, datado de 1883, Guerra Junqueiro desencadeia uma dilacerante poética contra aqueles que ele via como exploradores de sentimentos e de bens... Do poema "Circular" transcrevemos apenas alguns versos: "Deus & Filho. Bazar de fé. Venda forçada. / Pela barca de Pedro, a Judas consignada, / Chega um rico sortido em modas da estação" (p. 253). E mais adiante: "Nos nossos armazéns com serras a vapor / Vendêmo-la igualmente, a cruz do Redentor, / Em ripas, em pranchões e em traves colossais, / Para marcenaria e construções navais" (p. 261).

Com a sua criação aluvial aliada a um raro sentido estético, Junqueiro pode ser considerado o poeta da mais exultante poesia satírica alguma vez escrita em Portugal, não só contra os poderes políticos, de que é exemplo o drama *Pátria*, publicado em 1896 (António Cândido Franco assinalou a passagem do 1º centenário desta obra em *A Epopeia Pós-Camoniana de Guerra Junqueiro*), como igualmente contra os da religião católica e o seu "Pontifex maximus". Quando o actual Papa beatifica o seu antecessor Pio IX, a voz crítica de Junqueiro parece de novo necessária, mesmo urgente de ser escutada, e, mais do que tudo, seguida.

VINTE ANOS DE POESIA [195]

De la musique avant toute chose.

Verlaine

A poesia é *Neste Lugar Sem Portas* – título da colectânea dos livros de poesia de Carlos Carranca, escritos nos últimos vinte anos, publicados pela editora Hugin – um lugar bem definido. É um espaço de papel em branco e é um vazio preenchido. É uma abertura para algo de secreto e também de demasiado concreto. É uma porta a abrir o caminho para outros lugares, como se não saísse do mesmo lugar, sendo este já outro lugar.

É um espaço novo a criar o espaço da liberdade. A liberdade, o espaço sem portas privilegiado pelo corpo poético. A liberdade, a inscrever-se num lugar imenso, sem portas e com uma porta aberta para o ser do poeta. O ser a libertar-se das portas e dos lugares da *Imagem* (1981), da *Ressurreição* (1992), da *Serenata nuclear* (1994), das *Pedras suspensas* (1996), do *Homo viator* (1997) ou da *Íntima idade* (2001). O ser a fazer eclodir a voz, a voz humana (assim chamava o poeta Jean Cocteau a um dos seus mais belos dramas), essa voz cheia de um som melodioso, musical, com uma música secreta, oculta música, música de origem pronta a maravilhar os instantes inesperados, os instantes da emoção já incontida e a saltar, juntando frases, palavras, sílabas, vogais e consoantes num novo e irreconhecível lugar.

É um pouco assim que nasce a poesia, que nasceu a poesia de Carlos Carranca. Uma poética de palavras musicais, melódicas, originárias e inovadoras, sintéticas e a analisar os mais imprevistos sentimentos, a dor e a alegria, a felicidade e desventura, o bem e o mal. Dos mundos subterrâneos do poeta emergem as fontes que alimentam as palavras a ecoar na voz humana. Esses

---

[195] Apresentação da antologia de poesia *Neste Lugar sem Portas* de Carlos Carranca no Teatro Mirita Casimiro em Monte Estoril, a 18 de junho de 2002; *Consciência Nacional*, Março de 2002; Internet, www.triplov.com 4/6/2002; *A Avezinha*, 8/5/2003.

mundos povoados de fantásticas figuras, de memórias mágicas, de feitiços portadores da felicidade e de bons deuses a favorecer os fiéis adoradores, mesmo de simples ídolos.

A poesia é o ofício maior de Carlos Carranca. E por quê? Porque é, ao cultivá-la, que Carlos Carranca transmite o seu mundo, transmite-se no seu mundo ao mundo que o cerca. A esse mundo sobre que se debruça e que, ao mesmo tempo, está imerso nele e/ou nele se identifica. Esse mundo que o ultrapassa e que Carlos Carranca faz recuar à infância, às figuras lapidares da mãe, do pai, ou seja, da recôndita e indecifrável origem.

Neste *Lugar sem Portas* aparecem expressões bem enunciativas do sentido do discurso poético de Carlos Carranca: "Sinto a força da poesia / no calor rústico dos montes" (p. 11); "E onde tudo é arte, / é o pão que se reparte / e a poesia" (p. 51): "O poeta / é o pássaro / de asas misteriosas // Voa / a inundar / a noite" (p. 90); "Tento enumerar a Vida em cada verso" (p. 109). Reparemos que, desde o primeiro livro, *Imagem*, aqui inserido, neste acervo em boa hora oferecido aos portugueses, até ao último, *Íntima idade* (2001), o poeta faz-nos desfrutar de uma poesia em que está presente essa musicalidade encantatória que tantos poetas hoje publicados (e largamente divulgados pelos mais conceituados meios de comunicação social, em que destacamos jornais diários e algumas revistas de literatura) não alcançam. Nesses poetas falta a música, a melodia, o ritmo, a emoção e a invenção, numa conjugação propícia e mesmo indispensável a produzir a arte a que ainda se chama poesia. É que se não obedecer a estas marcas, a poesia já não o é. A poesia não é uma amálgama de palavras desgarradas, desordenadas, afinal adicionadas, ao ritmo da consciência, porque as palavras devem erguer-se ao ritmo da musicalidade da voz da consciência.

Vemos hoje eclodir em numerosas publicações aquilo a que poderíamos chamar uma simulação da poesia como gênero literário definido desde o grande poema de Homero.

De fato, adulterando as suas leis por muito flexíveis que elas sejam, modificando a sua forma por muita inovação que se lhe coloque, desconstruindo a sua metodologia essencial por muito novas e indiscutivelmente belas metodologias que se lhe imprimam, pode-se criar um novo gênero literário, mas não se deve considerá-lo poesia.

Se a poesia deve não perder toda uma dinâmica criativa, recriando-se e regenerando-se, enriquecendo-se no verbo ou discurso da palavra, igualmente não deve falsear a sua identidade própria. Como escreveu Octavio Paz, poeta que recebeu o Prêmio Nobel da Literatura, "a frase poética es tiempo vivo, concreto: és ritmo, tiempo original, perpetuamente recreándose. Continuo renacer de nuevo" (in *El Arco y la Lira*, 1956, p. 67), não bastam palavras sobrepondo-se, não bastam palavras em catadupa, não bastam palavras simulando a palavra. É precisa a palavra a escrever-se em novas palavras, em novas simbólicas, em novas magias, mas sempre no canto das palavras a serem a música de cada palavra.

Ora, a poética de Carlos Carranca está perfeitamente imbuída dessa condição fundamental e/ou fundamentante de toda a verdadeira poesia. Como exemplo, lembremos o poema "Guitarra universal": "Guitarra, meu bordão de peregrino!... / Ouve-se o destino / em tua voz misteriosa, / sempre ausente... // Guitarra – vidente, / Rosa a rosa / desfolhada no presente / pétala a pétala. // Senhora de Portugal! // Guitarra – nossa – condição. / Guitarra – povo. / Guitarra universal!" (*Op. cit.*, p. 64).

E do poema pleno de música surge o poema ao instrumento musical que o povo português toca com dedos de cristal: a "Guitarra lusitana" (p. 65). Entre a poesia da música e a musicalidade da poesia está toda a voz de Carlos Carranca neste *Lugar sem Portas*.

UMA *TERRA DE CINZAS* [196]

Terra e Cinzas, eis o título da tradução portuguesa do primeiro romance do afegão Atiq Rahimi, exilado na França desde 1985, na época da guerra com a União Soviética. Trata-se de um curioso e emocionante enredo que tem por cenário o povo mártir do Afeganistão. Invadido por forças armadas soviéticas, naqueles anos,

---

[196] *A Avezinha*, 23/1/2003; *O Primeiro de Janeiro*, Suplemento «das Artes das Letras», 25/10/2004.

pelas dos E.U.A., bem recentemente. Um povo flagelado, perseguido, acorrentado aos caprichos dos ventos da política que, afinal, o ignora.

Eis o quadro humano do emocionante romance de Atiq Rahimi: algures passam na estrada, toda feita de pó, um velho e uma criança, seu neto. O velho procura o filho Mourad perdido numa mina, também ela perdida na terra submersa de uma funda gruta. Acompanhado pela criança, o velho vive constrangido pelo medo de, quando defrontar Mourad, não ser capaz de ouvir a sua voz já rouca e enfraquecida de solidão e cansaço. Depois, falar-lhe de todos os mortos outrora amados e da surdez da criança que restava, essa criança a viver apenas o isolamento, porque se apagara nela o último contato com o mundo circundante. O ruído das bombas tinha abafado todos os sons da sua aldeia, essa aldeia igual a tantas outras, imersa no flagelo de guerras intermináveis. E o pequenino Yassin perdera a audição. A voz humana deixara de existir para ele: "Julgas que os outros emudeceram. Os homens perderam a voz, a pedra já não faz barulho". E, depois, a morte da mãe e da avó, o desaparecimento do pai, a separação das outras crianças da aldeia, tinham-no decepado do contato com as coisas. Só a secura do silêncio e o fim do som.

E o velho, perplexo de tristeza, não desiste de procurar, sempre em sua companhia, porque só essa companhia é já possível, o filho que trabalha na mina desterrada, longe. E, olhando as colinas, "o rosto de Mourad continua a confundir-se com as montanhas". O sentido do mundo... Onde está o sentido do mundo e da existência humana, Atiq Rahimi? Seria esta uma das perguntas que se poderia fazer a este jovem afegão, autor deste encantatório romance que apresenta como fio condutor a temática daquilo a que André Malraux chamou a condição humana. Ainda que pouco extenso, à boa maneira de uma novela é uma reflexão romanesca sobre a realidade da guerra e as suas injustiças. Atiq Rahimi parece ter escrito esta obra com o fascínio pela palavra que corta, como uma foice, as ruins ervas que não deixam crescer a seara bela.

Movido pelo sofrimento que arrasta, há anos e anos, o seu país originário, para a ruína ditada pela ambição das grandes potências políticas do mundo, usando como escudo as divergências tribais, Atiq Rahimi construiu de uma forma singela, aquilo a que poderíamos chamar, do ponto de vista estético,

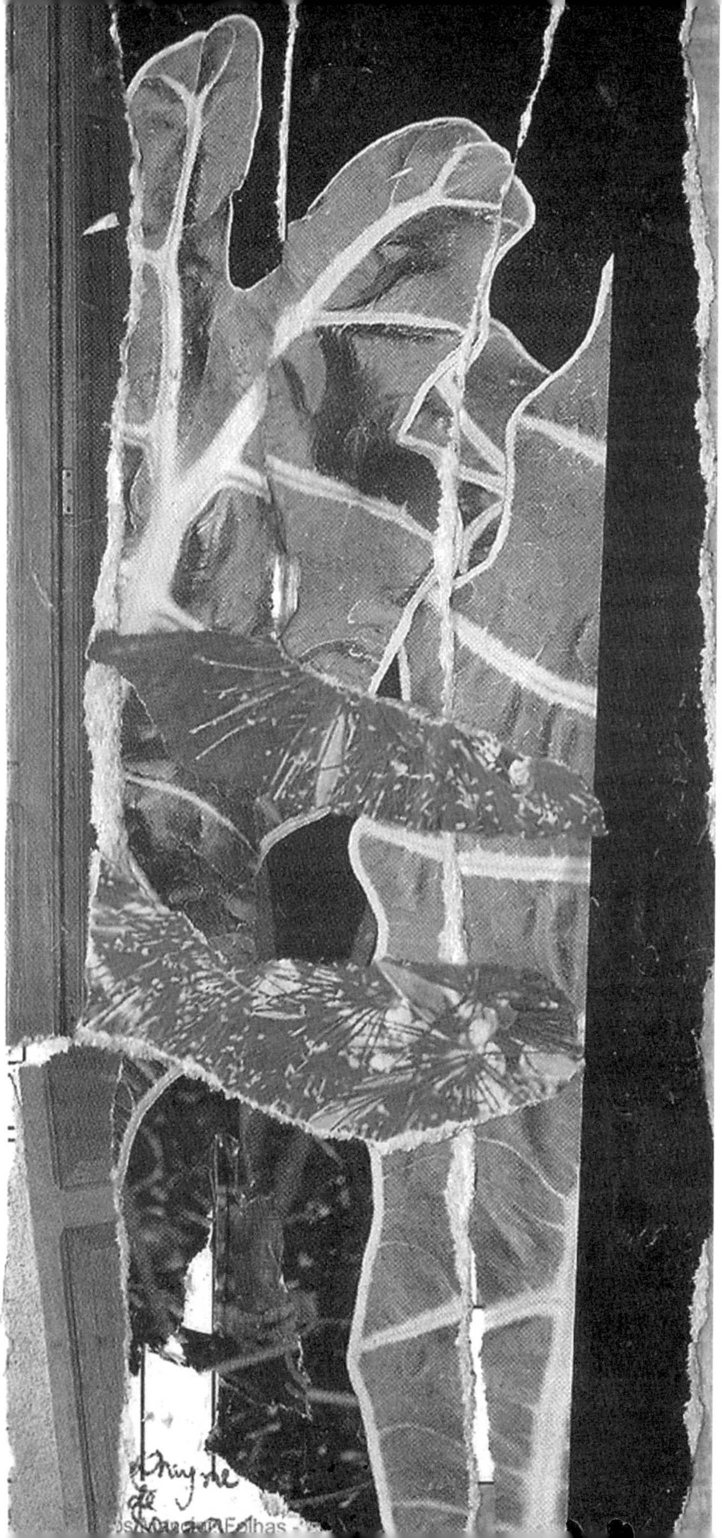

um romance-problema. Um romance em que se cruzam o gênio crítico da cultura europeia com a inteligência intuitiva e sagaz do oriente, movido pelo espírito da cultura islâmica. Todo um edifício de palavras breves como um silêncio e usadas com a sabedoria do bem pensado. Animado por um espírito inconformado, Atiq Rahimi foi capaz de pôr no espaço do romance uma impressionante "história", bela na forma e emocionante no discurso narrativo dos fatos.

Usando o discurso indireto na própria voz do narrador, adquire um estilo original e sedutor. Assim, surge o narrador a dialogar com a personagem central da narrativa que, por sua vez, se põe a dialogar com outras personagens. Como se uma fome enorme de som-diálogo o tivesse feito vibrar com toda a voz humana de um eu e de um tu, sempre presentes ou oniscientes no outro. Essa voz perdida e que parece brotar mesmo das areias do deserto desse Afeganistão que ainda lhe é tão próximo.

Essa terra de que se foi distanciando e que, cada vez, parece estar-lhe mais perto do coração. Essas vozes apagadas pelo ruído das bombas e a sobreviverem na palavra do silêncio das horas e dos dias do abandono. Essas vozes gritam ainda na alma de cada palavra escrita, como se fosse uma única palavra e fosse tantas e tão diferentes. Retrato de um velho e de uma criança que perderam o rumo do que é viver, ou descobriram precisamente o verdadeiro rumo do que é viver, pela sua própria solidão e pela solidão dos outros sobreviventes.

Atiq Rahimi, oferece-nos, com o seu talento criativo, nas duas personagens fulcrais do romance, o velho Dastaguir e seu neto, o pequenino Yassin, este povo, ferido no seu próprio interior, no mais fundo de si, e a acalentar ainda um sonho: o de reencontrar alguém, neste caso, o filho, desaparecido há quatro longos anos. Reencontrá-lo é um sonho que carrega como um pesadelo e como uma libertação. A verdade, é preciso que saiba toda a verdade, mas a coragem de a dizer... e o velho com a memória toda da perda, vacila. Dizer-lhe a verdade não é menos cruel do que continuar a viver com o peso das imagens da poeira e do fogo e da fuga. A fuga de Mourad, sabe-o agora o velho, só terá saída na morte, mas antes dela nas lágrimas de desengano. O velho não verá o filho... Quantos Mourad estarão naquela mina?

A resistência perante a fome, essa palavra que surge na primeira página deste romance: "Tenho fome" ponto final. E o pó. E o cansaço. Um caminhão militar. Um guarda. O peso da trouxa e do ar e do coração confundem-se. Mas a palavra a dialogar consigo própria é a exaltação da resistência estoica do velho. Onde as forças para resistir ao infortúnio de ter perdido as pessoas que tanto amava? Onde a água para amaciar os lábios de Yassin já desidratados? "Água!". A espera de um carro para chegar à mina ou à gruta, onde o filho vive há quatro anos. Quatro anos não podiam deixar de ter sido para ele uma eternidade... Na espera, talvez, de um dia escutar uma simples palavra, uma palavra de vida, de novo, outra vez? E todas essas coisas a identificarem-se com a mina em que reinavam as sombras da passividade, do cansaço, do esquecimento e, depois, do nada. Mourad era um igual a tantos outros... E, cá fora, há um ruído que se confunde com os mortos que gritam sem se ouvirem, porque fazem um som terrível de aniquilamento. Longe nos lugares da interioridade da Terra há um silêncio de desocultação e de espera ainda, mesmo entre as cinzas dos dias de Outono.

O romance *Terra e Cinzas*, de Atiq Rahimi, espanta-nos como um dia de sol a deflagrar após a tempestade. Nos laços da angústia, o autor torna o silêncio uma palavra enorme a ouvir-se muito longe, como se fosse o próprio coração do povo afegão invadido, então, pela União Soviética. Romance escrito e publicado na França antes dos atos terroristas ocorridos em Nova Iorque no dia 11 de setembro de 2001, e não reivindicados por qualquer força política até hoje, poderia ter sido escrito precisamente após essa data. A reação dos Estados Unidos da América recaiu não só sobre as forças políticas e terroristas presentes no Afeganistão, mas, perigosamente, sobre o próprio povo afegão. Nessas horas em que soou de novo uma guerra movida pelos implacáveis bombardeamentos americanos, a poeira e a morte, a fome e a dor confundiram-se com a coragem e com o medo. E o deserto transformou-se em um cemitério de almas. Estas tornaram-se de novo desertos. Entre o clamor das bombas, os diálogos não sobreviveram. As cinzas abafaram as lágrimas das mulheres de faces veladas. As crianças perderam novamente a audição e arrastaram-se no desespero. Onde estão agora? Que esperam e o quê os espera? A guerra valerá a pena, mesmo para os vencedores?

POÉTICA DA INVISIBILIDADE [197]

"No silêncio das palavras de Deus". Este o título de um dos poemas incluídos no livro *Vintém das Escolas* (ed. Autor, 2002) de Fernando Botto Semedo. Nesse poema, podemos desocultar alguns dos temas favoritos na poética do autor: Deus, as crianças, o sofrimento.

Temas que se entrelaçam, como se fossem um único. Como se não se distinguissem na teia das palavras escolhidas num absoluto de nada, esse absoluto de nada em que o poeta se revê, tantas vezes, nos seus livros. Flutuando entre as asas do sonho, há no poema de F. Botto Semedo, o olhar opaco da impenetrabilidade do ser.

Esferas de obscuridade gravitam em cada verso; pululam neles ideias que se descobrem em cada sílaba; e a razão faz rumo a sentidos de invisibilidade que se iluminam. Ofuscando-se em viagens sem lugar ou algum espaço, F. Botto Semedo é o poeta português que melhor faz transparecer os enigmas da construção poética. Nada se dilucida no seu discurso, tudo nele se proclama vago e, mesmo, imerso nas trevas. É por isso que o poema "No silêncio das palavras de Deus", inserto neste livro, se nos afigura mais uma síntese da poética do autor do que uma parcela.

E o que acontece com este, acontece um pouco com todos os seus outros poemas, publicados em vários volumes. Cada um deles é sempre um todo ou/e um tudo. O poeta entrega-se ao *verbum* como sujeito e como objeto, é-lhe interior e é a sua exterioridade. Um e outro interpenetram-se. No referido poema presentificam-se e silenciam-se as próprias palavras. O silêncio dialoga para além de si próprio e também aquém de todas as palavras ditas.

Como os livros anteriores de F. Botto Semedo, *Vintém das Escolas* é um livro para reler, não para ler. É um livro de um poeta cantor das palavras omissas, cantor das palavras escondidas em cada palavra.

---

[197] *O Primeiro de Janeiro*, Suplemento «das Artes das Letras», 14/6/2004.

A estética das suas construções poéticas não tem sido objeto de cuidadas análises, o que a sua já longa e também valiosa obra pressupunha. A palavra poesia ficaria mais pobre se *Vintém das Escolas* não tivesse sido dado à estampa numa hora, talvez, escrita "no silêncio das palavras de Deus"...

Se "o silêncio é uma espiral de pureza e luz", a alma do poeta é um confrangimento de dor em que se confrontam a beleza de Deus, a plenitude das crianças e as lágrimas de um mundo ofuscado pela ganância do dinheiro, pelo desprezo dos fracos, pela dessacralização do amor. Entre a pureza da criança e a fragilidade daquele que sofre, está a poesia lírica de F. Botto Semedo.

Lembremos os seus dois penúltimos livros *Canto Descalço* (2002) e *Poemas da Mágoa* (2003). Quer um, quer outro, apresentam-se na continuidade dos anteriores livros publicados pelo poeta. Todos, afinal, irmanados por algo de comum: a cruzada pelos injustiçados e pelos que choram, pelos que sonham ainda e por aqueles a quem já só resta a triste realidade dos dias solitários, apagados e cheios de um silêncio de sons desconhecidos.

Em *Canto Descalço*, surge uma poesia que é um grito de liberdade e/ou de libertação, usando Botto Semedo um léxico restringido ao mínimo, e, em simultâneo, um vocabulário que alicerça toda uma linguagem de cântico ou de salmo, conforme se preferir designá-la. Porque há aqui sempre uma tonalidade espiritual que oscila entre o vazio e o absoluto, entre o infinito e a angústia. Imagens e metáforas dão forma a poemas epigramáticos, lapidares, entoando aquilo a que em música chamaríamos um "canto chão", monocórdico.

Sons e imagens sucedem-se e oferecem-nos uma musicalidade que não se insere em qualquer moda ou acorrentamento às linhas de rumo dos poetas contemporâneos. Seguem-se apenas alguns dos muitos exemplos que poderíamos apresentar, neste ensejo: "O silêncio é uma casa alvíssima / Onde encontro o essencial e a Luz" (*Canto Descalço*, p. 22); "A minha alma é uma criança que corre, maravilhada, / Por lugares e sentimentos impossíveis" (*Ibidem*, p. 23); "Sinto brilhar a minha alma eterna / No seio da noite e dos seus astros" (*Ibidem*, p. 28); "As estrelas infinitas do eterno /São palhaços tristes que caíram / Das galáxias interiores para uma /Folha alva cheia da dor de um / Sangue santo" (*Poemas da Mágoa*, p. 16); "Negativos de todos os poemas / Arruinaram-se na revelação / Da minha alma à entrada / Do amor alienado do Deus / Que é cinza infinita pela / Revolução branca" (*Ibidem*, p. 54).

Na "casa" dos poetas de voz silenciada pelos clamores da onipotente comunicação de massas, segue o seu caminho a obra da "mágoa" e "descalça" do autor destes opúsculos da poética palavra.

No seu último título, *Harmonia Branca* (Ed. Autor, 2004), diz Botto Semedo no primeiro verso do livro: "O papel branco é uma casa do silêncio". Esta é uma interessante metáfora do que tem representado para ele a poesia que, ao longo destes mais de vinte anos tem levado até aos seus leitores. Sem o apoio da maioria dos críticos dos nossos jornais de cultura, o papel no qual inscreve os seus versos é bem uma casa em que reina o silêncio. Mas esse silêncio é quebrado pela palavra que é, afinal, uma surpresa para o próprio Botto Semedo. E, logo a seguir, oferece-nos uma razão para que no silêncio e, precisamente, por causa do silêncio, a poesia continue a nascer no seu mundo fechado.

Vamos transcrever, quase na íntegra, o poema inicial de *Harmonia Branca*, no qual encontramos, em síntese, a maneira muito pessoal de o autor definir a arte poética.

> *As palavras do poema existem em si, / São entidades dispersas que se enlaçam [...] / Surge o poema nos desenhos / Das palavras, em que o poeta apenas segura a folha / Numa grande abertura de alma, por onde o nada e / O tudo dizem e não dizem, ordenando-se por sua / Real vontade independente. Os poemas escrevem-se / A si-próprios. Apenas desejam uma frágil sensibilidade, / Para instaurarem a sua primavera branca, cheia / De uma alegria plena de Espírito eterno e suavíssimo* (*Op. cit.*, p. 11).

Estamos perante um poeta que não se verga em troca de panegíricos, esses panegíricos mais ou menos efêmeros, mais ou menos fugazes. E como tais comportamentos são tão banais na nossa praça de poetas, em busca de endeusamentos.

Vejam-se os grandes destaques das páginas de cultura da maioria dos órgãos de comunicação do nosso país. Eis aí, todos os dias, aqueles que se situam dentro dos cânones das modas triunfantes, das modas que fazem ganhar fama e louvores e prêmios, mesmo que elas sejam sinônimo de decadentes manifestações artísticas, designadamente literárias...

SOPHIA, POETA DO MAR [198]

> *O meu olhar tornou-se liso como um vidro.*
> *Sirvo para que as coisas se vejam.*
>
> Sophia de Mello Breyner Andresen, *Mar*

Mar. Título de um dos últimos livros de poemas dados à estampa por Sophia (Caminho, 3ª edição, 2001). Todos poemas sobre a temática do mar coligidos por sua filha Maria Andresen de Sousa Tavares.

Sophia de Mello Breyner Andresen deixou-nos, há poucos dias. Ou há instantes. Dela algo flutua, algo se eleva, como o próprio mar que a fascinava. Deixou-nos, com o silêncio dos seus versos inscritos em cada palavra que pronunciava com encanto. Eram versos escritos há muito tempo. No começo do tempo, Sophia já escrevia nas curvas onduladas do mar.

Ainda escreve. A morte não a contém. Escreve, mesmo assim. Talvez, numa fraga dispersa no mar...

Num minuto perplexo, sem imagens, no irreal de si, escreve sobre os sons do mar. E o perfume, que ainda retém da maresia, leva-a em sonho até um canto de praia sem ninguém. Mas muito perto do mar... Volátil, dispersa e inteira, como o mar, Sophia, poeta do mar, aí está, deitada, de olhos fechados e dedos enrolados no aparo da caneta verde, essa sombra de mar.

A rever, ao longe, a vaga imagem do mar, Sophia colora-a de um azul demasiado verde, e é sobre as cores delidas, que continua a escrever como uma onda de sal envolvida de vento sul e espuma de maré alta. Outras vezes, serpenteia-o de versos curtos e longos com as medusas a trazerem-lhe sílabas formadas pelas areias brilhantes de Sol.

O seu corpo, vestido de branco, sabe a sal. Deitada no seu sal, Sophia, ao inventar o vento, estremece. E escreve novo verso, com algas destroçadas por um barco a naufragar numa praia submersa em Sol.

---

[198] *O Primeiro de Janeiro*, Suplemento «das Artes das Letras», 1/11/2004.

E os versos oscilam nas suas mãos, um agora, outro depois. Com um revive o minotáurico labirinto da ilha mítica de Creta. Com outro, um pouco mais longo, desenha com areia o seu nome – Sophia. É verdade! Lembra-se, de súbito. Foi com o seu nome que descreveu o mar, como se fosse a gruta escavada numa esfera abandonada e a rodar lentamente num pequeno lugar do imenso universo...

Nesse instante, como se nascesse, ou apenas renascesse, assoma aos seus lábios pétreos a palavra mar. Depois, outras se lhes seguem: búzio, concha, coral, alga, água lisa, puro espaço... Tudo palavras que habitam o mar: esse "oceano de músculos verdes" (*Op. cit.*, p. 44).

E o mar, inesperado, salta, com uma fundíssima vibração, sobre o seu corpo negro, jacente na subterrânea habitação, em que parece ter adormecido.

Nesse vislumbre puro, enamorado, com um aroma de maresia e um sabor a sal diz o mar, lembrando, ao acaso, dois dos seus versos: "Não há nenhum vestígio de impureza" (p. 28); "A tua beleza aumenta quando estamos sós" (p. 16).

E Sophia, entreabriu os olhos e viu, a afastar-se, uma linha a desenhar a sombra do *Mar*.

O DIÁRIO COMO ARTE E HISTÓRIA [199]

Acaba de ser publicada pela editora Caixotim a obra intitulada *Diários*, mais de trezentas e vinte páginas, diários da autoria de Jorge de Sena (1919-1978) e compilados por sua mulher Mécia de Sena. Autor de uma extensa bibliografia nas áreas da poesia, do teatro e do ensaio, Jorge de Sena foi um intemerato prosador, dilacerado por um país de frequente mentalidade persecutória e autoritarista, que teria um dos seus pontos extremos durante o período do Estado Novo. Essa realidade conduziu-o a procurar uma ambiência mais consentânea com a sua personalidade, no estrangeiro. Radicar-se-ia em Santa Bárbara (E.U.A.). Aí,

---

[199] *O Primeiro de Janeiro*, Suplemento «das Artes das Letras», 6/12/2004.

procurou sempre manter-se fiel aos valores culturais, sobretudo literários, de Portugal.

Com um prefácio de Mécia de Sena, vêm agora a lume estes escritos até agora inéditos e de inegável interesse histórico para a época a que dizem respeito. Este gênero literário, porque é de um verdadeiro gênero literário que se trata, obedece a normas próprias e tem em si mesmo uma técnica *sui generis*.

A diarística constitui um dos mais relevantes meios do conhecimento da mentalidade do autor e, por arrastamento, daquela que imbuía os seus contemporâneos. Como exposição de tudo aquilo que está no mais íntimo do autor, oferece aos vindouros uma quase inesgotável fonte documental, nas suas vertentes sociais, políticas, filosóficas etc.

Com o seu caráter confessional, o diário transmite-nos toda a alteridade do dia a dia, a sua efemeridade, a sua eloquência a ecoar tão perto da emoção e a eclodir como um grito ou uma confidência naqueles que um dia tiverem a oportunidade de o ter nas mãos e abri-lo, às vezes, com olhos interrogadores ou extasiados.

Uma grande proximidade dos meandros da vida do cidadão, seja ele um literato, seja um modesto criador da sua própria palavra, comezinha, brutal, serena ou revoltada. Os sentimentos eclodem num diário como se este fosse um bálsamo. É o que acontece para aquele que nele confia as palavras que não consegue articular de viva voz, por inoportunas, por poder provocar dissabores, porque as pequenas coisas do dia a dia parecem àqueles que nos cercam pouco relevantes para serem motivo de breve conversa ou largo diálogo.

Muitas vezes, o diário é um refúgio psicológico que o autor descobriu como consolador da sua condição humana. Em outros casos, funciona como uma amálgama de informações que o autor considera úteis para ser melhor conhecida a sua personalidade. Os *Diários* de Jorge de Sena, a que nos estamos a reportar, estão, de um modo geral, neste último caso. Sendo Jorge de Sena um escritor e ensaísta de impacto social, estes escritos parecem-nos um testemunho que conseguiu fugir às tropelias sociais em que se prefiguravam os interesses editoriais, as capelinhas culturais ou as imposições de natureza política.

A abertura com que o autor de *Diários* transmite os gestos, as palavras, os encontros, as decisões e as angústias do seu dia a dia, oferece ao leitor um manancial de realidades, quantas vezes tão semelhantes às suas próprias e às da vida da sociedade em que se insere, muitos anos passados.

Vejam-se algumas passagens de *Diários*, respeitantes ao ano de 1953: "Acabei a longa carta, principiada ontem à noite, ao Matos e Sá sobre as cartas dele e os poemas" (p. 51); "Prossegui a leitura da *Estilística* do Lapa (p. 51); "Comecei a ler *Pylon* que era uma falha no meu faulknerismo" (p. 54); "Apareceu-me o Jaime Casimiro, com uma petição ao Presidente da República contra a censura" (p. 61). E respeitante ao ano de 1954: "Não consigo falar com o velho Sá da Costa" (p. 86); "O dia inteiro lutando com um 5º soneto" (p. 90). Naquilo a que chamou *Breve Diário*, aqui inserido, respeitante ao ano de 1964, escreveria, em certo dia: "escrevi cartas: Portugal, Alexandre Cabral, Tamen, Amora, Ática, Portugália Editora, Amaro. Algumas muito longas." (p. 169).

Estes breves excertos são bem reveladores do caráter fugaz dos informes, mas também mostram o convívio do autor com nomes destacados da literatura. Como diria Philippe Lejeune, "a prática do diário íntimo representa uma espécie de grau zero da escrita nas técnicas de construção do texto". Essa talvez, tal como acontece com as obras memorialísticas, a maior razão do seu fascínio, misto de autenticidade e de leveza. Só é pena ser (ter sido) pouco cultivado em Portugal.

Refiramos apenas duas grandes exceções: Vergílio Ferreira e Miguel Torga. Como este último escreveu no *Diário* (volume I) "é um livrinho doméstico, espontâneo, descuidado". E Vergílio Ferreira em *Conta-Corrente* delicia-nos com as frases mais simples envolvidas com a magia daquelas palavras que escaparam à pesada elaboração mental da sua obra romanesca. Ainda que mais fragmentários, os *Diários* de Jorge de Sena que o editor Paulo Samuel deu à estampa são mais uma contribuição para a nossa parca diarística nacional, ao encerrarem também o encanto da palavra solta da sua ousada personalidade.

O ROMANCE E A EMOÇÃO DA MEMÓRIA [200]

O tema do tempo, nas suas correlações com a vida e com a morte, é o grande inspirador do romance fantástico *Regresso das Cinzas* da autoria de Ray Bradbury, traduzido por Maria José Freire de Andrade (Publicações Europa-América, Colecção Nébula, 2004). Trata-se de uma obra escrita e retomada pelo autor, ao longo de cinquenta anos. Como Bradbury nos informa no epílogo, desde a infância viveu com emoção as histórias que lhe eram contadas sobre os seus antepassados.

A narração de episódios da vida daqueles que já tinham morrido, terão imbuído as perguntas da criança curiosa ao longo dos dias ou dos serões da família vividos na velha Casa, onde passava férias. O mistério da ausência confundia-se com o concretismo do modo como os mortos da família eram, com frequência chamados ao convívio dos vivos. Quem diria que tinham morrido?

Ray Bradbury nunca esqueceu a lição que esses tempos, a afastarem-se cada vez mais da sua vida de adulto, lhe ofereceram. E talvez o que mais ficou gravado nele foi a ideia de que só morre quem é esquecido. Expressões como "memórias", "recordações", "tempo", aparecem com ênfase ao longo deste romance. Vejamos alguns exemplos: "as memórias, asas transparentes dobradas" (p. 88); "o seu corpo jazia nas areias egípcias, mas a sua mente circulava, tocava" (p. 88); "iluminado pelo sol e pelo luar da mente da Bisavó" (p. 96); "Sem asas. Ela envia a sua mente" (p. 184).

A função dos mortos é, nesta obra de Ray Bradbury, fundamental pela dinâmica que aqueles oferecem às sociedades. Porque eles não estão imóveis, as suas mentes deambulam no meio dos vivos. Não são um fardo, nem uma ideia a rejeitar, mas são uma forma de os vivos obterem, pelo poder do pensamento memorialístico, uma verdadeira libertação.

---

[200] Internet, www.triplov.com, 5/2/2005; *O Primeiro de Janeiro*, suplemento "das Artes das Letras", 14/2/2005; Internet, www.harmoniadomundo.net, 28/10/2007.

Essas personagens deixam de ser estranhos. Passam mesmo a ter uma realidade tão próxima dos vivos que quase já não se distinguem deles. E Bradbury define a sua importância quando uma das suas personagens afirma: "Nós somos os guardiães do Tempo [...]" (p. 187). Ou: "Nós somos o celeiro da recordação obscura [...]" (p. 187). E ainda: "apenas a morte pode libertar o mundo para que ele volte a viver" (p. 188).

Mesmo assim, a personagem Timothy, tendo coabitado com eles devido ao estratagema imaginado pela paixão de Cecy, recusa o seu mundo. Quer continuar a viver, apesar de saber que um dia morrerá, responde Timothy à Bisavó. Então, o conselho da Bisavó, com os seus quatro mil e quatrocentos anos, é cheio dessa sabedoria que o tempo longo foi construindo:

> A melhor coisa a fazer, Timothy, na tua nova sabedoria (porque Timothy conhecera a sabedoria dos antigos) é viveres a tua vida ao máximo, gozares cada momento, e deixares-te, daqui a muitos anos, com a feliz consciência de que preencheste cada momento, cada hora, cada ano da tua vida, e sabendo que és muito amado pela Família (p. 192).

A experiência de Timothy, conduzido ao "tempo muito antes de existir alguém para escutar", tempo

> vindo de nuvens vagabundas que iam para lugar nenhum, para algum lugar, para qualquer lugar, e fazia com que o sótão falasse sozinho, enquanto lançava sobre o seu soalho um jardim japonês de areia e pó (p. 24).

Tempos imemoriais que o tempo apagara, através da alma ou poder mental. É com esse poder espantoso que o amor de Cecy vence todas as limitações. Cecy jazia morta, mas a força do seu desejo amoroso vence a morte. A sua alma introduz-se na jovem Ann que não amava Timothy, precisamente ele que por Ann se tinha apaixonado. Então, Cecy tudo tenta para ser ela a corresponder à sua paixão. Ora responde por Ann, como se a voz daquela que vivia fosse mais fraca do que a sua, ora há um desencontro de vozes e torna-se impossível Cecy ser escutada por Timothy. O possível e o impossível lado a lado, procurando interpenetrarem-se, a tentarem contradizer-se e a aproximarem-se.

Este romance nasceu na infância do seu autor. A fase da vida humana em que o real e o irreal convivem com o encontro daquilo que é tão estranho e, ao mesmo tempo, tão evidente. Assim acontece em *Regresso das Cinzas* quando Ray Bradbury nos relata um diálogo entre a enfermeira e as crianças que corriam ruidosamente dentro do "barco": " – Meninos está na hora de ouvir uma história!". E logo as crianças perguntam: " – Uma história de fantasmas?". Ao que a enfermeira responde, concludente: " – Vocês acreditam em fantasmas, certo?". Em uníssono, respondem todas: "– Oh, sim!".

Ao entrar num mundo de descoberta, num mundo que vai explorar pela primeira vez, a criança tende a encarar a realidade como uma única. Não há escalas para o real. O sonho, o irreal, a ficção, funcionam como fazendo de tal maneira parte da realidade, que dela não se separa. É por isso que a criança, ao ouvir falar dos mortos, pergunta onde estão, porque não estão ali, porque desapareceram...

À criança é acessível falar de mortos ou fantasmas ou figuras míticas. Nada lhe parece ser estranho. Tem uma visão tão concreta do mundo que a cerca, que tudo nele insere, sem recusar aquilo que perturba os adultos, aquilo que estes rejeitam, porque é uma memória negra, espectral, só possível em momentos-limite, momentos de rápida duração. Em nosso tempo há uma tendência de os psicólogos aconselharem o domínio total da emoção para se evitar sofrer, porque não se deve sofrer sequer, parece, por aqueles que nos amaram e que nós amamos. Afinal, não estarão a querer fazer-nos acreditar que não se deve sentir uma das mais importantes facetas da vida humana?...

Regresso das Cinzas oferece uma outra perspectiva do sentido da vida. É talvez uma chamada de atenção para valores em vias de serem esquecidos na sociedade tecnológica em que nos inserimos. Estamos, de fato, numa época em que se cultivam os mitos da longevidade, da juventude e da saúde até ao exagero. Assim, as pessoas tendem, por exemplo, a excluir os velhos, esquecendo que eles apenas atravessam uma fase da sua vida, tal como atravessaram a fase da juventude.

Refiramos, a propósito, o exemplo recente, em Portugal, da classificação de "regiões de morte social" no que toca a regiões há muitas décadas em estado de despovoamento por parte dos jovens que nelas não encontram as mesmas condições das cidades do litoral ou do estrangeiro. Agora, regiões nas quais predomina a velhice são de imediato denominadas "regiões de morte social". Como se o predomínio da terceira idade fosse motivo para tão drástico apelativo. Parece que os velhos se identificam já com mortos, mortos indesejáveis, quem sabe se a deambularem como fantasmas enfadonhos para o enojamento dos humanos.

O culto do hedonismo e do consumismo aterroriza facilmente aqueles que veem nas faces enrugadas e nas pernas esqueléticas a possibilidade das suas próprias representações futuras. Em *Regresso das Cinzas*, Ray Bradbury dá um grito de alerta a esta sociedade global em que os velhos são desprezados, olhados como um pesadelo e não como um fator de ressurgimento junto dos jovens.

É urgente reabilitar os conceitos de vida em que a dignidade humana seja prioritária. A qualidade de vida tem de abranger novos e velhos. Uns e outros são desejáveis nas regiões onde os obstáculos são enormes.

Como escreve Ray Bradbury, a "vida é uma visita rodeada de sonhos" (p. 161). O nascimento e a morte usufruem de um espantoso paralelismo. A saúde e a doença vivem confrontando-se. A velhice e a juventude completam-se, como se fossem partes de um único todo.

E se a vida tem um sentido, a velhice e a morte também o têm. Escreve Ray Bradbury:

> *Os fins de tarde são amados porque desaparecem. As flores são amadas porque se vão [...] no coração dos bons-dias matinais e das gargalhadas da tarde, encontra-se a promessa do adeus. No focinho cinzento de um cão velho, vemos um adeus. No rosto cansado de um velho amigo lemos longas viagens sem regresso (p. 159).*

Essa uma das passagens mais significantes deste romance em que a ficção fantástica assume um dos seus pontos mais altos. Trata-se de uma escrita plena de beleza poética e metafórica, em que o autor contribui para a elevação e fortalecimento do sentido da vida, colocando-a sempre com o contraponto da memória dos velhos e da sua sabedoria.

Aqui, as raízes da sabedoria dos antigos consolidam-se. Mas,

> com a passagem do tempo, um homem jovem surgiu na estrada, como alguém emergindo de um sonho ou saindo das marés calmas de um mar silencioso, e encontrou-se numa paisagem estranha, olhando para a Casa abandonada, como se soubesse mas desconhecesse o que esta tinha, em tempos, contido. (p. 195).

Em *Regresso das Cinzas*, a leveza incerta e incauta das horas e dos dias das crianças ganha o esplendor da recordação de "um milhar de tardes" (p. 14). Um "milhar de tardes" repetidas sem fim por tempos a passarem, sem que as sociedades demasiado apressadas dos nossos dias se voltem e vejam os tesouros ocultos nelas e a descobrir.

O TEMPO E O ROMANCE DE FICÇÃO CIENTÍFICA [201]

O mistério do tempo tem sido motivo de inspiração de romancistas, filósofos e cientistas. Alguns talvez "à procura do tempo perdido" como disse Marcel Proust no seu longo e estranho romance assim titulado; o filósofo Heidegger escreveria um longo ensaio sobre os enigmáticos e imbricados sentidos do "ser e do tempo", no século XX; e, Prigogine, Prêmio Nobel da Química, publicou o ensaio *O Nascimento do Tempo* numa tentativa de descobrir se é o homem a criar o tempo ou se este conceito existe realmente.

Neste dealbar do século XXI, o tempo continua a ser razão de acesas interrogações. Apesar das reflexões e das divagações sobre o seu sentido, as suas dimensões, a sua aparente ou real importância para os humanos, sempre confrontados com a sua complexidade e o seu abstracionismo, o tempo continua a ser um dos alicerces temáticos da literatura de ficção científica. É que os

---

[201] *O Primeiro de Janeiro*, Suplemento «das Artes das Letras», 14/3/2005; Internet, www.triplov.com, 4/4/2005.

comportamentos humanos imbuídos de tempo e de vida escapam às amarras com que somos por ele condicionados.

Numa época em que a tecnologia e a ciência espacial se intersectaram como nunca em épocas anteriores, tem prosperado no mundo civilizado (Ocidente, em especial) toda uma literatura fantástica e de inspiração científica que procura interpretar os sinais do tempo.

É uma literatura resplandecente nos Estados Unidos da América, na França, na Grã-Bretanha. Contudo, em Portugal, tal não se verifica. Aqueles leitores a quem a tecnologia/informática e a ciência são motivo de interrogações ou de curiosidade não dispõem senão desses romancistas estrangeiros se optam por este gênero de literatura. Para usufruir da inovação e da criatividade aí presentes, resta recorrer às traduções de maior ou menor qualidade.

De fato, em Portugal, falta essa descoberta dos valores do passado em confronto com os valores do presente, fortemente inspiradores dessa literatura cultivada por um H. G. Wells, um Philip K. Dick ou um Stephen Baxter.

Os escritores portugueses têm desprezado as temáticas de vertente filosófica e ignorado a vertente da ficção com inspiração científica. O gosto pelas conquistas da ciência não tem obtido a curiosidade suficiente para inspirar os romancistas.

A par disso estará o fato de o ensino continuar com metodologias de tipo erudito, continuar a separar os domínios da ciência daqueles que dizem respeito às letras, manter em polos quase antagônicos os dois saberes? A pluridisciplinaridade nos cursos do ensino superior não existe. Quem tira cursos de matemática não tem cadeiras de opção nas áreas ditas humanas e sociais. O divórcio entre as duas culturas, a científica/tecnológica e a literária/filosófica é, assim, muito acentuado.

Talvez por essa razão os escritores portugueses vivam num mundo à parte, sem que as inovações de natureza científica influenciem as suas obras. E, com a expressão num mundo à parte, queremos dizer que escrevem os seus romances como se a ciência, a tecnologia, as questões da mente e do pensamento, pouco tivessem a ver com eles.

Ora, não estará isto ligado ao fato de os nossos cientistas terem pouca audiência nos meios culturais? E, consequentemente, não comunicarem a sua mensagem a públicos que ultrapassem as suas universidades? Aliado a isso, tendo escassíssimos meios para desenvolver, em Portugal, uma avançada investigação científica, é rara a notabilização do cientista português e, assim, o seu prestígio é diminuto à escala nacional.

Por outro lado, não terão os políticos portugueses uma importante quota de responsabilidade ao considerarem pouco rentáveis os investimentos financeiros no cultivo das ciências exatas só porque não dão lucros? Não terão cultivado demais medidas imediatistas para resolver problemas a curto prazo e esquecendo os benefícios a médio e longo prazo? Porque não têm cultivado uma política de desenvolvimento e valorização das elites científicas? Será assim que nos vamos equiparar à maior parte dos países da União Europeia a que pertencemos? Será assim que querem criar investimentos produtivos? Não seremos capazes de inovar em vez de imitar sempre os outros como se as ideias estivessem condenadas a vir do exterior?

É urgente que se prepare uma sociedade voltada para a criatividade e não para a imitação. Não podemos continuar a seguir os passos do ensino de tipo jesuítico, mas antes aqueles que nos levaram à fundação da "Escola de Sagres", à dinâmica universidade que tivemos no século XV e às navegações que criaram as condições para uma revolução científica na Europa dos séculos XVI e XVII.

Temos estado parados "no reino da estupidez", ou seja, de costas voltadas para as problemáticas do ser e da existência, do finito e do infinito, da máquina e do sonho. Foi Fernando Pessoa quem, logo nos princípios do século XX, enveredou por uma poética virada para a ciência e a tecnologia. Lembremos as obras que assinou com os heterônimos Ricardo Reis e Álvaro de Campos! Mas quem deu a esse seu sinal de alerta para as coisas da ciência mais do que uma efêmera e vã continuidade?...

A literatura de ficção científica inspira-se precisamente nos novos rumos iniciados por uma humanidade em busca de si própria, procurando descobrir o "impossível", conquistar o espaço sideral das distâncias sem fim, conhecer os limites da genética humana, os largos caminhos da engenharia informática, os mistérios assombrosos da biologia embrionária ou da biofísica do cérebro.

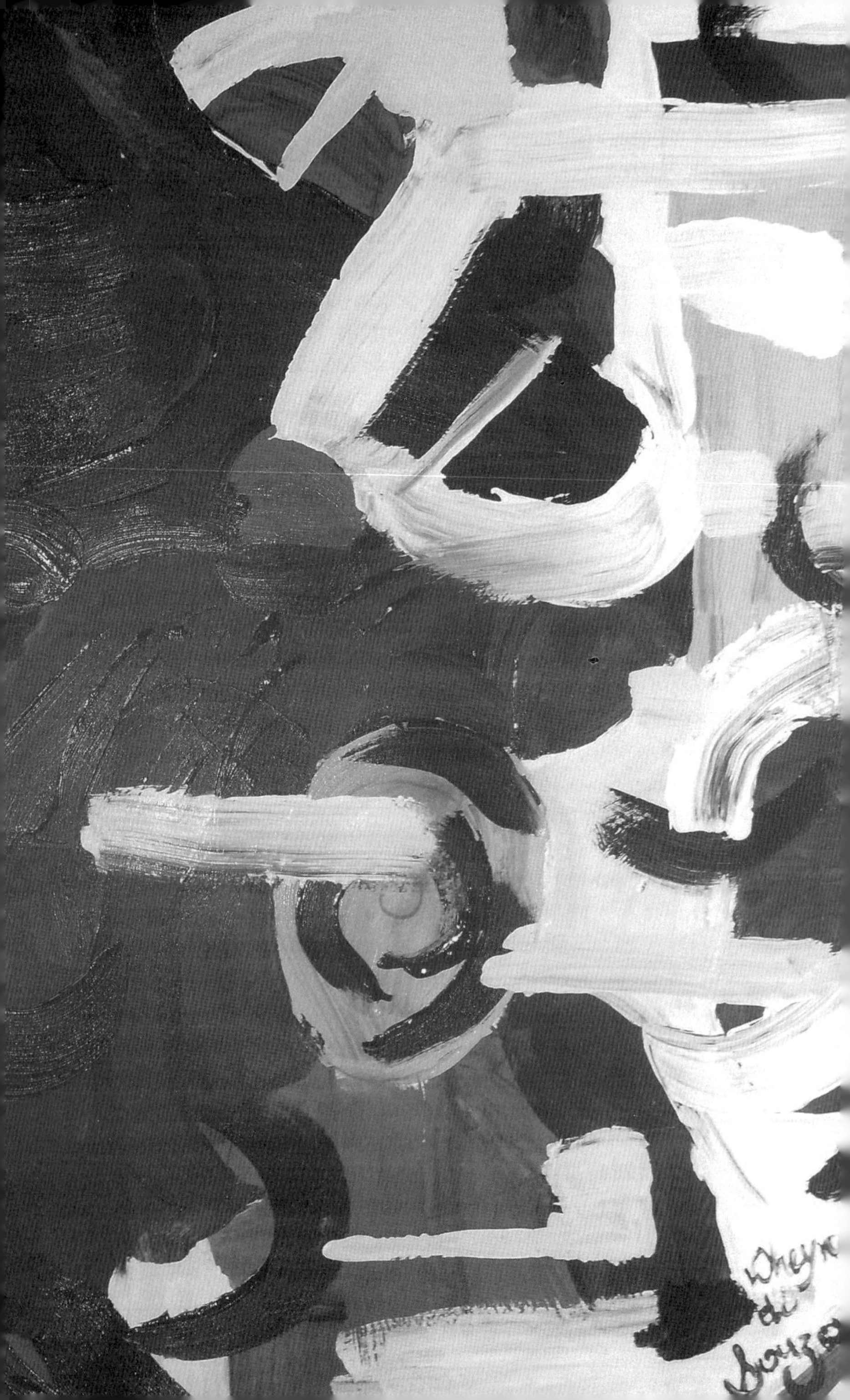

É neste contexto de larga informação tecnocientífica que nos é dado viver. E como todo esse manancial é subaproveitado! A nossa literatura vegeta em confronto com os escritores norte-americanos ou da Europa ocidental. Só os ensaios de divulgação científica de alguns cientistas portugueses e as traduções de cientistas estrangeiros têm tentado colmatar uma lacuna inadmissível no Portugal de hoje.

A maioria dos romances portugueses que circulam nos espaços para livros dos nossos "shopping centers", particularmente nas fnacs dos macrocentros comerciais de Lisboa, em particular, caracteriza-se pela esterilidade não só nos aspectos formais da construção literária como também nos conteúdos demasiado repetitivos. É uma narrativa romanesca eivada de conteúdos estafados. São as temáticas dos fracassos de casais à beira do suicídio ou da depressão, em que o sexo deleita e mata. São as deambulações à volta da pedofilia ou da homossexualidade, é o gosto pelas atmosferas em que se instalam sempre relações afetivas instáveis, prontas para a ruptura. É a acentuação dos comportamentos excêntricos de uma moda que cultiva a beleza corporal, é o predomínio de toda a espécie de permissividade na sociedade laica, é a dessacralização do amor reduzido à sua face exclusivamente hedonista, é a recusa do sofrimento como motivo de valorização humana. É também a consequente perda de sentido para o aperfeiçoamento humano, o desprezo pelos comportamentos inseridos em tradições ancestrais, em suma, o desprezo pelos antepassados, pelos que estão velhos e já não produzem riqueza. É a ausência de curiosidade pela diversidade dos novos caminhos que se estão a construir no planeta Terra com base num conhecimento estruturado no saber tecnológico de fundamento científico.

Afinal, a literatura deveria ser o corolário e o contraponto da ciência e da tecnologia. Poder refutá-la, contradizê-la, alertá-la, divulgá-la. A literatura pode oferecer à ciência e à tecnologia a sua verdadeira dimensão de modo mais direto, de modo mais acessível para aqueles que desconhecem a específica linguagem da física, da cosmologia ou da bioquímica. Não dando asas à imaginação também nesses domínios, a literatura soçobra e reduz-se nas suas possíveis escalas.

A capacidade do romancista em selecionar aspectos mais revolucionários e benéficos ou, ao contrário, contraditórios e mesmo retrógrados, vai trazer à literatura uma nova atmosfera em que a renovação provocará o implementar de novas temáticas e de inovadoras técnicas. A sensibilidade, a emoção e a paixão do escritor ficam, a partir de agora, postas à prova. As ciências exatas só terão a ganhar. A literatura, como intérprete da sua importância, ganhará um novo alento e será um incentivo para aqueles que, de outro modo, nunca saberiam nada de ciência.

É nesta ambiência de "apagada e vil tristeza" (diria Camões) que a literatura portuguesa se arrasta sem visionarismo, sem o escape da imaginação para se alargar a outros espaços, que o mesmo é dizer, para outras temáticas e outras formas. Como se tem verificado em Portugal, persiste o lápis da desconfiança em contraste com o lápis da novidade que a cultura científica e tecnológica proporciona. Com estas palavras não queremos dizer que não continuasse a publicar-se a literatura dita clássica. Não obstante, seria um sinal de vitalidade cultural divergir do ato de todos escreverem sob a mesma sigla orquestrada pela mesma batuta orquestral.

A ficção científica tem leitores em Portugal. Os jovens preferem-na. É natural, se tivermos em linha de conta que a imaginação, a aventura, a diferença, a audácia mental, os seduz. E não estarão eles a recusar toda uma literatura de frustrados ou "vencidos da vida" ou de escritores em busca de prêmios literários que se traduzem em largas remunerações monetárias que são recebidas quase sempre pelos mesmos?

Como escreve Stephen Baxter em seu notável romance *The Time Ships* (*Les Vaisseaux du Temps* na tradução francesa), "percebi que era possível que o futuro não fosse um estado fixo, mas qualquer coisa de variável". Nós também pensamos assim.

A POLÍTICA E O MITO
EM FERNANDO PESSOA [202]

A ausência de grandes teóricos do pensamento político é uma das maiores falhas da história do povo português. Esse fato foi lesivo da construção de uma política bem alicerçada e não em deriva, conforme os ventos e as marés de interesses e oportunismos imediatos. Portugal só brilhou quando surgiu um D. Jerónimo Osório no século XVI, um D. Rodrigo da Cunha no século XVIII ou um Almeida Garrett no século XIX.

Nos princípios do século XX, será Teixeira de Pascoaes a escrever *A Arte de Ser Português* (1915) e Fernando Pessoa a tentar fazer uma teoria sobre Portugal, conforme os seus papéis datilografados ou os opúsculos dados a lume nos constantes momentos críticos da política portuguesa.

Fernando Pessoa sentiu esses problemas talvez mais especialmente, porque tendo vivido e estudado na África do Sul de cultura inglesa até aos dezassete anos de idade, olhou Portugal como um estrangeiro que, ao desembarcar em Lisboa, observa os costumes e os comportamentos sociais com uma visão mais larga e mais funda.

Estas considerações vêm a propósito da leitura de um ensaio bastante curioso da autoria de Brunello de Cusatis recentemente publicado por Caixotim Edições, intitulado *Esoterismo, Mitogenia e Realismo Político em Fernando Pessoa*.

Este estudioso da literatura e da língua portuguesa, é professor de Literatura Portuguesa e Brasileira na Universidade dos Estudos de Perugia, na Itália. Tendo publicado ensaios sobre as obras de Antero de Quental e Fernando Pessoa nas suas vertentes literária e política editados no seu país, acaba agora de ver uma das suas deambulações sobre Fernando Pessoa publicada pela Caixotim, conceituada editora portuguesa, com sede na cidade do Porto.

---

[202] *O Primeiro de Janeiro*, Suplemento «das Artes das Letras», 13/6/2005; Internet, www.harmoniadomundo.net, 12/10/2008.

Brunello de Cusatis faz uma análise objetiva de problemas levantados pelo pensamento político do autor de *Mensagem*. Para ser mais concreto, divide o seu ensaio em duas partes: "Contemplação", em que aborda os aspectos míticos assim como os de natureza esotérica de muitos dos escritos do poeta, e "Actuação", em que mostra a sua intervenção por meio de opúsculos ou artigos de revista.

Releva, desde logo, a importância dada por Fernando Pessoa ao mito na história do povo português, o contínuo recurso ao sebastianismo, a intuição de um Quinto Império para realizar Portugal (e a própria Europa), a ausência de fidelidade aos valores nacionais, designadamente com o internacionalismo da Maçonaria.

Neste contexto, Brunello de Cusatis acentua o papel das ciências ocultas no desenvolvimento do pensamento político do poeta, referindo-se, especificamente, à sua nota biográfica escrita em 30 de março de 1935: "Fiel à tradição secreta do cristianismo" e "iniciado nos três graus menores da (aparentemente extinta) Ordem Templária em Portugal [...]". E conclui: "Aqui, a atitude 'Contemplativa' de Pessoa [...] que se definirá em carta a Adolfo Casais Monteiro, como um 'nacionalista místico, um sebastianista racional'" (p. 30).

Captar, pelos pontos abordados, o(s) sentido(s) do pensamento político de Fernando Pessoa, eis a meta a atingir neste trabalho levado a cabo por Brunello de Cusatis: o poeta dos heterônimos era essencialmente um espírito atormentado com a decadência da Pátria. Decadência endêmica que ia vendo nos dois regimes que a sua vida de juventude viveu e a de adulto atravessou.

Os erros do Constitucionalismo monárquico repetiam-se com o regime republicano. Outros erros foram cometidos pelos autores da revolução de 28 de maio de 1926. Esta evolução política teria marcado, segundo Brunello de Cusatis, todas as mudanças de pensamento político de Pessoa. Nos escritos dispersos, publicados ou inéditos, dos quarenta e sete anos da sua vida, há um denominador comum: o sentimento patriótico.

Portanto, não se trata de uma personalidade fragmentada e incoerente, mas antes de uma personalidade que punha os interesses da nação acima da partidocracia do constitucionalismo monárquico e do parlamentarismo republicano. O sentido de pátria era, na verdade, muito vincado no poeta que colaborou, com tanto entusiasmo, no movimento (e revista) da "Renascença Portuguesa" (1912).

É precisamente a Ordem dos Templários que se lhe afigura ainda um bastião da força da tradição e dos valores portugueses. E, como efetiva "fundadora de Portugal", devia ser também a "condutora de Portugal, não somente do passado mas também, e sobretudo, do futuro" (p. 30).

Segundo Brunello de Cusatis, há que realçar um Fernando Pessoa em busca de uma mística e de um mito, um grande mito que daria consistência à nação, sem a desnacionalizar, como acontecera com as revoluções liberal ou republicana.

Na segunda parte, que intitulou "Actuação", Brunello de Cusatis nota, acertadamente, que "a vida social e política de Portugal entre 1910, ano da implantação da república e 1935, ano da morte do poeta, foi caracterizada por contínuas e intrincadas mudanças de regime e de governo, golpes de estado, agitações e revoluções" (p. 68).

Esta fragmentação da coesão nacional, a desnacionalização provocada pela cedência a valores de outras nações, que não seriam prejudiciais se fossem universais, esvaziava o povo português dos seus fundamentos mentais edificados com a cruzada cristã (papel relevante dos Templários) e a consequente criação da nacionalidade no século XII e a atingirem o ponto mais alto no século XV, com os Descobrimentos, que lançariam a Europa numa verdadeira Idade de Ouro.

As "desaprovações" de Pessoa, como escreve Brunello de Cusatis, refletem, sobretudo, o seu ardor patriótico e, ao mesmo tempo, os seus intuitos universalistas: "Era o seu amor patriótico, o julgar o seu país desnacionalizado e retrógrado que o levariam, nos planos político e econômico, a encontrar e propor soluções, apenas na aparência entre si contraditórias" (p. 56). Assim, o autor desse incisivo ensaio considera as polêmicas nascidas do pensamento político de Fernando Pessoa, entre as quais destaca a travada entre Jacinto do Prado Coelho e Alfredo Margarido, como desnecessárias.

"O acesso ao poder dos homens mais competentes para exercê-lo" (p. 38) devia pautar a vida política de um país. Por isso,

> o liberalismo de Fernando Pessoa reflectia fundamentalmente [...] o seu aristocratismo (no seu sentido etimológico de governo dos melhores) antidemocrático, o seu extremismo individualista, a sua recusa do socialismo e, portanto, de todos os centralismos estatistas (p. 57).

Como muito claramente afirma Brunello de Cusatis, Fernando Pessoa, "da Raça dos Descobridores", "despreza o que seja menos que descobrir um Novo Mundo!".

Para o fazer de novo, seria preciso "um grande mito nacional" e, a Portugal, não faltavam antecedentes históricos. "A mitogenia portuguesa era demasiado rica" (p. 14) para não ser possível fazer um "renascimento" de Portugal. Como diria Pessoa, "é a hora", ou estaremos ainda longe desse tempo de recriação da Pátria?

OS ESTRANHOS PERCURSOS DO POETA [203]

> *Tudo era límpido como uma estrela eterna e eles pairavam tão quietos que podiam sentir o tempo futuro rolando lúcido dentro de seus corpos com a espessura do longo passado que instante por instante acabavam de viver.*
>
> Clarisse Lispector,
Perto do Coração Selvagem

Poeta fascinado pela vida urbana, Claudio Willer publicou na editora Lamparina (Rio de Janeiro, 2004), *Estranhas Experiências e Outros Poemas*. Na expressão *Outros Poemas* são publicados textos dos livros anteriores *Jardim da Provocação* (1981), *Dias Circulares* (1976) e *Anotações para um Apocalipse* (1976). Trata-se de um curioso

---

[203] Internet, www.triplov.com, 6/7/2005; *O Primeiro de Janeiro*, Suplemento «das Artes das Letras», 18/7/2005.

conjunto de poemas intercalados por pequenos textos em prosa, criteriosamente selecionados pelo autor. A primeira parte do título, *Estranhas Experiências*, constitui o *corpus* dos poemas inéditos.

> Poesia enraizada no quotidiano da cidade, procura nela os momentos propícios à fantasia, ao sonho, à magia: "Meus pés se afundavam na pedra e no cimento dos caminhos e descobriam o hálito morno de cidade-fantasma e a pulsação mais íntima da alma que busca libertar-se" (p. 135). Os sentidos atentos do poeta aí estão para os transpor para a palavra. Como escreve em um de seus poemas, há "um eco rascante das sandálias sobre o chão de mármore" ou, em contraste, "o vazio [...] penetra até a medula dos ossos" porque, afinal, "o vazio que chega a nós com a simetria de um poema clássico" (p. 33).

Escrever é a asa liberta do poeta, a asa à solta planando sobre os jardins ou a chuva, os livros ou o calor das noites de verão: "escrevo sobre o que está aqui: / as fotos em preto e branco / brilham loucamente / – são janelas" (p. 33). Os pormenores fazem parte das noites de amor: "a colcha era verde e a lâmpada azulada" (p. 29). Envolto em ritual, o amor ganha a força do sobrenatural, a que não podiam deixar de se juntar os livros, esses magos cobertos com uma capa sempre a velar pelos seus secretos caminhos.

No poema "Verdade", Claudio Willer lembra que "as fachadas dos edifícios são rostos". E, como esses rostos se cruzam com "todos os que agora vagam pelas ruas, os personagens fantásticos, os videntes, os marginais" (p. 36). Para Willer, tudo parece fazer parte de um mesmo quadro, errante, fugidio, cheio de reflexos, de espelhos e de sortilégios: "a realidade é uma geometria de corpos" (p. 53).

Enredando-se nos labirintos do quotidiano em que se move um tanto perdido, o poeta descobre nos versos o encanto e a fonte viva que desvenda os sinais do mar: "o mar e suas gavetas de cristal / seus andaimes de prata [...] / seu recheio de quadros abstractos / [...] suas mãos de dedos transparentes a perder de vista" (p. 59).

No poema "A chegada do tempo", Claudio Willer canta a chegada da primavera como se fosse "modulações da claridade /sensagens de chuva e vento / música silenciosa vibrando no corpo / luz acariciante aos domingos pela manhã" Depois, conclui: "escrever é matar-se aos poucos / deixar de ser / alegremente" (p. 42). Todo o maravilhamento das sensações transparece e a própria morte só tem algum consentimento neste ofício de letras navegando.

Entre real e irreal, o poeta de *Estranhas Experiências* joga com as imagens efêmeras e esgotantes, mas sente a exaltação a aflorar no poema "Escritos ontem". Aqui, Claudio Willer acredita ainda na dimensão humana, às vezes sufocada, como se não a merecêssemos, às vezes impetuosa demais, como se fosse um impossível:

> *o Sol será nosso / o centro do universo fica aqui / resistimos / pelo sagrado direito ao sonho / e todos os seus mundos / resistimos / operações mágicas continuarão lícitas / neste dia de sombras vivas que se confundem com a alma / todos os seus desejos se realizarão / o que você pedir lhe será dado / profecias se cumprirão (p. 52).*

As palavras são o arco-íris do poeta, porque elas criam mundos novos e rebeldes, mundos cheios de água viva e refrescante, mundos para olhar com o sorriso das sensações puras e que edificam o sentimento de que vale a pena a grande aventura do desconhecido que a vida encerra.

PARA UMA "NOVA IDADE NO MUNDO" [204]

A Influência de Joaquim de Flora em Portugal e na Europa, obra recentemente publicada (2005, Roma Editora) por José Eduardo Franco e Frei José Augusto Mourão (professores na Universidade Nova de Lisboa) é um dos mais importantes contributos para o estudo do pensamento teológico e político na Idade Média. De fato, Joaquim de Flora (1130/35-1202), teólogo contemplativo da Ordem de Cluny, foi um dos mais influentes espíritos do século que marcou o nascimento da figura do intelectual e das universidades.

---

[204] Internet, www.triplov.com, 8/9/2005; *O Primeiro de Janeiro*, Suplemento «das Artes das Letras», 12/9/2005; *Notícias de S. Braz*, setembro/2005; *A Avezinha*, 20/10/2005.

A originalidade dos seus escritos deve-se sobretudo à preeminência que dá no livro *Concordia Nova* ao Espírito Santo, relativamente ao Pai (Idade dos Anciãos) e a Jesus Cristo (Idade dos Jovens). As duas primeiras idades correspondiam aos tempos primordiais da humanidade e à era de Cristo. Este ponto de vista transgredia a concepção comumente aceita de que o *Gênesis* bíblico correspondia a um Paraíso terrestre em que o homem e a mulher (Adão e Eva) tinham sido perfeitos e, por isso, felizes, até à queda pecaminosa que os fizera perder a pureza que era própria da sua grande espiritualidade.

Ao longo dos tempos, o homem decairia cada vez mais, tornar-se-ia mais rebelde à obediência ao Pai e acabaria por terminar o seu caminho na Terra com um terrível apocalipse que castigaria implacavelmente os pecadores e daria a recompensa aos eleitos ou puros de coração (Bem-aventurados os puros de coração porque verão a Deus, Mat.5, 8). Este final de caminho em descida em vez de ascensão, perturbava demais a sensibilidade de Joaquim de Flora. Como conciliar a história da salvação cristã com essa evolução progressiva rumo ao pecado em vez de ser uma via da perfeição, ou seja, da virtude? Na verdade, a espiritualidade constitui para Joaquim de Flora o cerne da perfeição humana, o ponto em que o ser humano toca mais de perto a perfeição do Pai ("Sede perfeitos como meu Pai é perfeito", disse Jesus), e a única que garante a toda a humanidade um caminho de salvação e não de perdição.

Segundo o abade do mosteiro de S. João de Fiore, a evolução da humanidade processa-se, com um lento, mas progressivo aperfeiçoamento da conduta humana. A Idade do Pai, o Deus judaico (Antigo testamento), respeitava ainda a uma época de trevas, de ignorância e de barbarismo, de grandes pecados da carne, cuja punição era, desde logo, exercida pelo Pai. Essa precedência do mal leva-o a colocar a Idade do Espírito Santo como a última idade da evolução humana e, precisamente, a coincidir com a vitória dos puros ou espirituais (Idade das Crianças).

Autor de uma obra que se antecipou a algumas teorias filosóficas futuras, rejeitou, designadamente, a cruzada armada contra o Infiel, o desprezo pelo espírito de pobreza e as concepções de índole apocalíptica e milenarista com que a *Bíblia* era interpretada pela Igreja.

As perspectivas filosóficas milenaristas, segundo as quais o mundo teria de acabar no fim de um milénio, constituíram o principal motivo de o abade de Flora procurar fazer uma reforma da leitura do *Livro* sacro. Uma das mais influentes teorias monásticas sobre a evolução da humanidade formulada sobre a tríade das Idades do mundo, surgia, assim, para contrariar as análises da *Bíblia* propagadas pelo Papa e, em consequência pelos teólogos da Igreja.

A Influência de Joaquim de Flora em Portugal e na Europa, obra conjunta de José Augusto Mourão e José Eduardo Franco, é um valioso contributo para o conhecimento mais aprofundado da importância do pensamento deste monge contemplativo e das suas repercussões na Europa dos séculos subsequentes.

Até aos nossos dias a teoria da Idade (final) do Espírito Santo tem tido adeptos entre teólogos, filósofos e poetas. Na Itália do século XIV, Dante compôs a *Divina Comédia* "tirando consequências escatológicas bem concretas do edifício profético assente na doutrina das Três Idades" (p. 77). Na verdade, há um esquema Joaquimita, quando Dante faz a narrativa processando-se desde o Inferno (1º Livro) até ao Paraíso (3º Livro), com o estado intermédio do Purgatório (2º Livro).

No século XIX, o filósofo Fichte haveria de dizer que vivendo nós na "era da perversidade total, tudo leva a pensar que esta antecederá o tempo da regeneração" (p. 89). Os autores referem-se igualmente à sua influência em Lessing, porque "concebe a Terceira Idade como o futuro reino da razão, da realização humana perfeita e da consumação dos ideais do Cristianismo" (p. 88). Além disso, neste filósofo alemão abundam as "referências a S. João e ao Eterno Evangelho do Apocalipse" (p. 91). A palavra escrita de Joaquim de Flora também não passou despercebida a Augusto Comte, quando dividiu a evolução histórica da humanidade em três estádios: estádio teológico, estádio metafísico e estádio positivo ou científico. Este último estádio corresponde à Idade do Espírito Santo numa "manifesta extrapolação do numinoso para o âmbito do domínio terrestre" (p. 88).

A prevalência do espírito de Joaquim de Flora no nosso tempo é salientada, de igual modo, ao referir-se a estrutura da obra romanesca *O Nome da Rosa* do italiano Umberto Eco e do ensaio filosófico de Giorgio Agamben, destacando uma passagem de *Le temps qui reste* (Paris, Rivages, 2000): "Toda a modernidade está empenhada num corpo a corpo hermenêutico com o messiânico". E conclui-se: "A linguagem messiânica tem de ser pensada hoje como a tradução [...] de uma atmosfera psicopolítica e psicorreligiosa" (p. 90).

Muitos outros autores sobre quem incidiu a luz espiritual de Joaquim de Flora são referidos neste interessante ensaio de José Eduardo Franco e José Augusto Mourão. Referimo-nos, designadamente, às importantes repercussões do pensamento joaquimita em Fernando Pessoa, Agostinho da Silva e Natália Correia.

Também o movimento "New Age" e a expansão da cibercultura não podem desinserir-se da espiritualidade da *Concordia Nova*. Essa "concórdia" preconiza "a vinda de tempos novos"; por outro lado, como se sublinha, a "questão de fundo é a reforma e a conversão permanente" (p. 84).

O mundo pode converter-se à perfeição. Esta está ao alcance do homem. Não é uma utopia. Uma impossibilidade. É uma conquista. Uma vitória sobre as forças diabólicas que arruínam a esperança e desencadeiam a revolta. Aqueles que amam a paz não abdicarão de seguir por aí. Os puros de coração não despertarão só quando forem espezinhados pelos que nada têm de comum com eles.

O mundo do abade Joaquim de Flora é portador de uma mensagem que não pode ser esquecida, muito especialmente, nos nossos dias. Uma abertura absoluta a todas as correntes é benéfica, mas há que salvaguardar as inspiradas no Espírito Santo da Revelação, sob pena de infidelidade aos princípios em que se acredita. Se os tempos antigos cometeram erros, não se deve pensar que a cultura de massas contemporânea está imune a outros erros não menos graves. A intolerância para com as correntes espiritualistas, especificamente no universo cultural português, não abona em favor das correntes materialistas, antes as reduz a um comportamento intransigente e dogmático, idêntico àquele que elas condenam com tanta veemência!

A Idade da Perfeição ou do Espírito Santo não está num paraíso distante, mas num paraíso que está à mão da humanidade construir e que é, acima de tudo, uma escada ascendente que é preciso subir degrau a degrau até atingir o ponto mais alto. Para o alcançar, há que vencer o desalento e conquistar a esperança, alicerce de todas as vitórias:

> a originalidade de Joaquim de Flora assenta na ideia da história como progresso, na compreensão da revelação e no conhecimento de Deus, na existência de uma terceira idade, idade da esperança e o anúncio de um reparator que prepara a vinda dos novos tempos (p. 137).

Neste contexto, quem nos garante que o ciberespaço não virá a ser ainda um instrumento provocador, uma impressão digital incisiva ou um veículo dinamizador do caminho para a progressiva reconversão espiritual da sociedade humana? Uma nova ordem foi fundada por Joaquim de Flora no século XII (em 1196, uma Bula papal autoriza-o a fundar um mosteiro sob a invocação de S. João Evangelista e do Espírito Santo). Também no século XXI uma nova ordem terá de ser lançada na conquista do aperfeiçoamento humano até ao triunfo do ideal formulado pelo Cristo que o teólogo de Flora não desfigura. Antes, é a pedra angular sobre a qual se erguerá a mística Idade do Espírito Santo. No aperfeiçoamento moral da sociedade humana assentará a "Lei Nova" (p. 138). Na conclusão de *A Influência de Joaquim de Flora em Portugal e na Europa*, escreve-se:

> um abade de província transformou-se em profeta das "novas equipas" em meio urbano e um exegeta ortodoxo, submisso aos Papas, tornou-se o pai espiritual de inúmeras "rebeliões selvagens", suspeito de heresia [...] Joaquim alimentou todos os "apocalipses de facções", servindo os movimentos mais contrários: desde Espirituais franciscanos, seguidores de David Joris, seitas iluministas, rosacrucianos, maçônicos, aos templários (p. 139).

Um espírito iluminado, Joaquim de Flora caminhou na via sacra da perfeição rumo à almejada Idade do Espírito Santo.

NO CIBERESPAÇO, QUE CIBERCULTURA? [205]

A cultura moderna, definida pelo predomínio da tecnologia, dos interesses econômicos e militares, não pode sobreviver sem uma sempre desperta imaginação crítica e utópica.

E. Subirats, *Metamorfisis
de la Cultura Moderna, 1991*

A cultura tecnológica tem limites que negam algumas das mais importantes qualidades do ser humano, esse ser humano que a História testemunha, guarda e identifica. Trata-se de uma cultura que acorrenta, que manipula, sobretudo porque oferece estímulos cada vez mais sofisticados e, ao mesmo tempo, que seduzem os mais vulneráveis pela solidão em que a sociedade tecnoconsumista os lançou desde há pelo menos duas ou três décadas.

O olhar deixou de ser analítico, com um sentido crítico e observador. A desconfiança não parece ser uma característica da sociedade pós-moderna. Levantou-se uma atitude acrítica e crédula, demasiado crédula quanto a tudo que se recebe sem desejar, que é imposto parecendo dar liberdade de escolha. A publicidade invadiu todos os meios de comunicação social, mais dominados por máquinas eletrônicas ligadas ao humano do que por pessoas identificadas com normas eticamente aprováveis. O predomínio da mentalidade relativista e minimalista criou as condições ideais para que o humano fosse cada vez menos humano e o eletrônico cada vez mais humanizado.

Toda a novidade encerra uma carga benéfica, mas nada nos garante que também não venha imbuída de erros, deformantes ou minimizadores daquilo que já foi concebido. A novidade não possui nem conduz sempre a um avanço, a um progresso garantido. Mas possui sempre algo que diverge daquilo que existia antes.

---

[205] Internet, www.triplov.com, 17/1/2006; *O Primeiro de Janeiro*, Suplemento «das Artes das Letras», 13/3/2006; Internet, www.harmoniadomundo.net, 1/9/2007.

O novo é o diferente. O novo pode não ser o melhor, mas pelo menos é, irrefutavelmente, a única coisa que pode ou pôde ser. Porque se assim não fosse, o novo nunca teria lugar. O novo seria impossível. A coisa nova não é imune à falha, porque ela própria antes de surgir resultou da imaginação que constrói, que cresce, que prolifera numa minoria que contesta, que rejeita o caminho seguido até então. Essa minoria opõe-se, de modo crítico primeiro, de modo utópico depois, ao *status quo* vigente, à afasia generalizada, à indolência geral.

Tudo o que nasce de novo resulta de uma insatisfação e de uma descrença no mundo cultural em que se vive. Assim começou de modo tímido, em 1953, com Wiener, Shannon e Turing o edifício que levaria, nos nossos dias, ao ciberespaço e à cibercultura.

Esta revolução sem armas de guerra evoluiu para a grande Rede Internética que globaliza e torna cada vez mais, vastos os universos individuais, quer no sentido do melhor, quer no sentido do pior, como o identifica o filósofo Virilio em *Cibermundo, a Política do Pior*. Pessimista em relação à cultura eletrônica é também Simmel ao falar de "tragédia da cultura" e ao associar a economia monetária ao poder científico-tecnológico.

Como escreveu Baudrillard, em 1997,

> *a Internet apenas simula um espaço mental livre, um espaço de liberdade e de descoberta [...] É-se o interrogador automático ao mesmo tempo que o respondedor automático da máquina [...] É isso o êxtase da comunicação. Não há mais o outro, em face, nem destinação final. O sistema gira assim, sem fim e sem finalidade [...],*

recorda José Augusto Mourão em *O Mundo e os Modos de Comunicação* (p. 207-208, Coimbra, Minerva, 2005). As vastíssimas autoestradas da informação percorridas no mundializado espaço eletrônico que está, cada vez mais ao alcance de todos, são o tema geral em que se divide esta sua curiosa intervenção ensaística no cibermundo internético.

O Mundo e os Modos de Comunicação é um livro sapiencial, que prende a atenção e nos dá uma visão muito rigorosa da problemática do universo tecnológico a que, desde a infância, somos progressivamente obrigados a obedecer, sob pena de nos isolarmos do mundo humano, esse humano em busca de uma máquina para sobreviver por já não saber viver com os outros, ou porque as cidades são, cada vez mais, monstros sem alma, sem encontro, sem descoberta da felicidade. "Um obscuro ambiente de fim de mundo envenena o ar. Neste ambiente o corpo tornou-se um obstáculo à comunicação" escreve José Augusto Mourão (p. 10).

No corpo visível é preciso construir pontes que iludam a sua visibilidade. A visibilidade tornou-se um domínio do preciosismo ilusório e trágico. A carne desencarna-se como se fosse necessária a morte do vivo, com toda a sua dinâmica adulterada e fria. Crescem virtuais linhas de escândalo na cidade frenética do virtual e de um fantasmagórico em que a maravilha se transforma num ecrã de luz intensa e com um som penetrante a escapar-se volátil e esquelético, sem poesia, sem discurso de verdade em que se esconde todo o conteúdo. Por isso, o autor de *O Mundo e os Modos de Comunicação* insiste na ideia de que "a imagem do corpo entrou em crise" (p. 12).

Estamos frente ao "homem electrónico [que] não tem essência carnal. O corpo pós-humano é uma tecnologia, um ecrã, uma imagem projectada" (p. 15). O humano adquire uma dimensão que o ultrapassa por meio dos meios de comunicação em que a tecnologia não disfarça a sua caricatura do mundo. A máscara afivela-se sem que o tempo se aperceba que tudo está ao serviço da mudança impenitente e ainda cheia de enigmas, a adensarem-se e fulminando tudo quanto pertencia a um real contemporizador com as horas de um tempo ainda não muito distante, as horas longas e férteis para aqueles espíritos habituados a serem essencialmente livres, plenos de autonomia e a arbitrar as decisões em que a democracia desempenhava uma função desinibidora e atuante.

Estamos perante um livro que nos provoca, nos faz pensar. E, nos arrepia quando o autor diz que "as redes dos computadores põem simplesmente entre parênteses a presença física dos participantes" (p. 15). *O Mundo e os Modos de Comunicação* é, afinal, e apesar de o autor não se enquadrar nos adeptos das grandes autoestradas eletrónicas, uma grande autoestrada da angústia humana ante a perda previsível e irremediável de caminhos mais à medida humana, mais à escala das emoções e dos comportamentos de risco, aventura e sonho.

Questões em aberto são postas de modo incisivo e pragmático. É preciso alertar aqueles que ainda leem para questões discutíveis e de labirínticas teias de pensamentos tanto recentes como antigos, tanto do mundo do romance como do mundo da poesia ou do ensaísmo. Áreas tão estranhas como a teologia, a ciência ou a tecnologia parecem imbricar-se, como se fossem temáticas familiares umas às outras, mas também surgem como se fossem campos fechados, que não se pudessem transpor, como se fossem compartimentos estranhos e alienados da realidade.

Tudo se encaixa em um já vastíssimo ciberespaço a estender os seus tentáculos que avançam a uma velocidade impensável e a tender para o infinito, o incorporal, o fim das coisas e o império das imagens que ninguém conhece e que se volatilizam como se fossem um fumo rápido ou como se fossem um vento que não deixa rastro.

Quando José Augusto Mourão escreve que "o ciberespaço significa a morte dos objectos reais" (p. 208) ou que "a idolatria moderna está aí: na sobreavaliação de Imagens que substituem as coisas" (p. 212) ou ainda que "o sujeito da vivência virtual é desprovido de corpo" (p. 212), tudo se torna mais claro e evidente. A realidade natural é posta em causa pelo ciberespaço. O sujeito humano perde a sua estrutura e integridade ética. O virtual transforma a frescura e a transparência de cada coisa num simulacro que respeita à imagem, sem vida natural, sem autenticidade.

No mundo virtual há uma aparência dominante. O real deixa de ter a virtude de o ser. Num real de novas dimensões espaciais tudo cresce como em um esquema labiríntico e, ao mesmo tempo lógico, mas em que a emoção é um estado deformado, "light", exclusivista e com os contornos do deprimente ou com a atitude do consentimento, mesmo do aberrante. Como acentua José Augusto Mourão, "a técnica está a mudar a nossa percepção do mundo. O nosso verdadeiro lugar é o possível. A realidade é apenas uma das variações do possível" (p. 81).

Numa abrangência quase a atingir o quadro de paredes virtuais que nunca cortam o caminho, o ciberespaço é um baluarte das novas correntes materialistas/minimalistas. É ele que dá expansão às suas teses, que eleva a ideia de que tudo vale sem diferenças e tudo começa a ser avaliado como se cada valor tivesse o mesmo grau de legitimidade no contexto humano. O mundo dos valores cristãos ocidentais está a ruir perante a onda avassaladora do princípio do prazer como o valor máximo e o único indiscutível nesta sociedade do consumo e da informação sem freios.

Ao admitir-se e ao aceitar-se a legitimidade de todos os valores individualmente considerados, deixa de haver espaço para valores universais, para a distinção entre bem e mal, entre justo e injusto, entre válido e inválido. A civilização ocidental, ao condescender com os novos valores de uma moda implacável, confrangedora e redundante deixa sossobrar os valores intemporais da realidade humana. De fato, diz Mourão,

> o processo de multiplicação infinita de informação, o desaparecimento dos centros, o apagamento progressivo das figuras de poder, dá lugar a uma ilusão de liberdade e de autonomia [...]. O ciberespaço não é a abolição das fronteiras nem das muralhas da cidade, mas sim a invisibilidade de fronteiras e muralhas, de valores e de poderes (p. 210).

A ambiguidade, as ambivalências, o anonimato, as tutelas do poder de lobbies poderosos, a cultura encapotada por interesses obscuros, os protecionismos financeiros de redes incontroláveis dentro da rede internética do ciberespaço, conduziram filósofos como Baudrillard, E. Subirats, Fiorese, P. Virilio, G. Simmel ou Serres, entre outros, a colocar-se numa posição de desconfiança e crítica das novas tecnologias da informação. Citando-os ao longo de *O Mundo e os Meios de Comunicação*, J. A. Mourão trata essa temática com o rigor que exigem os estranhos rumos das vastíssimas autoestradas cibernéticas em construção há poucos anos e já com tão inesperado êxito junto das sociedades ávidas de um "admirável mundo novo". A urgência de encontrar uma saída para a angústia em que a informação e o consumismo as tem mergulhado, vulnerabiliza-as e fá-las presa fácil da avidez incontida e prepotente. A sociedade, após duas violentas guerras mundiais, ficou fragilizada.

À mercê dos "deuses" de uma tecnologia desencarnada que a levou à veneração, como um verdadeiro mito, do lazer, deixou-se conduzir a um lazer fictício, repleto de imagens sedutoras como a velocidade, as fantasias imagéticas, os robotizados planos de repouso, a idolatria do corpo que não salvaguarda o lugar da carne física, que separada do corpo se torna absurda.

No mundo dos cyborgs, dos bits, dos freaks, dos híbridos, dos blogues, dos links, dos hipertextos, há pouco lugar para um corpo em movimento, pronto à aventura, ao sonho, à palavra que permanece, à amizade que não se reduz a um e-mail, ao amor que não se compadece com sexo à margem da comunhão e da fidelidade. Crescimento, globalização, abolição das diferenças na real desigualdade, são chavões que deturpam todos os sentidos úteis da informatização social. Às massas, incapazes de se aperceberem das assustadoras mudanças econômicas e políticas das comunidades globalizantes, só resta obedecer cegamente, submeter-se ao todo e deixar-se iludir conforme os padrões dos novos tempos.

Em *O Mundo e os Modos de Comunicação*, José Augusto Mourão oferece-nos uma visão que não deve ser omitida, esquecida ou desprezada pelos meios de comunicação. Aqui se encontram afirmações a alimentar a polêmica que a nova cibercultura deveria escutar para não ser alvo de tantas limitações quando diz ter como fio condutor os grandes espaços da liberdade.

Como escreve o autor deste valioso ensaio semiótico,

> com o colapso da realidade vs ficção, também a dualidade cartesiana espírito/corpo é eclipsada pelo conceito de "cyborg" que mina o conceito de "humano" [...]. Se as fronteiras entre humano e artificial colapsam, todas as outras realidades se dissolvem também e as suas partes tornam-se ininteligíveis, como prevê Donna Haraday no seu *Manifest for cyborg*" (p. 15).

E mais adiante: "Nunca fomos tão frequentados por monstros. Estão aí a 'nova carne', o cyborg, o pós-humano" (p. 18).

Ler essa obra é receber um sinal de alerta sobre o ciberespaço. Não o deixemos passar ao nosso lado.

GUERRA JUNQUEIRO, POLÊMICO ONTEM E HOJE [206]

> *Para isso combina os vários elementos*
> *Que compõem esta droga: o nome de Maria,*
> *Anjos e querubins, infernos e tormentos,*
> *Bastante estupidez e imensa hipocrisia.*
>
> G. Junqueiro,
> *A Velhice do Padre Eterno*

No seu périplo pela figura de Guerra Junqueiro, especialmente pelos locais que o seduziram, pela epistolário daqueles com que travou o diálogo da escrita, pela poesia com que arrasou os alicerces da Igreja Católica ou que o redimiu desses excessos difamatórios, Henrique Manuel S. Pereira, oferece-nos agora *Guerra Junqueiro – Percursos e Afinidades* (Lisboa, Roma Editora, 2005).

Esta obra é formada por um conjunto de textos escritos entre 1996 e 2005. Abordando a topografia literária do autor de *Horas de Combate*, lembra a questão do semitismo, as relações do autor de *A Velhice do Padre Eterno* com o Brasil, e a temática espírita das *Rimas do Além-Túmulo*.

Neste acervo de textos, Henrique Manuel Pereira faz-nos um curioso "Mapa" da estranha amizade com Teixeira de Pascoaes e anotações eloquentes a propósito dos *Contos para a Infância* e da *Tragédia Infantil* (publicados em 1877) (p. 141).

Finalmente, surge ainda uma referência detalhada ao Fundo bibliográfico, designado por *Junqueiriana*, ao inventariar o espólio que divide do seguinte modo: "Obras de Junqueiro" (100 obras entre primeiras e mais edições), "Restantes obras sobre o poeta" (293 obras) e "Índice onomástico".

Olhar dos vários ângulos possíveis e no confronto com os inúmeros pontos de vista, tanto contemporâneos, como posteriores

---

[206] *O Primeiro de Janeiro*, Suplemento «das Artes das Letras», 10/4/2006; Internet, www.triplov.com 18/4/2006; *A Avezinha*, 18/5/2006; *Ibidem*, 28/6/2007 (Suplemento de Aniversário).

à morte do poeta, célebre sobretudo pela sua veia sarcástica em relação a Deus e à Igreja católica, não pôde deixar de ser uma tarefa difícil e controversa.

Mas, como Henrique Manuel Pereira escreve nesta sua publicação, "muitos dos trabalhos sobre o poeta são deformação do homem, outros fotografia desfocada e sem profundidade de campo que nos dê o seu contexto mais próximo, real e cru, sem eufemismos ou enfeudamentos" (p. 47). Um exemplo é precisamente "a questão do semitismo de *Guerra Junqueiro*, (...) objecto de acesas discussões e irônicas caricaturas" (p. 48).

Entre o radical António Sardinha para quem "as taras de que enferma a mentalidade israelita, pululam à farta na obra de *Guerra Junqueiro*" (p. 50) e o abade de Baçal que afirma serem "os descendentes de António Madeira e Ana Afonso, ambos de Freixo, (e terem) sangue judaico do lado desta" (p. 54), outra pergunta se coloca ao autor de *Guerra Junqueiro – Percursos e Afinidades*: seria ele "cigano"? E Henrique Manuel Pereira argumenta com uma passagem de Francisco Fernandes Lopes, datada do ano do Primeiro Centenário do Nascimento do poeta: "O motivo por que Guerra Junqueiro não era 'judeu': – pela simples razão de que era 'cigano'" (p. 54-55).

Numa tentativa de ajuizar sobre o imbróglio, o autor recorre ainda ao testemunho do "capitão Barros Bastos, homem que empreendeu o resgate dos judeus em Portugal" e que "afirmava sem reticências a ascendência semita de Junqueiro" (p. 57). Segundo Henrique Manuel Pereira, o abade de Baçal, o conceituado historiador de *Memórias Arqueológico-Históricas do Distrito de Bragança*, deixou a questão em aberto provavelmente por duas equiparáveis razões: "uma questão de rigor ou mais por prudência" (p. 58).

Em *Guerra Junqueiro – Percursos e Afinidades*, é curiosa a pesquisa às sátiras feitas a Junqueiro, em particular, à obra *A Velhice do Padre Eterno*, publicada em 1885. Henrique Manuel Pereira começa por relacioná-las com as paródias feitas por autores que nos são hoje pouco ou nada familiares. A maioria dos casos são folhetos de dez a quinze páginas.

De fato, *A Velhice* foi a "obra que, mais do que nenhuma outra, contribuiu para fortalecer entre nós a corrente anticlerical, provocando grande impacto mesmo antes de ser publicada" (p.

207). E Junqueiro, bem lúcido da gravidade do conteúdo dos seus versos, não tendo dúvidas sobre a contestação que se lhe seguiria, escreveu numa carta ao amigo Luís de Magalhães:

> [...] a *Velhice* só pode ser posta à venda no dia 20. A razão é simples. No dia 19 vou a Braga e daí para o Porto. Ora, se o livro aparecesse no dia 18, arriscava-me a ir a Braga para a Eternidade com a cabeça partida por algum hissope (p. 207).

Neste ambiente inconformado com as diatribes rancorosas e inclementes com Deus, com Cristo e a Sua Igreja, *A Velhice do Padre Eterno*, é parodiada pela *Folha Nova* com o título *A Velhice da Madre Eterna* subscrita por Marraschino & C.ª. A identificação desse "controverso pseudônimo" será feita logo a seguir com mais alguns documentos, terminando Henrique Manuel Pereira com a passagem em que Marraschino & C.ª acaba por fazer uma respeitosa vênia ao Poeta de *Os Simples*:

> Marraschino & C.ª, sociedade trocista de gargalhada permanente depõe as pennas galhofeiras aos pés de Junqueiro [...] – o poeta colossal cuja lyra é um Hymalaia de tropos luminosíssimos e aos pés de Bordallo Pinheiro – o implacavel demolidor d'esta sociedade apodrecida e balofa. Ambos elles são uma força e foi à sombra d'esta honrada e gloriosa força que marraschino teve a petulância de flanar um pouco pelos domínios do escândalo alegre e da cebola (p. 213).

Na verdade, a ambiguidade do documento acima citado por Henrique Manuel Pereira, mostra bem como o prestígio literário de Guerra Junqueiro se acabou por sobrepor (e continua a sobrepor) à fé e à discordância de muitos a quem ele feriu os mais fundos sentimentos religiosos.

É sempre difícil não ver alguma desculpabilização para aqueles que, idolatrados pela política ou pela cultura do seu tempo, investem desmedidamente sobre temáticas que, sabem à partida, quanta popularidade lhes vão granjear. E a temática antirreligiosa é mesmo uma das mais promissoras formas de alcançar louvores e glória entre as hostes dos inimigos da Fé.

DESPERTAR PARA A CRIANÇA [207]

A criança protagoniza hoje um lugar relevante na comunicação social, como nunca antes. E por que acontece isso? Só porque a violência se abateu mais acentuadamente sobre ela. O ser com menos capacidade de se defender no mundo, é o menos respeitado. Uma sociedade egoísta e frustrada abate toda a sua cólera sobre um ser frágil e quase indefeso.

Como escreve o teólogo alemão Eugen Drewermann em *L'Essentiel est Invisible – Une Lecture Psychanalytique du "Petit Prince"* [O essencial é invisível – uma leitura psicanalítica de "O Principezinho"], a criança entra "numa sociedade que em vez de despertar para a sensibilidade espiritual, sufoca os sentimentos sob um sistema de terror organizado" (op. cit., Les Éditions du Cerf, 1992, Paris, p. 22). Esse sistema nada respeita, de fato, se não começa por respeitar a criança.

A criança entra num mundo que lhe é totalmente alheio, um mundo novo, cheio de novidade, porque ela não o compara com outro, precisamente porque não tem memória de qualquer passado. A criança sente-se perdida perante um ambiente que não é confortável para ela, porque este foi traçado pelas pessoas adultas, de acordo com os seus interesses, as suas angústias, as suas deformações de consciência.

De modo extremamente belo, E. Drewermann analisa, nesta obra, todo o drama da criança que é a personagem "principezinho", à procura de si próprio, à procura de um outro, e sem saber quem é afinal, ele que não se revê nas ações das pessoas crescidas.

Hoje, talvez como nunca em tempos anteriores, as crianças perdem-se delas próprias porque as chamadas pessoas crescidas só conservam nelas a perversão, o simulacro, a falsidade. E é com essa identidade doentia, dissimulada, impura, que se comportam com as crianças.

---

[207] Internet, www.agencia.ecclesia.pt, 23/10/2006; *Notícias de S. Braz*, Novembro de 2006; Internet, www.triplov.com, 4/11/2006; *O Primeiro de Janeiro*, Suplemento «das Artes das Letras», 27/11/2006; *A Avezinha*, 7/12/2006.

A criança confronta-se, assim, com um adulto que a trata como se ela fosse também um adulto, pois não vê nela senão maldade, agressão, fuga à autoridade, violência. Escreve Antoine de Saint-Éxupéry, autor de *O Principezinho* (citamos a partir da obra que estamos a referir): "Estou triste com a minha geração que está esvaziada de toda a substância humana" (op. cit., p. 45). Nós estamos demasiado tristes com a nossa geração, herdeira da geração de Saint-Éxupéry, porque é ainda mais violenta com as crianças.

Lembrando o Menino Jesus, o Deus-criança do cristianismo, Drewermann remete-nos para a necessidade de construir um outro universo para oferecer à criança que chega, inesperada ou desejada, compassiva ou nervosa, aos braços de sua mãe e de seu pai.

Em vez de construirmos "principezinhos" desencantados ou a caminho de um mundo de martírio infligido pelas ditas pessoas crescidas, devemos criar "principezinhos" maravilhados com o novo mundo em que entraram porque se sentem a viver num espaço de amor.

O amor cria corações bons, sentimentos fortes, desenvolve a confiança e dá asas à generosidade da criança. Aqueles que são capazes de amar os seus filhos, fazendo-os despertar para a procura do bem e, com ela, para a procura de uma felicidade alicerçada nesse mesmo bem, estão a erguer uma sociedade de pessoas crescidas mais felizes do que as da sociedade de hoje.

Esta sociedade a caminho da robotização, esta cultura da tecnologia levada até às últimas consequências ganha terreno e, pelos seus métodos, sabe enganar o incauto humano (que já foi ele também criança). Tudo isto se passa em uma estranha impunidade, que não podemos continuar a ver prosseguir imune à crítica, porque há "ouvidos" que não ouvem...

Neste mundo à beira de deixar escapar das mãos todos os valores éticos, resta-nos oferecer à criança um caminho para a esperança, na liberdade de não seguir pelos rumos deformados, perversos, cínicos, dessas pessoas crescidas, em que já nada há da criança que um dia nelas habitou.

Como acentua Eugen Drewermann, "uma "criança" como Jesus não se preocupa se os discípulos lavam as mãos ou não antes das refeições; o que a seus olhos, define a personalidade de cada um, é aquilo que se encontra nos seus corações, os pensamentos, os sentimentos que estão neles" (Mc.7, 1-13)".[208]

A POESIA, "FIO DE ARIADNE" PARA UM ROMANCE NOVO EM JOSÉ SARAMAGO? [209]

O que é a palavra? O que são as palavras? Para que servem? Por que as usamos em todo o nosso pensamento mesmo sem ser dito, mesmo sem ser escrito? Como podem maravilhar e como podem ser cruéis? Como parecem um labirinto atroz e como se ordenam tão perfeitamente? Perguntas, muitas perguntas, colocava a nostalgia no espírito do jovem José. Mesmo quando a mecânica ensinava as suas mãos a conceber ou a montar objctos de ferro forjado, interrogava-se sobre o sentido das estrelas a brilhar nos céus de Azinheira, procurava descobrir por que gostava tanto de livros – ele que só os conhecera para aprender na escola as primeiras letras –, tentava encontrar uma explicação para a morte ter colhido o avô Jerónimo, quando ele amava as próprias árvores do seu quintal, como se de pessoas amigas se tratasse.

Mais tarde, depois do trabalho, tornou-se assíduo leitor das bibliotecas públicas. Era preciso ler os poetas, os romancistas, aqueles que lhe podiam ensinar a arte da escrita, ainda que sem a orientação de professores, um pouco ao acaso, desorientado por vezes, mas sem desistir do seu intento, sempre incansavelmente. Como gostava de, um dia, começar a escrever, afinal, ser um escritor! E ser escritor era para o jovem José uma reflexão sobre a vida e os seus absurdos...

Guiado talvez pela beleza da persistência, ainda que trêmula, de uma daquelas estrelas que vira no céu em casa do avô Jerónimo e da avó Josefa, decidiu ser todo uma só vontade, todo

---

[208] *Ob. Cit.*, pág.18.
[209] Internet, www.triplov.com, 6/1/2007.

um atrevimento e lançou-se no voo alto de escrever. Aos vinte e quatro anos, enviou a um editor o romance *A Viúva*. Mas o editor chamou-lhe *Terra do Pecado*. Era o ano de 1947. O livro, ignorado pela crítica, acabaria a ser vendido numa padiola e o autor pensou que "o futuro não teria muito para lhe oferecer" ("Aviso" inserido na 2ª edição, datada de 1997).

Assim, somente em 1966, ou seja, dezenove anos depois da primeira edição de *Terra do Pecado*, José Saramago publicou um conjunto de poemas cujo título sugere a insegurança com que aventurava, pela segunda vez, penetrar o campo das letras: *Os Poemas Possíveis* (Lisboa, 3ªed., Caminho, 1985). Possíveis, ou seja, que lhe pareciam capazes para os dar à estampa. Quereria fazer melhor, mas as palavras não tinham saído. Contudo, seria a rampa de lançamento para, de novo, regressar à narrativa longa, discursiva, de grande fôlego, o romance. Como em *Terra do Pecado*, a grande temática, ou o tema-chave é a religião. Neste seu primeiro romance, toda a narrativa gira à volta do ritual religioso ou da religiosidade das personagens; mais do que uma fé virada para a ação, ou seja, tendo em vista a prática do bem, há nas personagens uma crença mais sujeita à superstição do que à fé, mais repetitiva do que espontânea, mais fictícia do que sincera.

É um certo tipo de sentimento religioso que José Saramago rejeita e condena vivamente, sempre numa busca incessante e obcecada de racionalidade para tudo o que o cerca. Neste contexto, surgiram muitos dos versos de *Poemas Possíveis*: "Ouvem-me calados os deuses" e "Aos deuses sem fiéis invoco e rezo" (poema "Aos deuses sem fiéis", p. 84), são duas expressões que evidenciam bem como o autor olha a religião, mas mais do que a religião, aqueles que se lhe dizem fiéis. Afinal, há deuses sem fiéis, ou seja, há "fiéis" que não são fiéis aos deuses. É a esses deuses que os fiéis desconhecem, porque não entendem o sentido da sua ética, que o poeta invoca e reza.

Estes, que não têm quem diga adorá-los e servi-los são bem diferentes daquilo que essas pessoas julgam, porque, na verdade, estes é que existem, ou melhor, só estes são benéficos. São estes que os devotos ignoram, desprezam, silenciam, impiedosamente, se, de fato, existem: ao verso "Deus não existe ainda, nem sei quando", acrescenta o autor, mais adiante, outro em que diz "Que o sentido da vida é este só: / Fazer da Terra um Deus que nos mereça, / E dar ao universo o Deus que espera" (poema "Criação", p. 82).

No poema "A um Cristo Velho" (p. 86) sobressai a amargura, a revolta, a rejeição e mesmo o terror perante aquele Cristo: "De caruncho mordido, desprezado, / Coberto da poeira que envenena". Aí, aflora a crítica do poeta àqueles que fingem segui-lo, que dizem nele acreditar. Mas, no modo como nele acreditam não fazem mais do que reduzi-lo, inferiorizá-lo, humilhá-lo. E no poema "Judas" (p. 87), José Saramago é ainda mais tempestuoso, mais acutilante, e avança ao dizer que "Sem Judas, nem Jesus seria deus". À sua revolta junta-se a angústia. O poeta procura, sem encontrar, um significado para o sacrifício de Judas e só o encontra no próprio Cristo (cujo sacrifício também não aceita): entre os doze fora o discípulo escolhido para ser o traidor; estava condenado, sem apelo, a não ter liberdade para escolher não o entregar àqueles que o queriam matar. Ele nem sequer sabia que se o não fizesse, Cristo não podia cumprir a sua missão, a missão que Deus lhe atribuíra. O problema da liberdade humana é aqui questionado tendo quase sempre por pano de fundo a crucificação de Jesus.

A religião surge em *Os Poemas Possíveis* como a expressão do que tanto preocupa José Saramago: a injustiça e os aviltamentos da liberdade humana, sem esquecer a desigualdade, existentes em muitas formas de religiosidade chamada cristã. Um mundo ocidental construído sob a égide da Igreja católica e disposto a segui-la, desde há muitos séculos, não foi capaz de edificar uma verdadeira civilização, uma civilização de amor, em que por irmãos não nos tratássemos, mas como irmãos, sem o pensarmos, nos comportássemos. Por isso, escreve: "A qual de nós engano quando irmão / Nestes versos te chamo?" (poema "Fraternidade", p. 75); "Este mal estar no mundo e nesta lei: / Não fiz a lei e o mundo não aceito" (poema "Não me Peçam Razões...", p. 116); ou ainda: "Foi Deus chamado aqui e não falou" (poema "Sé Velha de Coimbra", p. 88); "este mundo não presta, venha outro." (poema "Demissão", p. 78); "Não há mais horizonte. O silêncio responde. / É Deus que se enganou e o confessa" (poema "Não há Mais Horizonte...", p. 92).

O poeta grita, em cada um dos seus versos, a angústia do sofrimento que o percorre, concluindo que só lhe resta "Viver iradamente como um cão" (p. 75). Apesar disso, tem a esperança de tudo poder denunciar, ainda que mal-humorado, indiscreto, irado. Há muito calou a sua revolta. Chegou a hora de começar de novo, dizendo tudo o que recolheu na sua memória em agonia ao longo de uma vida desencantada e, por isso mesmo, plena de razões para a saber medir, a perscrutar até ao pormenor e até ao sem limite. Os versos são a libertação depois de tanto tempo silencioso, aparentemente silencioso, por jamais aceitar a ideia de que a palavra do poeta se perderia. E, deste modo, cada verso é um longo discurso, cada verso possui dentro de si um romance longo, cada sílaba detém a letra de cada palavra à espera da hora de se alongar e dizer em mil páginas tanta coisa só esboçada no verso curto e nos curtos poemas deste livro preenchido por uns simples *Poemas Possíveis*.

Nesta amálgama de poemas, a religião surge enfatizada, já na linha do seu longínquo e promissor romance de juventude *Terra do Pecado*. Todos os seus romances, peças de teatro, novelas ou memórias, publicados, posteriormente, refletem como a temática religiosa tem um cariz obsessivo em José Saramago. Lembremos *A Segunda Vida de S. Francisco de Assis, Memorial do Convento, Evangelho Segundo Jesus Cristo* ou *In Nomine Dei*. De fato, toda a obra romanesca de José Saramago pode encontrar-se, nas suas linhas mestras, esboçada em *Poemas Possíveis*. Como o próprio Saramago reflete em Nota da 2ª edição desta obra, "nele teriam começado a definir-se nexos, temas e obsessões que viriam a ser a coluna vertebral [...] de um corpo literário em mudança".

E é precisamente na arte poética que o escritor encontra a primeira forma de se afirmar, de se definir sem ludibriar, sem se esconder sob qualquer subterfúgio menos sincero. Essa será uma das características mais fortes de toda a sua escrita. Nos seus discursos narrativos está sempre presente a espontaneidade, a transparência, como se o seu eu se revelasse a si próprio, com toda a lhanura, ao revelar-se aos outros, sem disfarçar a rudeza das palavras e dos sentimentos, sem omitir o inconveniente, sem saber sofisticar, antes revelando-se, expondo-se até ao íntimo, como se tudo lhe faltasse dizer, como se tudo ainda estivesse por declarar. Está preparado para receber o juízo mais duro, a condenação mais cáustica. Mas não abdica da irreverência em um desesperado impulso de, criando, transformar o mundo que o intimida pelo ódio que respira e lhe provoca toda a agressividade da vítima da agressão, da vítima da humilhação vil e dolorosa.

Decide avançar para a batalha da acção e, sem medo, quer criar a consciência de que contentar-se é morrer, não desesperar é acomodar-se ao mal vencedor. E critica desapiedadamente. É a única arma que lhe resta: mundos novos elevem-se depressa, antes que já nada seja possível, antes que a humanidade se contente com a miséria, com a fome do corpo e do espírito. Na palavra e pela palavra se elevam os ideais que se têm de tornar realidade, que devem ultrapassar os sonhos, porque "Há que dar sem medida como o sol" (poema "Regra", p. 112). Como diz já José Saramago em *Poemas Possíveis*, "Um novo ser me nasce em cada hora. / O que fui já esqueci. O que serei / Não guardará do ser que sou agora / Senão o cumprimento do que sei". E guardou, guardou até à hora de receber o Prêmio Nobel da Literatura em 1998. Então, o narrador sem cansaço persistiu na guerra de dizer o que no mais íntimo de si guardava ainda: a memória da sua infância a que o avô Jerónimo e a avó Josefa souberam abrir os belos livros das suas almas, das suas sensibilidades, a serem lidas pelo pequeno José nas estrelas, na calma dos crepúsculos, na finura da terra, no saber das árvores e das flores e de cada erva em que encontrava os tesouros maiores da Criação.

Nesses tesouros desenhou a sua vontade férrea. Paradigmaticamente, como se trabalhar o ferro lhe fosse familiar, aprendeu a dar a forma desejada como se de simples grãos de areia se tratasse. Depois, com o ferro a transmutar-se, mais e mais, na sua alma, sem vacilar, foi caminhando e abrindo sulcos sobre as palavras como se fossem a terra arada. A partir de breves versos ensaiou meditações que podemos descobrir nos discursos narrativos dos seus futuros romances, eivados de dialéctica e labirinto e criados na mágoa e na paz de toda uma nova ordem para o mundo.

Em *Poemas Possíveis*, o poeta é veemente: "Não há morte. Nem esta pedra é morta, / Nem morto está o fruto que tombou" (p. 135). Na imortalidade de escrever, José Saramago é o ato sem fim, e na metáfora da vida subiu ao Olimpo dos humanos que não vergam e são fiéis aos deuses porque a si próprios são fiéis. Tudo, enquanto existe, é a eternidade e nada morre só porque a lei da morte ainda persiste.

O ACORDO ORTOGRÁFICO [210]

O Acordo Ortográfico da Língua Portuguesa (assinado pelos 7 países lusófonos – Portugal, Brasil, Angola, S. Tomé e Príncipe, Guiné, Moçambique e Cabo Verde) em 12 de outubro de 1990, a que se juntou Timor em 2004, oferece a Portugal a memória do descobrimento do Brasil em 1500, após as descobertas ao longo da costa ocidental e oriental africana e da parte oriental da ilha de Timor, hoje independente.

Oferece à Comunidade dos Países de Língua Portuguesa (CPLP) uma nova solidariedade, uma nova unidade. Só nas terras de Santa Cruz (Brasil) são 190 milhões, a falar a nossa língua, há mais de cinco séculos.

Na XII reunião do Conselho de Ministros da Comunidade dos Países de Língua Portuguesa, realizada em Lisboa no dia 2 de novembro de 2007, o Ministro dos Negócios Estrangeiros, Luis Amado, considerou que o protocolo modificativo do Acordo Ortográfico da Língua Portuguesa, iria ser aprovado até fins de 2007. Contudo, esse prazo foi, mais uma vez adiado. O Estado português espera agora, que o Acordo, já modificado várias vezes (Segundo Protocolo Modificativo), seja aprovado pelo Presidente da República Cavaco Silva ainda no ano de 2008, para entrar efetivamente em vigor no ano de 2014.

Com vista a refletirmos um pouco sobre o significado desta unificação da ortografia dos países de Língua portuguesa, vou

---

[210] Internet, www.harmoniadomundo.net, 12/4/2008; Internet, www.triplov.com, 14/4/2008; Internet, www.revista.agulha.nom.br, 6/11/2008.

referir alguns dos maiores cultores da lusa linguagem, nas suas versões diversificadas, conforme a geografia em que se inseriram. E aqui está Carlos Drummond de Andrade com a sua emoção e musicalidade no poema "Além da Terra, Além do Céu":

Além da terra, além do céu / no trampolim do sem-fim das estrelas, / no rastro dos astros, / na magnólia das nebulosas. / Além, muito além do sistema solar / até onde alcançam o pensamento e o coração, / vamos! / vamos conjugar / o verbo fundamental essencial / o verbo transcendente, acima das gramáticas / e do medo e da moeda e da política, / o verbo sempreamar / o verbo pluriamar, / razão de ser e viver.

A história da língua portuguesa iria alterar o rumo da, então, ainda colônia, quando D. João VI escolheu o Brasil para se refugiar do conquistador da Europa, Napoleão, representado pelas invasoras tropas do comandante Junot.

D. João VI elevou o Brasil de colônia a reino em 1815. Ao subir ao trono, na cidade do Rio de Janeiro, vago pela morte de sua mãe, a rainha louca, em 1816, criava as condições políticas para que o Brasil fosse, em 1822, independente da metrópole.

No célebre grito junto do rio Ipiranga, ao lado dos adeptos da independência, o príncipe D. Pedro, filho primogênito de D. João VI, gritou com eles: "Liberdade ou morte!". Em 1822, o futuro maior Império da língua portuguesa, tornava-se, pelas suas dimensões – hoje, é noventa vezes maior do que o Portugal europeu – o baluarte da língua portuguesa. Nascia sob a égide de D. Pedro, príncipe de Portugal, elevado pelos brasileiros a 1º imperador do Brasil.

O novo Acordo Ortográfico dignifica e dimensiona a "pequena casa lusitana" à qual se referiu Camões em *Os Lusíadas*:

As armas e os barões assinalados, / Que da ocidental praia Lusitana, / Por mares nunca de antes navegados, / Passaram ainda além da Taprobana, / Em perigos e guerras esforçados, / Mais do que prometia a força humana, / E entre gente remota edificaram / Novo Reino, que tanto sublimaram [...].

Este novo diploma da língua lusa oferece também aos portugueses um culto novo da língua de Torga, traz uma simplicidade gráfica que o povo brasileiro foi construindo com criatividade e espírito de tolerância. A língua de Sophia de Mello Breyner Andresen adquire, agora, a plenitude, ao ligar a ortografia sem barroquismos à pureza do pensamento.

Neste Acordo Ortográfico, a assinar, brevemente, pela Comunidade lusófona, vemos o quanto pode ainda enriquecer-se o mundo da língua portuguesa, ao qual se referia Fernando Pessoa, quando dizia: "minha pátria é a língua portuguesa". A sua frase ganhou a grandeza que merecia. A língua portuguesa é uma expressão unívoca, a sua forma quase não diverge do som.

Hoje, estamos todos unidos por uma língua comum, com uma escrita sem "antiguidades gráficas", no Brasil como em Portugal.

Em Angola, toda virada para o ocidental Atlântico, lemos os patrióticos romances de Pepetela:

> e indo chocar em baixo da Fortaleza contra a antiga ponte que os portugueses encheram de entulho e pedras e cimento, fazendo a Ilha deixar de ser ilha para ficar península [...] e se misturando as águas que vinham da lagoa com as águas do mar e as cores vivas se espalhando a caminho da Corimba, agora que a Ilha de Luanda voltava a ser ilha e Kianda ganhava o alto mar, finalmente livre. (in *O Desejo de Kianda*).

Nas terras de Moçambique, a vislumbrar o oriental Índico lemos o "Fogo da noite", um dos muitos inspirados poemas de Domi Chirongo:

> Ia dormir / desconsegui / tentei sonhar / acordei / com rajadas / borbulhentas / fortemente / localizadas, / era o fim / das ideias brilhantes... / para trás / ficavam planos / de uma vida / inacabada / ficava a planta / de uma casa idealizada / para trás / ficava o jardim / que um dia / quis construir [...].

Na Guiné, envolta nas ilhotas perdidas e nos rios desenhados entre palmeiras e alto capim, ouvimos a música da palavra com que o poeta Julião Soares Sousa nos sensibiliza em "Cantos do meu país":

> Canto as mãos que foram escravas / nas galés / corpos acorrentados a chicote / nas américas // Canto cantos tristes/ do meu País / cansado de

esperar / a chuva que tarda a chegar // Canto a Pátria moribunda / que abandonou a luta / calou seus gritos / mas não domou suas esperanças // Canto as horas amargas / de silêncio profundo / cantos que vêm da raiz / de outro mundo / estes grilhões que ainda detêm / a marcha do meu País.

Nas paradisíacas ilhas de Cabo Verde, a parecerem perdidas no grande mar, escutamos José Luís Tavares para quem "nenhum destino está contido nas estrelas" como disse ao receber o Prêmio de Poesia atribuído, em 2004, pela Fundação Calouste Gulbenkian:

Nenhum destino está escrito nas estrelas. O meu, construí-o por caminhos de cabras e de pedras, ouvindo perto o rugido do mar e os gemidos dos ventos da serra, entre gente de humilde condição, porém, de uma altivez tal apenas comparável aos impassíveis penhascos que outrora me vigiaram a infância. [...].

Em S. Tomé e Príncipe, o canto belo da língua portuguesa ecoa nas margens a soltarem-se em Portugal, desse Atlântico das epopeias trágico-marítimas, com o encanto e o rigor do pensamento poético e romanesco do grande pintor José de Almada Negreiros. Veja-se este brevíssimo texto. Como à maneira de Esopo, é uma palavra cheia de sabedoria e que intitulou "A Flor":

Pede-se a uma criança: Desenhe uma flor! Dá-se-lhe papel e lápis. [...] Depois a criança vem mostrar essas linhas às pessoas: Uma flor! Contudo, a palavra flor andou por dentro da criança, da cabeça para o coração e do coração para a cabeça, à procura das linhas com que se faz uma flor, e a criança pôs no papel algumas dessas linhas, ou todas. Talvez as tivesse posto fora dos seus lugares, mas, são aquelas as linhas com que Deus faz uma flor!

Em Goa e Macau, tão distantes, nascem canções de amor a um Deus que Cristo revelou e foi a Sua Imagem, a um Deus cansado de esperar e com a alegria de elevar S. João de Brito aos altares da Fé e do Império.

Em Goa, lembramos a poesia de Adeodato Barreto "Canção do Bhául":

Teus caminhos, Senhor, / teus caminhos de amor, / perdidos, / oculta-os a Mesquita, / a cobiça infinita / da Igreja, / do Pagode... / Aos meus ouvidos / vibrou, há muito já, o Teu apelo, / e a minha alma deseja, / mas não pode, / recolhê-lo [...].

Na Cidade do Santo Nome de Deus, Macau, em que a cultura e a língua portuguesa sobrevivem sobretudo por intermédio do Instituto de Macau e da revista *Oriente/Ocidente*, não esquecemos o macaense Luís Gonzaga Gomes e as suas narrativas das lendas e superstições de Macau, de fundo chinês, a que nunca faltou o mítico dragão:

> *há quem assevere que não obstante esse dragão encontrar- se moribundo, as suas pulsações são ainda sensíveis, sendo ainda capazes de, no seu estertor, soltar alguns arrancos, daqueles capazes de transformar a colônia em novo El Dorado.*

E em Timor Lorosae, há ainda o poema "Gerações" de Xanana Gusmão, a respirar a tragédia de um tempo que parece ainda não querer passar:

> *[...] uma mãe que gemia / sem forças seu corpo desenhava / marcas da angústia / esgotada // Os farrapos que a cobriam / rasgados / no ruído da sua própria carne / sob o selvático escárnio / dos soldados indonésios / em cima dela, um por um [...].*

Não quero perder ainda uma referência à memória de um Fernando Sylvan, *A Voz Fagueira de Oan Timor*. Aí se erguem os versos de um povo-infância a olhar a língua dos descobridores e a tentar cultivar a língua do verdadeiro Descobridor:

> *as crianças brincam na praia dos seus pensamentos / e banham-se no mar dos seus longos sonhos // a praia e o mar das crianças não têm fronteiras // e por isso todas as praias são iluminadas / e todos os mares têm manchas verdes //mas muitas vezes as crianças crescem / sem voltar à praia e sem voltar ao mar.*

Já mais perto das praias da "ocidental casa lusitana", as ilhas do arquipélago da Madeira, têm Herberto Helder, um dos poetas da língua portuguesa, nas suas vertentes fantástica e surrealista. E transcrevo excertos de um dos seus poemas:

> *De repente, as letras. O rosto sufocado como / se fosse abril num campo da noite. / O rosto no meio das letras, sufocado a um canto, / de repente. / Mulheres correndo, de porta em porta, com lenços / sufocados, lembrando letras, levando / lenços, letras nas patas / negras,*

grandiosamente abertas. / Como se fosse abril, sufocadas no meio. / Era o som delas, como se fosse abril a um canto / da noite, lembrando (in *Ou o Poema Contínuo - Súmula*, p. 15).

Agora, no mais vasto arquipélago dos Açores, aqui ao nosso lado, ao nosso ocidental lado, em ilhas isoladas pelos vulcões tenebrosos e afáveis, num incêndio a flamejar ou escavados nas solitárias cinzas fumegantes, pontifica Vitorino Nemésio, sempre oportuno e a não errar em tempos sem "limite de idade". Evoquemos estas palavras:

> *Como sempre, a norma linguística infringida irrita inutilmente [...] os guardiões do purismo, que os há aqui em nome de Machado de Assis como entre nós de Camilo. Nem esqueçamos que o "caldo de Vieira" é tão português de Portugal como português do Brasil. [...] A verdade é que a língua só lucra com os desaforos dos utentes. Quanto mais desmanchada, mais rica ao voltar à ordem. A sede de sentido acompanha e persegue o caos aparente do grafómano, e até o erro de sintaxe e de ortografia é fecundo: o primeiro porque dá uma ordem nova às palavras; o segundo porque regista a livre realidade dos fonemas* (Jornal *Observador*, 22/9/1972).

Aqui estamos a escrever com a língua de partes tão distantes. A língua aproximou-as; a língua poderá afastá-las. Mas se a lusografia for uma única, tanto mais difícil será esta última consequência. Esperemos que o Acordo Ortográfico, que deverá ser assinado em breve, nos traga a certeza de que em tão diversos continentes e entre culturas tão dispersas a beleza da Língua Portuguesa, em que escrevem, hoje, António Lobo Antunes (Portugal), José Eduardo Agualusa (Angola), Baltasar Lopes da Silva (Cabo Verde) ou Paulo Urban (Brasil) será o sustentáculo de uma autêntica comunidade lusófona de cariz, maioritariamente, afro-luso-brasileira.

POLÊMICAS EM TORNO DE GUERRA JUNQUEIRO E DO SEU ANTICLERICALISMO [211]

> *Um Clero Português, desmoralizado e materialista, liberal e ateu, cujo vaticano é o ministério do reino, e cujos bispos e abades não são mais que a tradução em eclesiástico do fura-vidas que governa o distrito ou do fura-urnas que administra o conselho.*
>
> Guerra Junqueiro, "Anotações" a *Pátria*

"Em 1878 publicou-se contra mim uma poesia imunda e injuriosa", escrevia o padre Sena Freitas na 3ª edição (1900) à *Autópsia de "Velhice do Padre Eterno"*, resposta a este poema satírico anticlerical de Guerra Junqueiro. E, afinal, esta poesia fora publicada, em 1881, no jornal *A Folha Nova do Porto* sem autorização do seu autor. Este artigo de Henrique Manuel Pereira defende que, de fato, a poesia "*Littré e o Padre Sena Freitas*" foi publicada em 1881 e não naquela data. Por isso, o que o autor desse artigo vai procurar é deslindar o intrincado caso: "Nunca foi fácil desfazer novelos, sobretudo quando sobre eles passou a humidade de muitos invernos"[212].

Trata-se de um artigo de Henrique Manuel Pereira intitulado *Polêmica entre Sena Freitas e Guerra Junqueiro: Notas para um "correctivo"*[213]. O autor escalpeliza, de modo sistemático, os trâmites pelos quais passaram as posições antagônicas dos defensores do padre e/ou do poeta que não poupava as instituições clericais, que não temia a ira de Deus. De fato, houve verdadeiras "horas de combate" entre os defensores do padre Sena (representava a autoridade da Igreja, cuja preponderância era bem evidente,

---

[211] Internet, www.harmoniadomundo.net, 17/6/2008; Notícias de S. Braz, Agosto, Setembro, Outubro/2008; *Poetas & Trovadores*, nº 46 Julho/Setembro/2008.

[212] Separata da revista *Brigantia – Revista de Cultura*, Vol. 27, nº 1/2/3/4, Bragança, 2007, p. 691.

[213] *Ibidem*.

mesmo numa sociedade a tender, desde meados do século XIX, para a corrente racionalista e positivista que chegava da França, em livros e jornais) e os adeptos das irreverências de Junqueiro.

Para muitos cronistas das folhas dos jornais, o grande poeta de *Os Simples* era um herege que só tinha intuitos pouco honestos, que procurava chamar a atenção dos intelectuais e, de um modo mais vasto, a burguesia ascendente, que, com o pedestal da palavra poética, usava todos os meios, legítimos ou não, para denegrir a "Ecclesia" e, com a sua perícia versejatória, conseguia atingir a fama e a glória ambicionadas.

Ninguém, até então, tinha, como Junqueiro, denegrido a Santa Madre Igreja com tanta acutilância, com tanta virulência, enfim, com tão grande audácia. Daí que os jornais que, de dia para dia, produziam novos títulos, apareçam a liderar uma certa campanha, talvez "alegre", talvez acrisolada, contra o verve indecoroso, mas indiferente às reações da crítica inclemente, com que os portugueses sempre gostaram de se apodar uns aos outros.

Assim, Henrique Manuel S. Pereira em *"Polêmica entre Sena Freitas e Guerra Junqueiro – Notas para um "Correctivo""*, artigo de que se faz aqui uma breve recensão, penetra nos escamoteamentos dos autores que se infiltraram nas linhas da tramoia, uma tramoia sobretudo perpetrada contra Junqueiro. Dissemos tramoia precisamente porque todos se uniram, por meios jornalísticos ou por meios livrescos, para o acusarem de se ter querido vingar de *Autópsia à Velhice*...

Uma "autópsia" feita por Sena Freitas à sua sátira dirigida à instituição eclesial e que titulara *A Velhice do Padre Eterno* (1885). De fato, tudo parece ter partido de um volume intitulado *Obras de Guerra Junqueiro (Poesia)* em que figurava o poema "*Littré e o Padre Sena Freitas*". Em *Junqueiro, Falso Poeta*, Artur Botelho transcrevera esse poema de Junqueiro (datado de 1876) dizendo que o padre Freitas fora insultado "vergonhosamente"[214]. Por sua vez, Antero de Figueiredo em conferência, três anos depois, mostra-se seguro ao dizer que o padre foi vítima do "poeta [que]

---

[214] *Ibidem*, p. 693.

respondeu com as quatro pedras na mão de uma sátira virulenta, improvisada sobre o mármore de um café de má-língua"[215].

Os jornais não perdiam tempo a incendiar as controversas críticas de Junqueiro: em *A Palavra* publicava-se (1876, 25 de julho) um artigo de Sena Freitas cuja linguagem não era de paz, antes de desafio: "Das fezes da imprensa acaba de aparecer o livro *Caricaturas em Prosa*, de Luís de Andrade", obra que Junqueiro prefaciara e que, para mais, era bem anticlerical. A ira contra Junqueiro vem à tona da água. E em outro periódico *A Luta*, afirmava-se, num texto de Júlio Verim (pseudónimo de Luís Andrade) que o artigo do padre Sena é um "artigo rancoroso" em que "as calúnias [contra Junqueiro] são tão flagrantes, a má fé tão evidente, as insinuações tão miseráveis [...]". Por sua vez, o jornal *A Palavra* agourava ao livro de Andrade, com o defeito maior de ter um prefácio de Junqueiro, "um êxito ainda mais deplorável" e ia ao ponto de aconselhar os chefes de família a "afastarem-se dessa sentina donde saem miasmas pútridos". A obra *Caricaturas em Prosa* de L. Andrade era para aqueles periódicos pouco honestos, como realça Henrique Manuel Pereira, um "foco de devassidão que espadana corrupção por toda a parte"[216]. E se o padre Sena Freitas considerara Caricaturas de prosa um "livro péssimo" (artigo do jornal *A Palavra* datado de 1876),[217] estranhamente, acrescentava que "em breve estarei longe do Porto para lhe poder responder"[218]. Ora o que tinha Freitas em vista senão atingir Junqueiro? Dizia ele que partiria para o Brasil. Estava insatisfeito com a realidade pátria? Ou temia não ter tanta razão como julgava? Por que razão saía para o Brasil e só de lá responderia? Estaria a querer equiparar-se ao Padre António Vieira, ao apresentar-se como perseguido no seu país?!

Estávamos, então, no ano de 1876 e, de novo, a questão religiosa em Portugal se reacendia. Uma faúlha era o suficiente para atear o incêndio das divergências ideológicas, no domínio do poder

---

[215] *Ibidem*, p. 694.
[216] *Ibidem*, p. 697.
[217] *Ibidem*, p. 717.
[218] *Ibidem*, p. 700.

eclesiástico. E tudo, rapidamente, se ia transformando em conflitos, em difamações, em explosões de raiva, em atritos exacerbados, em desavenças insultuosas. Mas, o grande escândalo em 1876, era, sem dúvida, o jovem Junqueiro ter prefaciado a obra *Caricaturas em Prosa*. E, nesse mesmo ano, Junqueiro tinha ido mesmo mais longe. Ele escrevera um poema satírico "talvez à mesa dum café do Porto, talvez no Suíço, talvez no Camacho numa das noites dos dias 29 ou 30 de julho". Aí podia ter estado um dos redatores de *A Folha Nova*, mas não pensava Junqueiro publicá-lo. Era tosco, pouco cuidado no estilo, escrevera-o num momento de incontida emoção... Talvez mais tarde, entre muitos outros, de acordo com a sua cuidada revisão estética, o viesse a dar à estampa...

Só que, sem que Junqueiro tivesse conhecimento, o poema apareceria publicado, em 1881, no jornal *A Folha Nova*, com o título "*Littré e o Padre Sena Freitas*". Logo nos primeiros versos, podia ler-se: "Ó malandro sagrado, ó padre Sena Freitas, / As tonsuras que tens deviam ser-te feitas / Não sobre a nuca, mas, ó padre, n'essa crina, / Levita de aldrabão, jumento de batina (...)"[219]. Isso acontece (o que não deixa de espantar) logo a seguir a um sermão feito, em 1881, pelo mesmo padre Sena (o do "livro péssimo") precisamente na missa em que celebrara a morte de Littré, um positivista que se tornara um paladino da Igreja católica romana. As palavras de Sena Freitas acirravam os ânimos. Urgia contestação, mas o rebelde Junqueiro estava silencioso...

Então, que melhor ocasião que esta, para ser publicado o poema satírico? E o jornal *O Século* não quer perder também a oportunidade de o publicar, pois o alvo é o padre Sena! Não fariam tais publicações eclodir mais uma guerrinha, tendo por campo de batalha a imprensa do país, tão ávida de sensacionalismo? E os artigos começam a sair em catadupa. A polêmica reacende-se mais viva: no jornal *A Folha Nova* aparece um artigo a dar um "correctivo" ao padre Sena (6/7/1881): "Missas políticas devem ter remuneração arbitrária; cada qual paga-as conforme o préstimo que lhe atribui..."[220].

---

[219] *Ibidem*, p. 701.
[220] *Ibidem*, p. 707.

Em *O Comércio do Minho* (Braga), há também insinuações, agora aos defensores de Junqueiro: "Todos os poetas invocam a musa como causa celeste, mas a do Sr. Junqueiro, emerge das regiões das trevas e das sentinas mais nojentas". A propósito, Henrique Manuel Pereira, lembra ainda que, como se escreve no jornal, "um padre exemplaríssimo foi insultado por Junqueiro, 'o autor dum poema que se roja no mais imundo ceno e por isso não admira que descesse a linguagem tão infame, tão indecente e tão supinamente pulha".[221]

Reinstala-se, ainda mais condimentada, a polêmica entre *A Folha Nova*, do Porto e *O Comércio do Minho*, de Braga. Poucos dias depois deste "diz tu, direi eu" jornalístico, surgem, finalmente, as palavras serenas de Junqueiro impressas numa carta (18 de Julho de 1881) ao diretor do *A Folha Nova*. Escrevia Junqueiro:

> *publicou-se há dias, sem a minha autorização, uma poesia firmada com o meu nome e intitulada Littré e o padre Sena de Freitas (...) Os versos eram uma simples rapaziada literária dum jacobinismo de mau gosto e de que eu nunca mais me houvera recordado, se não os visse neste momento impressos.*[222]

Mas à carta não foi dada publicidade... Guerra Junqueiro que era colaborador de *A Folha Nova*, durante muito tempo deixou de lhes mandar trabalhos com a sua assinatura, diz-nos Henrique Manuel Pereira, o analista dos "correctivos" polêmicos em torno da pena de *A Velhice do Padre Eterno*. Como acentua, a carta de Junqueiro só teria sido publicitada, após a sua impressão em *Junqueiriana*, uma obra de pouca divulgação e que só saiu do prelo no ano de 1921...

Finalmente, em 1885, Junqueiro dava à estampa a intempestiva sátira às instituições e aos membros da Igreja Católica, sem poupar os maus exemplos que dela provinham: *A Velhice do Padre Eterno* foi editada, em 1ª edição, no Porto. Vivia então o padre Sena Freitas no Brasil, mais precisamente na cidade de S. Paulo. Isso não obstou que lhe desferisse um inclemente "correctivo", logo no ano seguinte, em 1886. Chamou-lhe *Autópsia à Velhice do Padre Eterno*. Como escreve Henrique Manuel

---

[221] *Ibidem*, p. 707.
[222] *Ibidem*, p. 709.

Pereira nesta reflexão histórico-literária, o autor de *Os Simples*, "não deu resposta à *Autópsia* de Sena Freitas"[223]. Coisa estranha para os cronistas dos jornais... Como podia ser isto?

Na verdade, Junqueiro não lhe deu a pesada vergastada que seria natural. E, o próprio Camilo Castelo Branco o previu, como sabemos pela carta com que respondeu ao seu amigo padre Sena: "V. Ex.ª deve contar com a resposta"[224]. Por sua vez, o autor de *A Velhice do Padre Eterno* também enviara um exemplar da obra a Camilo e, como nota Henrique Manuel Pereira, também juntara uma carta em que lhe confidenciava:

> *quer me fumeguem com incenso de noticiário, quer me caustiquem com vitríolo de mau humor e de calúnias, eu fico e ficarei sempre numa placidez de indiferença, num encolher de ombros desdenhoso.*[225]

É bem natural que Junqueiro não esperasse da parte de Camilo (apesar da relação amistosa entre o padre e Camilo) qualquer "correctivo", qualquer admoestação. E isto porque Camilo também fora um irreverente, um homem indiferente às moralizações católicas, um escritor sarcástico com a sociedade a viver de artificialismos. Pouco propenso a cumprir com os rigores da Santa Madre Igreja – a sua vida amorosa tão instável que culminou com o adultério com Ana Plácido, a rejeição do casamento católico durante 35 anos de vida em comunhão com Ana Plácido (tudo talvez consequência do arranjo familiar que o conduziu a um casamento católico aos 15 anos), as suas sarcásticas intervenções jornalísticas, os seus romances cáusticos com os costumes da classe endinheirada, o seu arreigado desprezo pelos costumes burgueses, não tornam estranha a sua complacência com Junqueiro e as suas irônicas vergastadas eclesiais.

De estranhar é que o fato do acima citado poema satírico *Littré e o Padre Sena Freitas* (escrito por Junqueiro em 1876) vir a ser

---

[223] *Ibidem*, p. 713.
[224] in Sena Freitas, *Perfil de Camilo Castelo Branco*, Caixotim, Porto, 2005, p. 128.
[225] *Ob. Cit.*, p. 714.

publicado em *Poesias Colligidas* por Cruz Coutinho no ano de 1886, logo após a publicação de *Autópsia à Velhice do Padre Eterno*, escrito pelo padre Sena, em reação à *Velhice*... Essas Poesias Coligidas eram, segundo Henrique Manuel Pereira, fraudulentas, por terem sido dadas a lume sem conhecimento do próprio Guerra Junqueiro. E por que razão irem-lhe publicar este acervo com o polêmico poema satírico de 1876 incluído? Por que razão o seu autor o havia de desconhecer? Qual o objetivo do "recolector" Cruz Coutinho, ao fazê-lo logo após o aparecimento da *Autópsia* do padre Sena?

Tudo leva a pensar, diz-nos Henrique Manuel Pereira, neste seu opúsculo, que, como o poeta de *Oração ao Pão* não contestou a mordaz *Autópsia* do padre Sena, era urgente para os jornais trazer algum poema de sua autoria, "a agredir Freitas violentamente". E que melhor poema do que aquele escrito em 1876, a propósito do artigo em que Sena atacava, sem meias medidas, o livro *Caricaturas em Prosa* com o Prefácio favorável de Junqueiro? A "vingança" de Junqueiro aí estava, sem se fazer esperar, apressada e, como seria natural, inclemente. Era o que se pretendia que o leitor pensasse. Afinal, quem se lembraria ainda daquele poema de 1876, em que o jovem Junqueiro se confrontara com a leitura do artigo do padre Freitas no jornal *A Palavra*, escrito nesse mesmo ano de 1876, a atacá-lo veementemente por ter prefaciado *Caricaturas em Prosa*, esse livro "de um tal Luis de Andrade, que sai à rua pela mão de Guerra Junqueiro"?[226]

Como sugere Henrique Manuel Pereira, estamos perante uma inequívoca feira de conflitos que começam sem se vislumbrar como acabam, de diatribes que ofendem sem chegar a um entendimento cordial, de confrontos, ora reais ora forjados, conforme convém à "tribo" daqueles que ontem, como hoje, vivem dos frutos da desavença efêmera, mas cáustica, como um ferro em brasa.

Nesta "*Polêmica entre Sena de Freitas e Guerra Junqueiro – 'Notas para um Correctivo'*", Henrique Manuel Pereira conseguiu abrir um caminho para o desbravar da floresta em que se embrenham as linhas da controvérsia e da polêmica ideológico-religiosa em

---

[226] *Ibidem*, p. 717.

Portugal. Nesta senda, ainda poderá avançar para os meandros enigmáticos que esta polêmica, está à vista, encerra, se for explorada até à exaustão.

Em jeito de conclusão, não serão despiciendas estas palavras provindas do epílogo da obra *Pátria*, em que Junqueiro vê o estado de decadência da sua geração. Eis o sábio Junqueiro, a ver e a prever já o profético *Finis Patriae* (publicada, a 1ª edição, em 1890)... Este título augurava os rumos a que seria conduzida a Pátria portuguesa. Aqui estão as palavras de Junqueiro:

> *Um povo imbecilizado e resignado, humilde e macambúzio, fatalista e sonâmbulo, burro de carga, besta de nora, aguentando pauladas, sacos de vergonha, feixes de misérias, sem uma rebelião, um mostrar de dentes, a energia dum coice, pois que nem já com as orelhas é capaz de sacudir as moscas.*[227]

REFLEXÕES SOBRE *SONHO DE UMA NOITE DE VERÃO* [228]

"Quatro velozes dias cedo serão noite / E as noites, sonhando, escoarão o tempo"[229], diz-nos a personagem Hipólita, noiva de Teseu, rei de Atenas, em resposta às suas palavras sobre a festa nupcial dos seus faustosos esponsais. Nestas palavras se encerra todo o mistério do tempo. Ao longo destas páginas, escritas provavelmente entre os anos de 1594 e 1596, William Shakespeare inscreve toda uma ação dramática que se processa como se o tempo, esse maravilhoso invólucro da vida dos humanos, tivesse nele teias sempre bem urdidas para alterar o rumo das vontades e, mais do que isso, tivesse, a cada

---

[227] «Anotações» in Guerra Junqueiro, *Pátria*, 3ª edição, Porto, 1915, p. 191 (1ª edição, 1896).
[228] Internet, www.harmoniadomundo.net, 25/7/2008; *Poetas & Trovadores*, nº 47, Outubro/Dezembro/2008.
[229] William Shakespeare, *Sonho de uma Noite de Verão* (Obra Dramática Completa), Campo das Letras, 1ª edição, 2002, p. 45.

instante, novas identidades escondidas criadoras de novos enredos para cada uma das personagens da existência humana.

É nessa conjuntura temporal de inesperados sentidos e de imprevisíveis desvios, que se vão forjando os acontecimentos, que se viram contra si próprios e que se interpõem às decisões e aos mais firmes sentimentos que se instalam no coração de mulheres e de homens que veem os seus desígnios torpedeados, como se forças de inexplicável poder se interpusessem entre eles.

O mistério da condição humana está bem patente neste trepidante drama concebido com uma argúcia psicológica que é transmitida a cada uma das personagens, quer sejam de certo saber, quer sejam rudes artesãos ou pertençam ao mundo secreto do maravilhoso imaginário do pensamento mais original e de divina descendência. Aqui se integram os heróis, as ninfas, as fadas, e tantas outras construções da fábula de tempos idos. Juntam-se a estes, essas fragilíssimas figuras dos pequeninos elfos, os gnomos mágicos, as musas da inspiração, os centauros do poder ou as sereias de beleza ímpar. O mistério que torna estranha a realidade, cria mil e uma faces ao mundo da consciência humana e do tempo.

Como diz Hipólita (talvez ela seja uma réplica da mitológica Antíope, a amada de Teseu), os dias são breves, ante a noite que os cobre com os seus enigmas, as suas ciladas, as suas artimanhas inesperadas. É nessas noites da existência que os sonhos se expandem e atravessam, quase sem se fazerem pressentir, os dias. Os dias, que passam, sem parar, por cada ser, são armadilhados nos seus tentáculos súbitos. As melhores e as mais refletidas decisões são contornadas e envolvidas em obstáculos de aparência intransponível. Essas forças, representadas pelas estranhas figuras das fadas ou dos elfos ou dos gnomos, inspiradas no imaginário da Antiguidade Clássica, Medieval ou de povos com religiões animistas, afogam os dias dos humanos em gigantescas marés de vazio ou em grotescas cavernas de infortúnio.

São os dias devastados pelos sonhos nefastos que esfacelam os amantes, atormentados pelo espanto de situações abruptas, palavras incongruentes e amargas que lhes dilaceram os sentimentos mais puros e audazes. Assim acontece, em *Sonho de uma Noite de Verão*, com Helena que ama Demétrio que, por sua vez, ama Hérmia e esta que, amando Lisandro, tenta fugir com ele para não serem separados. Mas, devido a uma "poção mágica", são afastados por Robin, a mando do rei das fadas que, por ciúmes, quer vingar-se da rainha, que recusava dar-lhe para seu pajem a bela criança que ela amava, após tê-la mandado raptar a um rei indiano.

Todos os desencontros dos amantes têm por trás algo de pérfido, de improvável, de mal-intencionado. Cada nova situação resulta de um destino que alguém manipula, mas desconhece-se quem o faz. Serão fadas maléficas ou Elfos minúsculos e vingativos? Serão os invisíveis e poderosos habitantes dos lagos, dos bosques ou das montanhas? Serão os que mandam e, com o seu grande poder, esmagam os mais débeis e incautos? E tudo aparece inserido num acaso obscuro, num destino cruel e ao qual nem a paixão mais impetuosa pode escapar. Como diz Helena "o amor pode com a alma, não com os olhos, ver. / Daí o Cupido alado e cego aparecer (...) Por isso se diz do Amor que é uma criança, / pois na escolha é tantas vezes enganado"[230].

E a ingênua Helena, ao escutar a voz amorosa, enfim, de Lisandro agora já apaixonado por ela ao ter ingerido a alquímica bebida, sente-se insultada pelas suas palavras de amor inesperado. Por sua vez, Titânia recebe semelhante feitiço que a faz amar um artesão, Fundos, transformado em burro. O ridículo cai sobre Titânia, a rainha das fadas. E outro dos amantes, Demétrio, que rejeitava Helena e amava Hérmia, agora, por idêntica magia, transmuta o sentimento de amor por Hérmia numa recusa em a amar. Por seu lado, Hérmia não entende a razão de Lisandro ter deixado de a amar, após tantas provas de fidelidade.

Em suma, todos se sentem enganados, ludibriados, vítimas de súbitas mudanças sentimentais. Ninguém está seguro. Ninguém pode já confiar. A realidade parece, por vezes, deixar de o ser. Parece-se mais com os sonhos de noites de verão, noites em que "nevoeiros" cálidos se abatem sobre as pobres criaturas que repousam na confiança e na lealdade com aqueles que amam. Tudo parece tão estranho, tão absurdo mesmo. A realidade mostra-se irreal, impossível mesmo.

---

[230] *Ob. Cit.*, p. 53.

Neste *Sonho de uma Noite de Verão*, Shakespeare oferece-nos as simbólicas e mágicas "poções" que imbuíram uma humanidade, enchendo-a de sofismas, de imprevidência, de loucura. O autor utiliza a personagem Oberon, o rei das fadas, e o seu serviçal Robin, para todas as maquinações que criam o ridículo, que constroem a ilusão do amor nos seres sem sombra de malícia e que fazem da vida um contínuo alcatruz, ora a vazar o bem, ora a encher-se de mal. Por isso, Hérmia diz: "Tudo parece duplo"[231]. E Demétrio: "A mim parece-me / Que ao dormirmos sonhamos [...]. / E entretanto contemos nossos sonhos"[232]. Também Fundos, o artesão que dirige a pequena peça, de intenção popular, para divertir os convivas, após o jantar do casamento de Teseu, não deixa de pronunciar: "Tive um sonho para além do que se pode dizer que sonho era"[233].

No Ato 5 (Cena 1) desta belíssima peça teatral, Shakespeare explicita toda esta engrenagem mental ao afirmar por intermédio da personagem Teseu:

Os olhos do poeta, em alvo postos, / Vão do céu à terra e da terra ao céu; / E como a imaginação arquitecta / O desconhecido, a pena do poeta / Dá-lhe formas, e confere ao que é nada / Uma existência própria e dá-lhe um nome. [...] / Ou à noite, se o medo imaginar, / Fará dum arbusto um urso a espreitar.[234]

Nessa intervenção está inscrita a própria identidade do autor de *Sonho de uma Noite de Verão*, uma das mais bem concebidas comédias de todos os tempos.

Como diz a Professora Maria Cândida Zamith, a excelente tradutora desta pérola da literatura dramática inglesa, "trata-se de uma trindade de mundos fantásticos"[235]. E, mais adiante, Maria Cândida Zamith sublinha, bem oportunamente, que se trata de "um mundo sobrenatural povoado de toda a espécie de seres

---

[231] *Ob. Cit.*, p. 115.
[232] *Ob. Cit.*, p. 115.
[233] *Ob. Cit.*, p. 116.
[234] *Ob. Cit.*, p. 119.
[235] *Ob. Cit.*, p. 31.

inspirados – e grandemente alterados – a partir de todos os imaginários de todos os tempos e de toda a Europa"[236].

Sonho de uma Noite de Verão é uma obra em que cómico e trágico se entrelaçam. Criando um mundo cheio de novidade, Shakespeare consegue erguer, numa caótica harmonia literária, um mundo de sonho e/ou de sonhos, de portas entreabertas para sedutoras máscaras. E, esse mundo, sem mostrar o fim do caminho, abre-se, como um feitiço entre muitos outros feitiços, à beleza de imprevistos e emocionantes caminhos.

OS ESPELHOS DE *LXXXI* (*POEMA-TEOREMA)* [237]

Na noite dos espelhos do número três cresceu a palavra transmutada em sílabas, vogais e consoantes. A palavra delineada em unívocos sons a crescerem como uma melodia de polifónica construção. E aí, o poeta em vozes várias inscreve a ciência que conhecemos com a palavra tão significante que é a palavra matemática. Inspirando-se nas antigas teorias de números de órficos, pitagóricos e dos seus continuadores Platão e Aristóteles, para só falar dos mais distantes.

Fascinado pela ciência que enalteceu os números e os envolveu em equações, teoremas, postulados e toda uma série de fórmulas fugitivas, a vaguearem no espaço todo número, todo geometria, todo equilíbrio e harmónica esfera, Paulo Teixeira Pinto pinta, com as cores da incerteza e do ser, um espaço novo embrulhado em poemas limitados pelo ilimitado dos desejos e erguidos com as sombras negras e brancas de um destino insubmisso. Veja-se o poema "Pax":

---

[236] *Ob. Cit.*, p. 33.
[237] Internet, www.harmoniadomundo.net, 10/10/2008; *Poetas & Trovadores*, nº48, Janeiro/Março/2009.

serena / na inquietude / sublime / na simplicidade / contempla-se a revelação // sombra cintilante // no mistério / nada reflecte // tudo promete // parece / o que se vê // mas nada se desvenda // jamais (p. 173).

Conforme a *Poética* de Aristóteles o "poeta deve ser mais fabulador que versificador". Esse mandamento do primeiro grande teorizador das artes literárias não foi esquecido neste conjunto de noventa e nove poemas em que a matemática, por meio de seu mais vulgarizado símbolo, o número, assume, ainda e cada vez mais nos nossos dias, um papel dinamizador da ciência e da tecnologia. A matemática vive, na sociedade contemporânea, através das técnicas digitais computacionais e robóticas em geral, uma nova Idade de Ouro, a renascer com os seus enigmas, os seus jogos obscuros, a sua identidade inconfundível.

Neste livro de poemas de Paulo Teixeira Pinto, desvendamos o seu ser inconfundível, a sua interioridade a desbravar-se do campo magnético de místicos números exaltados por Platão. Eis estes versos de Paulo Teixeira Pinto: "declinado / que foi o nome // logo / perfeita / se revelou a forma // e infinito / o seu alcance // em órbita / daquele único ponto // jamais concebido / em todo o firmamento" (poema "Punctum", p. 30).

Os "Diálogos" de Platão são uma busca do invisível no visível. O número cinco: "Este número é o número do círculo total do ser e o do caminho da alma que imita o número do Todo". E Aristóteles, seu discípulo, continuou estas ideias e transmitiu-as a todo o pensamento futuro. O número não mais deixou de ser o instrumento das técnicas científicas nos seus cada vez mais variados ramos. Como escreveu na sua obra *Metafísica* "os seres existem por imitação dos números". Ou ainda: "são os deuses que constroem a totalidade do céu a partir dos números". Mas no seu notável *Tratado do Céu*, diria Aristóteles: "O Todo e a totalidade das coisas são determinadas pelo número três: fim, meio e começo formam o número característico do Todo, e o seu número chama-se Tríade".

Nesta linha inspiradora da poesia, Paulo Teixeira Pinto conduz o seu cultivo desta arte que tem vasos bem comunicantes com a arte da pintura em que também gosta de navegar. E escreve no poema "Sphaera": "oculta / da distância limiar / reside a medida / sem limite algum // em tudo livre / da vida fluente // forma perfeita // criatura / ou / criadora?" (p. 131).

O livro *LXXXI (Poema-Teorema)* foi lançado no Laboratório de Chimica do Museu da Ciência em Lisboa, a 9 de outubro de 2008, pela editora Caderno. Em momento especialmente oportuno, nestes dias em que o saber parece, para muitos, ser tido por uma velharia, por um conceito que é preciso substituir pelas superficiais necessidades de consumos especulativos, de prazeres displicentes. Na verdade, *LXXXI (Poema-Teorema)* é um livro em que a poesia fala mascarando-se de matemática, como no teatro da Antiguidade grega.

A teoria do número pode transmitir o ser invisível que tem apenas como visibilidade o próprio visível do número, mas que o ultrapassa no seu caráter íntimo. E estes versos escrevem, sem iludir, o invisível de Paulo Teixeira Pinto: "o breve / em eterno / se doou // quando cindido / foi o tempo // e o nunca / em sempre / se tornou" (poema "Redemptio", p. 187).

No poeta agora desvelado a pessoa de Paulo Teixeira Pinto encontra na harmonia e no sentimento de um conteúdo, às vezes, insuspeito, imprevisível, mas audaz, um novo sentido. Lembremos o poema "Canon": "surgia / a estesia / em pleno / fulgor / quando / fulminou / a fantasia // qual laço / atado em nó / à angústia / de não conhecer / a razão de haver / quem não aceite / o que maravilha" (p. 109).

Como epílogo desta breve análise da alma de um poeta, transcrevemos os versos em que a poeticidade do eu de Paulo Teixeira Pinto, se transforma na emoção maior, a de uma única lágrima: "quisera tanto / ser a lágrima / afagante da face // e não // a face afagada / pela lágrima" (poema "Lacrima", p. 195).

SOBRE A AUTORA

Teresa Ferrer Passos assina também por Teresa Bernardino, Teresa Bernardino Passos e Teresa Ferrer (ortônimos). Nasceu em Lisboa, a 9 de agosto de 1948. Licenciada em História pela Faculdade de Letras da Universidade Clássica de Lisboa em 1973, com uma Tese sobre *As Inscrições da Igreja da Graça de Lisboa* (e seus titulares).

Exerceu a docência no ensino secundário de 1974 a 1991. Em 1990, a convite da Sociedade Histórica da Independência de Portugal, elaborou uma série de 30 programas para a Rádio Renascença, sob o título "Terra Pátria". Em 1992, elabora o programa "Viva o Livro" – programa de divulgação literária transmitido pela Rádio Renascença (Canal 1). No ano de 1994, funda e assume a direcção da revista G*azeta de Poesia do Mundo de Língua Portuguesa* (revista de literatura, ciência e arte). Organizou a Colecção Labirinto e a Colecção Poiesis (livros de poesia, ensaio, romance e literatura infantil). Em 1996, a revista começa a ser publicada com o título *Gazeta do Mundo de Língua Portuguesa*. Em 1997, deixa de se publicar a *Gazeta do Mundo de Língua Portuguesa* por falta de meios financeiros. Em 1998, é-lhe atribuído pelo Ministério da Cultura um Subsídio de Mérito Cultural Relevante.

Criou, em junho de 2007, a página internética www.harmoniadomundo.net. Colabora também no site www.triploV.com. Recebeu o Prêmio/Monografia, atribuído pela Sociedade Histórica da Independência de Portugal, em 1989, ao ensaio intitulado *Fernão de Oliveira – 1º Gramático de Língua Portuguesa*, Edições Gazeta de Poesia, Lisboa, 1994.

Traduziu *A Semana Santa* (romance histórico), de Louis Aragon, Editora Ulisseia, Lisboa, 2003.

Jornais e revistas em que colaborou (desde 1976) e Internet: *Diário de Notícias, Jornal Novo, A Tarde, O Dia, O Século, Diário de Lisboa, Voz de Silves, O Setubalense* (Setúbal), *Letras e Letras* (Porto), *Diário do Sul* (Évora), *Artes & Artes* (Lisboa), *A Avezinha* (Albufeira), *Monarquia Portuguesa, Mais Alto, Nação e Defesa, Independência, Gazeta de Poesia do Mundo de Língua Portuguesa, Gazeta do Mundo de Língua Portuguesa, Stella, Consciência Nacional,*

Folhas Letras e Outros Ofícios (Aveiro), *Cadernos Vianenses* (Viana do Castelo), *Stella* (Fátima),*Voz Portucalense* (Porto), *Almanaque de Nossa Senhora de Fátima* (Vila do Conde), *Notícias de S. Braz e VilAdentro* (S. Brás de Alportel), *O Primeiro de Janeiro* (Porto), *Faces de Eva – Revista de Estudos sobre a Mulher* (Universidade Nova de Lisboa), *Revista de Espiritualidade* (Marco de Canaveses), *Poetas & Trovadores* (Guimarães).

OBRAS PUBLICADAS

O Sentimento Patriótico em Portugal (coletânea de artigos publicados sobre a psicologia coletiva do povo português), Lisboa, Ed. Autor, 1983 (ortônimo Teresa Bernardino).

A Revolução Portuguesa de 1383-1385 (ensaio histórico), Mem Martins, Publicações Europa-América, 1984 (ortônimo Teresa Bernardino).

Sociedade e Atitudes Mentais em Portugal (1777-1810) (ensaio de história das mentalidades), Lisboa, Imprensa Nacional, 1986 (ortônimo Teresa Bernardino).

Eu, Nuno Álvares (romance histórico), Mem Martins, Publicações Europa-América, 1987 (ortônimo Teresa Bernardino).

Asas no Poente (Poesia), Lisboa, Ed. Autor, 1987 (ortônimo Teresa Bernardino).

Universo (poesia), Lisboa, Ed. Autor, 1991 (ortônimo Teresa Bernardino).

Fragmentos-de-Sol (poesia), Lisboa, Ed. Autor, 1993 (ortônimo Teresa Bernardino).

Fernão de Oliveira – Primeiro gramático de Língua Portuguesa (biografia histórica), Lisboa, Gazeta de Poesia, coleção Labirinto, nº1, 1994 (ortônimo Teresa Ferrer Passos).

O Segredo de Ana Plácido (romance), 1ª edição, Gazeta de Poesia, Coleção Labirinto, nº9, 1995 (ortônimo Teresa Ferrer Passos).

O Grão de Areia (contos de ficção científica), Lisboa, Universitária Editora, 1996.

Álbum de amor (poesia, em coautoria com Fernando Henrique de Passos), Lisboa, Universitária Editora, 1998.

A Restauração de 1640 e D. Antão de Almada, Lisboa Universitária Editora,1999.

O Segredo de Ana Plácido (romance), 2ª edição, Vega Editora, Coleção O Chão da Palavra / Ficção, 2000 (ortônimo Teresa Bernardino).

Carta-Memória à Mãe, Lisboa, 2000 (ortônimo Teresa Bernardino).

Ensaios literários e críticos, Lisboa, Universitária Editora, 2001 (ortônimo Teresa Bernardino).

Retábulo (poesia em coautoria com Fernando Henrique de Passos), Lisboa, Universitária Editora, 2002.

Anunciação (romance), Lisboa, Universitária Editora, 2003.

Novo Álbum de Amor (em coautoria com Fernando Henrique de Passos), Lisboa, Universitária Editora, 2005.

Planeta Joyce 8, Lisboa, Edições Harmonia do Mundo, 2008; Internet, www.harmoniadomundo.net, excertos (publicado na íntegra de junho até dezembro de 2007).

CONFERÊNCIAS E COLABORAÇÃO EM COLETÂNIAS

"Le patriotisme, le futur et Portugal" in Reconnaissances du systeme militaire portugais, vol. VII, Institut d'Études Politiques, Université de Toulouse 1, 1982 – traduzido por Alain Montech da Universidade de Toulouse do artigo "O patriotismo, o futuro e Portugal" publicado na revista Nação e Defesa, Lisboa, 1980 (ortônimo Teresa Bernardino).

"Na morte de Dinah Silveira de Queirós" in Dinah, caríssima Dinah (coletânea organizada por Dário Moreira de Castro Alves), Horizonte Editora Limitada, Brasília, 1989 (ortônimo Teresa Bernardino).

"A ideia de Deus em Sampaio Bruno" in Estudos de História Contemporânea Portuguesa, Lisboa, Livros Horizonte, 1991 (ortônimo Teresa Bernardino).

Conferência "A mulher na vida e obra de Camilo Castelo Branco", (1º Centenário da morte de Ana Plácido) na Fundação Cupertino de Miranda, Vila Nova de Famalicão, 1995.

Conferência subordinada ao título "Escritoras do Romantismo em Portugal – 2ª metade do século XIX" (Escola Secundária de Estarreja, Aveiro, 1996).

Conferência subordinada ao título "Em busca de uma nova Civilização Atlântica?", Colóquio de homenagem aos 25 Anos de vida literária de Dalila Pereira da Costa, a convite da Fundação Lusíada, realizada no Ateneu Comercial, Porto, maio de 1996.

"Ana Plácido – A escritora" in A mulher na vida e obra de Camilo, Centro de Estudos Camilianos, 1997, p. 193-208.

"Só Eles Cantam" (poema) in 100 Anos – Federico Garcia Lorca (antologia poética), Lisboa, Universitária Editora, 1998, p. 248.

"Em busca de uma nova Civilização Atlântica?" (ortônimo Teresa Ferrer Passos) e "Hora de Prima" (ortônimo Teresa Bernardino) in Colóquio Dalila Pereira da Costa e as raízes matriciais da pátria, Lisboa, Fundação Lusíada, 1998, p. 129-137.

Impresso em São Paulo, em novembro de 2009,
em papel off-set 75 g/m²
nas oficinas da Graphium.
Composto em Rotis Serif, corpo 10,5 pt.

Não encontrado este título nas livrarias,
solicite-o diretamente à editora.

Escrituras Editora e Distribuidora de Livros Ltda.
Rua Maestro Callia, 123 – Vila Mariana – São Paulo, SP – 04012-100
Tel: (11) 5904-4499 – Fax: (11) 5904-4495
escrituras@escrituras.com.br
vendas@escrituras.com.br
imprensa@escrituras.com.br
www.escrituras.com.br